भारतीय संगीत और प्रसिद्ध गीतों की स्वरलिपियाँ

सम्पादित
रौशन बोधिसत्व

First published in India in 2018 by
Krishna Publisher

ISBN: 978-93-87485-00-6

Krishna Publisher
RTB 157, Royal Tower Shipra Sun City,
Indirapuram, Ghaziabad 201014
krishnapublisher@gmail.com

Laser Typesetting
JEE-VEE Graphics, Delhi

Printed and Bound in
Delhi

Price: ₹ 995/-

भारतीय संगीत और प्रसिद्ध गीतों की स्वरलिपियाँ

अनुक्रमणिका

1

संगीत का अर्थ और परिभाषाएँ

संगीत का अर्थ

भारतीय प्राचीन ग्रन्थों में संगीत को कला के साथ विद्या भी कहा गया है। संगीत के संसार में तीन कलाएं गायन, वादन तथा नृत्य का समावेश होता है। इन तीनों कलाओं के समिश्रण को ही संगीत कहा जाता है। वैसे तो ये तीनों कलाएं व्यक्तिगत रूप में स्वतंत्र होती हैं लेकिन किसी न किसी रूप में एक-दूसरे पर निर्भर होती हैं। गायन का वादन से संबंध होता है और नृत्य का गायन वादन से। इन तीनों कलाओं में परस्पर गहरा नाता है। इसलिए ये तीनों कलाएं परस्पर एक-दूसरे को निखारने और संवारने का कार्य करती हैं और एक-दूसरे को सहयोग करती हैं क्योंकि अगर गायन करते समय वादन सही नहीं होगा तो गायन की लय बिगड़ जाएगी और यदि नृत्य करते समय गायन वादन में कुछ त्रुटि होती है तो सही ढंग से नृत्य में रोचकता नहीं आती है। संगीत का प्रदर्शन स्वर, ताल, लय, उत्तम शब्द, उच्चारण, हाव-भाव एवं मुद्रा सहित होना आवश्यक है।

गायन

गायन करते समय हमें शब्द, स्वर और ताल के माध्यम से अपने मनोभावों को प्रकट करना होता है। इसे ही गायन कहा जाता है। गायन के प्रकारों में प्राय: गीत, भजन, शब्द, ख्याल, ठुमरी, कव्वाली आदि आते हैं।

वादन

जब हम किसी वाद्य (सितार, सारंगी, बांसुरी, हारमोनियम आदि) को स्वर, लय और ताल के साथ बजाते हैं और वादक अपने मन के भावों को वाद्यों की सहायता से प्रकट करता है तो उसे वादन कहा जाता है।

नृत्य

नृत्य करते समय नृतक विभिन्न तरह की भाव-भंगिमाओं का तथा अपने अंगों को भिन्न-भिन्न मुद्राओं में संचालन कर अपने मनोभावों को प्रकट करता है तो उसे नृत्य कहते हैं। कई बार खुशी के अवसरों पर साधारण व्यक्ति द्वारा भी नृत्य के द्वारा अपनी खुशी का इज़हार प्रकट किया जाता है। इस प्रकार कहा जा सकता है कि संगीत एक ललित कला है और संगीत में स्वर और लय के द्वारा व्यक्ति अपने मनोभावों को दूसरों के सामने व्यक्त करता है।

2

संगीत के पक्ष, रूप एवं प्रकार

संगीत के पक्ष

संगीत के क्षेत्र में संगीत के दो पक्ष सामने आते हैं। भाव पक्ष, कला पक्ष। कलाकार अपनी भावनाओं और कला का प्रदर्शन करके दूसरों की भावनाओं को प्रभावित करने की पुरजोर कोशिश करता है और काफी हद तक सफल भी होता है।

भाव पक्ष

संगीत में कलाकार स्वर, लय और ताल के द्वारा दर्शकों के सामने अपनी भावनाओं को अभिव्यक्त करता है। कलाकार भरपूर प्रयास करता है कि वह छोटे से छोटे भाव को भी स्पष्ट करे ताकि उसके संगीत को लोगों द्वारा सराहा जाए और वे उसे पूर्णता की स्थिति में अनुभव करें। अत: यह कहना उचित होगा कि कलाकार के द्वारा दूसरों की भावनाओं को पूर्णरूप से प्रभावित करना होता है और जितना कलाकार द्वारा दर्शकों की भावनाओं को प्रभावित किया जाएगा उसका भाव पक्ष उतना ही प्रबल कहा जाएगा।

कला पक्ष

कला पक्ष के साथ जब कलाकार भाव पक्ष को स्वरों, लयों और अंलंकारों से सुसज्जित कर पेश करता है तो उसका संगीत कलापूर्ण होता है। संगीत के पक्ष में कला पक्ष और भाव पक्ष दोनों का मिलन होना अति आवश्यक है क्योंकि जब तक कलाकार भावनाओं को व्यक्त नहीं करेगा तो संगीत निष्प्राण सा प्रतीत होगा, इसलिए कलाकार की भावनाओं का प्रदर्शन उसका प्रथम ध्येय है। संगीत को अलंकृत रूप से सजाना कलाकार की पारंगता पर निर्भर होता है। एक सच्चा कलाकार चमत्कारों के पीछे नहीं भागता और भावों को प्रमुखता से प्रदर्शित करता है। संगीत वही है जो दिल को छू जाए और शरीर में एक सिहरन सी उत्पन्न कर दे। जो संगीत दिल के तारों को छेड़ जाए वही संगीत है। संगीत एक पूर्ण कला है।

संगीत के रूप

संगीत के दो रूप हैं- क्रियात्मक संगीत और संगीत शास्त्र।

क्रियात्मक संगीत

गायन, वादन और नृत्य की क्रियाएं क्रियात्मक संगीत के अंतर्गत आती हैं। संगीत के इस रूप को कानों द्वारा सुना और आंखों द्वारा देखा जाता है। क्रियात्मक संगीत में राग, गीत के प्रकार, आलाप, तान, सरगम, गत, मींड, आमद आदि की साधना की जाती है। संगीत में क्रियात्मक पक्ष काफी महत्व रखता है।

संगीत शास्त्र

संगीत शास्त्र दो भागों में विभाजित है- क्रियात्मक संगीत शास्त्र और शुद्ध शास्त्र का अध्ययन। क्रियात्मक संगीत में क्रियात्मक संगीत से संबंधित अध्ययन किया जाता है जिसमें रागों का परिचय, स्वरलिपियों को लिखना, तान, आलाप, मिलते-जुलते रागों की तुलना आदि। शुद्ध शास्त्र के अध्ययन में संगीत, नाद, जाति, आरोह, अवरोह, स्वर, लय, ताल, मात्रा आदि शब्दों की परिभाषा, संगीत का इतिहास व संगीताचार्यों का परिचय आदि शामिल होता है।

शास्त्र का अध्ययन करने से हमें प्राचीन जानकारियां प्राप्त होती हैं। इसके अध्ययन से विचार करने की शक्ति को प्रोत्साहन मिलता है। सच्चा शास्त्र गुरु के रूप में हमें निर्देशित करता है और विभिन्न प्रकार की जानकारी हमें शास्त्र द्वारा ही प्राप्त होती हैं।

संगीत के प्रकार

संगीत के दो प्रकार हैं-शास्त्रीय संगीत और भाव संगीत।

शास्त्रीय संगीत

शास्त्रीय संगीत के क्षेत्र में गायन, वादन, नृत्य के कुछ निश्चित एवं निर्धारित नियम होते हैं। राग के नियमों का पालन और ताल के अनुसार रागों का गायन, वादन शास्त्रीय संगीत में किया जाता है। ख्याल, धमार, ध्रुपद आदि शास्त्रीय संगीत के अंतर्गत ही गाए और बजाए जाते हैं।

भाव संगीत

शास्त्रीय संगीत में भाव संगीत के लिए कोई निश्चित नियम तथा कोई बंधन नहीं होता है। भाव संगीत में संगीत श्रोता के कानों को प्रिय लगे केवल यही इसका भाव और उद्देश्य है। कलाकार दर्शकों और श्रोताओं के मनोरंजन के अनुसार गीतों को मधुर और सरल बनाने का प्रयास करता है जिससे कि लोगों के दिलों में उनके द्वारा गाई-बजाई रचना या गीत घर कर ले और उनके मन को प्रभावित कर सके। किसी भी ताल में भाव को प्रदर्शित किया जा सकता है। भाव संगीत के साथ शास्त्रीय संगीत को भी लेकर चमात्कारिक ढंग से पेश कर सकता है।

भाव संगीत के तीन प्रकार निम्न हैं-

1. चित्रपट संगीत
2. लोक संगीत।
3. भजन एवं गीत।

3

स्वर की परिभाषा और प्रकार

एक निश्चित ध्वनि जो सुनने में मधुर हो, जो संगीत में प्रयोग होती है उसे स्वर कहा जाता है। इसे दूसरे रूप में बाईस श्रुतियों में से चुनी प्रमुख सात श्रुतियों को स्वर कहा जाता है। इन स्वरों को सप्तक के सात स्वर माना जाता है।

सात स्वरों के नाम और चिन्ह इस प्रकार हैं–

स्वर का नाम	चिन्ह	अंग्रेजी नाम	चिन्ह
1. षड़ज	सा	क्व	ॆ
2. ऋषभ	रे	त्म	क
3. गान्धार	ग	डम	ꟷ
4. मध्यम	म	ध्ं	ृ
5. पंचम	प	ैवस	ळ
6. धैवत	ध	स्म	।
7. निषाध	नि	ैप	ठ

स्वरों के प्रकार

स्वरों के मुख्यत: तीन प्रकार होते हैं-

1. शुद्ध स्वर
2. कोमल स्वर
3. तीव्र स्वर।

शुद्ध स्वर

जो स्वर अपने निश्चित स्थान पर स्थित रहते हैं और निश्चित स्थान पर गाए और बजाए जाते हैं उन्हें शुद्ध स्वर कहते हैं। सात स्वरों में 'सा' और 'प' ऐसे दो स्वर हैं जो अपने स्थान से कभी विचलित नहीं होते हैं

इसलिए इन्हें अचल स्वर भी कहा जाता है। सा, रे, ग, म, प, ध, नी ये सात स्वर अपने इस रूप में शुद्ध स्वर कहलाते हैं।

कोमल स्वर

जब स्वर अपने स्थान से थोड़ा ऊपर-नीच परिवर्तित होकर गाए और बजाए जाते हैं तो उन्हें कोमल स्वर कहा जाता है। कोमल स्वरों को प्रदर्शित करने के लिए स्वर के नीचे लेटी रेखा (-) लगाते हैं जैसे- रे ग ध नी ये ऐसे स्वर हैं तो आवश्यकतानुरूप ऊपर-नीचे किए जा सकते हैं।

तीव्र स्वर

जब स्वर को अपने निश्चित स्थान से थोड़ा ऊंचा गाया और बजाया जाता है तो उस स्वर को तीव्र स्वर कहा जाता है। तीव्र स्वर को प्रदर्शित करने के लिए एक छोटी सी खड़ी रेखा स्वर के ऊपर लगाई जाती है जैसे- (मं) सात स्वरों में केवल 'म' ही है जो तीव्र स्वर होता है।

4

ठाठ एवं राग

ठाठ की परिभाषा

भारतीय संगीत में सभी रागों का वर्गीकरण ठाठों के अंतर्गत ही किया जाता है। सप्तक के सात स्वरों का समूह जिसमें राग उत्पन्न किया जा सके और प्रत्येक स्वर का शुद्ध और विशुद्ध स्वरूप आवश्यक होता है उसे ठाठ कहते हैं। प्राचीन विद्वान पं. व्यंकटमखी द्वारा सप्तक के 12 शुद्ध, कोमल व विकृत स्वरों से 72 ठाठों की रचना की गई थी उनमें से पं. भरतखंडे जी ने 10 ठाठ लेकर उत्तर भारतीय संगीत पद्धति के सभी रागों का वर्णन प्रस्तुत किया है।

राग की परिभाषा

राग शब्द का अर्थ है प्रसन्न करना। 'रस' नामक धातु से राग शब्द की उत्पत्ति हुई है। स्वरों के समूह को राग कहते हैं। राग श्रोताओं के मन को 'रस' का अनुभव कराता है।

संगीत की वह ध्वनि जो स्वर और वर्ण से अलंकृत होती है और व्यक्ति के मन को प्रसन्नता और मधुरता प्रदान करती है वह राग है। किसी भी गायन-वादन में मोहकता और मधुरता आवश्यक है इसलिए राग में रंजकता होना आवश्यक है।

राग के नियम

1. ठाठ से ही राग की उत्पत्ति होती है।
2. कम से कम पांच और अधिक से अधिक सात स्वर राग में शामिल होते हैं।
3. आरोह-अवरोह से ही रागों की जाति, उनका रूप और चलन स्पष्ट होता है इसलिए आरोह-अवरोह का होना अति आवश्यक है।
4. रागों में 'सा' के अतिरिक्त अन्य सभी स्वर वर्जित हो सकते हैं। राग में 'सा' कभी वर्जित नहीं होता है।
5. 'म' और 'प' दोनों स्वरों को राग में एक साथ वर्जित नहीं किया जा सकता है।

6. रंजकता राग का प्रथम गुण है।
7. स्वर और वर्ण का राग में होना आवश्यक माना जाता है।
8. वादी स्वर राग में नियत होता है। वादी से सम्वादी रखने वाला सम्वादी कहलाता है और अन्य प्रयुक्त स्वर 'अनुवादी' कहे जाते हैं।

ठाठ और राग में अंतर

ठाठ	राग
1. हमेशा ठाठ संपूर्ण होता है।	1. आवश्यक नहीं कि राग संपूर्ण हो इसके पांच या छः स्वर भी हो सकते हैं।
2. ठाठ स्वर क्रमानुसार होते हैं।	2. राग वक्र रूप में भी हो सकते हैं। स्वरों का क्रमानुसार होना आवश्यक नहीं है।
3. एक ही स्वर के दो रूप ठाठ में एक-दूसरे के बाद आ सकते हैं।	3. एक ही स्वर के दो रूप राग में नहीं आते (कुछ राग अपवाद के रूप हैं)।
4. केवल ठाठ में आरोह होता है।	4. आरोह-अवरोह दोनों ही राग में अनिवार्य हैं।
5. ठाठ में आवश्यक नहीं कि रंजकता हो।	5. रंजकता राग का प्रथम गुण होता है क्योंकि राग की उत्पत्ति 'रस' से हुई है जिसका अर्थ है आनंद देना।
6. ठाठ को उसके अतंर्गत आने वाले प्रसिद्ध राग का नाम दे दिया जाता है।	6. राग का नाम ठाठ को दिया जाता है ठाठ का नाम राग को नहीं मिलता।
7. स्वरों द्वारा ठाठों की उत्पत्ति होती है।	7. ठाठों से राग की उत्पत्ति होती है।
8. ठाठों के अंतर्गत रागों को वर्गीकृत किया जाता है। ठाठों को गाया-बजाया नहीं जाता।	8. रागों को गाया-बजाया जाता है जबकि ठाठों को नहीं।

भारतीय संगीत पद्धति के दस ठाठ

स्वर व उत्पन्न राग :

ठाठ का नाम	स्वर	उत्पन्न कुछ प्रसिद्ध राग
1. कल्याण	स रे ग म' प ध नी	यमन, शुद्ध कल्याण, भूपाली, गौड़ सारंग
2. बिलावल	स रे ग म प ध नी	बिलावल, बिहाग, देशकर
3. खमाज	स रे ग म प ध <u>नी</u> सां	देश, खमाज, लितककामोद
4. भैरव	स <u>रे</u> ग म प <u>ध</u> नी सां	भैरव, रामकली, गौरी

ठाठ का नाम	स्वर	उत्पन्न कुछ प्रसिद्ध राग
5. पूर्वी	स रे ग म' प ध नी सां	ललित, पूर्वी, परज
6. मारवा	सा रे ग म' प ध नी सां	सोहनी, पूरिया, मारवा
7. काफी	स रे ग म प ध नि सां	सारंग, भीमपलासी, काफी
8. आसावरी	स रे ग म प ध नी सां	जौनपुरी, आसावरी, अड़ाना
9. भैरवी	स रे ग म प ध नी सां	मालकौंस, भैरवी
10. तोड़ी	सा रे ग म' प ध नी सां	देशी, तोड़ी, मुल्तानी

5

संगीत की शैलियों एवं ताल का परिचय

भारतीय संगीत में दस ठाठों का प्रचलन अधिक है जिनके बारे में हम बता चुके हैं। आज के समय में जो गायन की शैलियां हैं उनके बारे में परिचय देंगे और ताल के परिचय के बारे में भी जानकारी प्रस्तुत करेंगे।

ध्रुपद

गायन की सबसे पुरानी शैली ध्रुपद को माना जाता है। इस शैली की रचना के बारे में अलग-अलग विचार हैं। कुछ विद्वानों का मानना है कि ध्रुपद गायन की रचना शारंग देव के समय में, तेरहवीं शताब्दी में हुई थी और कुछ लोग ग्वालियर के राजा मानसिंह को ध्रुपद गायन का आविष्कारक मानते हैं। ध्रुपद गायन शैली को गंभीर और उच्च कोटि का मर्दाना गायन समझा जाता है। इस शैली में बंदिश को एक विशेष भराव के साथ पेश किया जाता है और बंदिश के बोलों को अनेक प्रकार की लयों में सजाते हुए दुगुन, तिगुन, चौगुन, आड़, कुआड़, बियाड़ आदि लयों को योग्यता के अनुसार प्रदर्शित किया जाता है। इसमें बोलतान, मींड़, गमक का पूर्णरूप से उपयोग किया जाता है लेकिन तान, खटके और मुर्की के प्रयोग से परहेज रखा जाता है। इस शैली को गाने के लिए चारताल, तीव्रा, सूलफाक आदि का प्रयोग होता है और पखावज द्वारा इसको संगति प्रदान की जाती है।

ख्याल

कल्पना या विचार, इस अर्थ में ख्याल को जानते हैं। इस शैली में स्थाई और अंतरा दो भाग होते हैं। अदारंग और सदारंग ने इस गायन का प्रचार बहुत अधिक किया है। ख्याल के साथ तबला पर संगति की जाती है। ख्याल में रागों के नियमों का पालन किया जाता है और अपनी कल्पना के आधार पर विभिन्न तालों, सरगमों व अलापों का विस्तार करते हुए एकताल, तीनताल, झूमरा, आड़ा, चारताल, रूपक आदि तालों में गाया जाता है। ख्याल के दो प्रकार हैं-1. विलंबित ख्याल, 2. छोटा ख्याल।

ठुमरी

लोगों का मानना है कि लगभग 200 वर्ष पहले लखनऊ के नवाबों के यहां से ठुमरी गायन का जन्म हुआ है और आहिस्ता-2 यह लोकप्रिय होता गया। ठुमरी एक मधुर और रसीला गायन है। राग की शुद्धता को

इस शैली में विशेष दर्जा नहीं दिया जाता है। इस शैली में श्रृंगार रस का महत्व अधिक होता है और छोटी-2 तालों का प्रयोग होता है। इसमें स्थाई और अंतरा दो भाग होते हैं।

टप्पा गायन

मुहम्मद शाह के समय में मियां शोरी ने इस टप्पा गायन का आविष्कार किया था। यह भी ठुमरी की तरह दो भागों स्थाई और अंतरा में विभाजित होता है तथा इसमें छोटी-छोटी तानों का उपयोग किया जाता है। यह गायन की शैली पंजाब में अत्यधिक लोकप्रिय है।

तराना

हजरत अमीर खुसरो अरबी भाषा के विद्वान थे। जब वे हिंदुस्तान में आये तो संस्कृत भाषा से उनके मन में व्याकुलता हुई। इसी कारण उन्होंने कुछ निरर्थक शब्दों को रागों में गढ़कर गायन किया। आगे चलकर वे ही शब्द तराना के नाम से विख्यात हुए। तराना शैली में राग, ताल, लय का आनंद प्राप्त होता है। इसके भी दो भाग स्थाई और अंतरा होते हैं।

होली

इस शैली को गाने के लिए, जो लोग ध्रुपद शैली गाने में प्रवीण होते हैं वही होली का गायन कर सकते हैं। प्रायः होली में कृष्ण और गोपिकाओं की फाल्गुन महीने की रासलीलाओं का वर्णन रहता है लेकिन आजकल होली का कई रागों में जैसे काफी, खमाज आदि में मधुर ढंग से गायन किया जाता है। होली का ज्यादातर दीपचंदी और तीनताल में गायन किया जाता है।

गजल

कहा जाता है कि इस शैली का आविष्कार मुसलमानों के शासन काल में किया गया था। अधिकतर इस शैली का गायन दादरा, कहरवा, और रूपक आदि तालों में होता है। इस शैली के गायन में अंतरे में ताल को नहीं बजाते हैं तथा तबले की संगत इसको मधुरता प्रदान करती है। इस शैली में शेरो-शायरी का भी उपयोग अधिकता से किया जाता है।

कजली

इस शैली में श्रृंगार रस की प्रधानता होती है और इसे स्त्रियों का गीत कहा जाए तो कोई अतिश्योक्ति नहीं होगी। इस शैली का प्रयोग ज्यादातर वर्षा ऋतु में किया जाता है। इस शैली में वर्षा ऋतु का वर्णन, विरह तथा राधा-कृष्ण की लीलाओं को पेश किया जाता है। इस शैली का प्रचलन मिर्जापुर, लखनऊ, बनारस (उ.प्र.) में अधिकता से होता है।

कव्वाली

इस शैली में अधिकतर फारसी, उर्दू भाषा का प्रयोग किया जाता है। इसे मुस्लिम समाज की एक विशेष गायकी कह सकते हैं। इस शैली में स्थाई, अंतरा के साथ-साथ बीच-बीच में शेर व छोटी-छोटी तानों का प्रयोग

भी दिखाई देता है। मंच के अलावा कव्वाली को किसी विशेष उत्सव या उर्स, मजारों पर रात-रात भर गाने का प्रचलन है। इस शैली के गायन में तबला, ढोलक के अलावा हाथ से तालियां बजाने का सहारा लिया जाता है। इसके गायन में रूपक, अदा, पश्तो आदि तालों का उपयोग किया जाता है।

गीत

इस शैली में भगवान की लीला से संबंधी या ईश्वर की उपासना से संबंधित पदों को छोड़कर जो साहित्यिक रचनाएं किसी ताल स्वर में ढलकर गायीं जाती हैं उन्हें हम गीत कहते हैं।

भजन

इस शैली के अंतर्गत ईश्वर की उपासना या भगवान की लीलाओं का वर्णन प्रस्तुत किया जाता है। रागों में निबद्ध कर भजनों को गाया जाता है। यह शैली भक्ति प्रधान होती है। इसे रूपक ताल, कहरवा, दादरा, तीनताल आदि तालों में प्रस्तुत किया जाता है।

ताल परिचय

ताल का अर्थ

ताल को गायन, वादन और नृत्य के समय को मापने का पैमाना कहा जाता है। इसमें विभिन्न मात्राएं और बोलों का समूह होता है। इस समूह को तबले या मृदंग (पखावज) पर गायन, वादन व नृत्य की संगत के रूप में बजाया जाता है। प्रशिक्षु हाथ से ताल देकर गायन, वादन व नृत्य की लय की नियमित गति को समझ लेते हैं जिसके द्वारा गायन, वादन व नृत्य में एक क्रम सा उत्पन्न हो जाता है।

भारतीय वाद्यों में तबले का महत्व

गायन, वादन और नृत्य के लिए अधिकतर तबले का प्रयोग होता है। शास्त्रीय संगीत में गायन वादन की संगत के लिए हमारे यहां मृदंग का ही बोलबाला रहा है लेकिन ख्याल, गायन, ठुमरी आदि के विकास के साथ-साथ मृदंग के स्थान पर तबले को अधिक महत्व दिया जाने लगा है और आधुनिक समय में पखावज के स्थान को तबले ने संपूर्णता के साथ अपना लिया है। तबले जैसे वाद्य द्वारा आधुनिक ख्याल शैली के अलावा ठुमरी, दादरा, गीत, गज़ल व लोक संगीत जैसे सभी प्रकार के गीतों की संगत संभव है।

इसलिए तबले को उत्तम स्थान प्राप्त है। अन्य वाद्यों के वादक भी तबला वादक को गुरु मानते हैं और उनके चरण स्पर्श किए जाते हैं।

कुछ महत्वपूर्ण तालें

कहरवा ताल

इस ताल में आठ मात्राएं होती हैं जिन्हें दो विभागों में चार-चार मात्राओं में बांटा जाता है। कहरवा में पहली

मात्रा में सम व पांचवी मात्रा पर खाली का स्थान होता है। इस ताल में गीत, भजन, फिल्मी गीत, भोजपुरी गीत आदि गाये जाते हैं। तबले पर ही यह ताल बजाई जाती है।

ठाह

1	2	3	4	5	6	7	8
धा	गे	न	ति	न	क	धि	न
1							

दुगुन

1	2	3	4	5	6	7	8
धागे	नति	नक	धिन	धागे	नाति	नक	धिन
1				0			

दादरा ताल

इस ताल में तीन-तीन मात्राओं के दो विभाग होते हैं। इस ताल में पहली मात्रा पर सम तथा चौथी मात्रा पर खाली होता है। इसका प्रयोग भजन, लोकगीत, फिल्मी गीत में तबले पर करते हैं।

ठाह

1	2	3	4	5	6
धा	धी	ना	धा	नी	ना
1					

दुगुन

1	2	3	4	5	6
धाधी	नाधा	तीना	धाधी	नाधा	तीना
1			0		

रूपक ताल

इस ताल को तीन खण्डों में विभाजित किया गया है। पहले भाग में तीन और अन्य दो भाग दो-दो मात्राओं के होते हैं। इस ताल के पहली मात्रा पर ही खाली व सम दोनों होते हैं। चौथी व छठी मात्रा पर क्रमशः दूसरी व तीसरी ताली है। इस ताल में छोटा ख्याल, भजन, गीत, गज़ल आदि गाए-बजाए जाते हैं।

ठाह

1	2	3	4	5	6	7
ती	ती	ना	धी	ना	धी	ना
1						

दुगुन

1	2	3	4	5	6	7
तीती	नाधी	नाधी	नाती	तीना	धीना	धीना
1			0			

झप ताल

इस ताल में चार खण्ड होते हैं। दस मात्राएं दो, तीन, दो, तीन विभागों में बंटी होती हैं। पहली मात्रा पर सम तीसरी व आठवीं मात्रा पर क्रमशः दूसरी व तीसरी ताली व छठी मात्रा पर खाली होता है।

ठाह

1	2	3	4	5	6	7	8	9	10
धी	ना	धी	धी	ना	ती	ना	धी	धी	ना
1		2			0		3		

दुगुन

1	2	3	4	5	6	7	8	9	10
धीना	धीधी	नाती	नाधी	धीना	धीना	धीधी	नाती	नाधी	धीना
1		2			0		3		

चारताल

इस ताल में दो-दो मात्राओं के छः विभाग होते हैं। इस ताल में पहली मात्रा पर सम, पांचवी, नवीं व ग्यारहवीं मात्रा पर क्रमशः दूसरी, तीसरी व चौथी ताली और तीसरी, सातवीं मात्रा पर खाली होता है। इस ताल को पखावज पर बजाया जाता है।

ठाह

1	2	3	4	5	6	7	8	9	10	11	12
धा	धा	दिं	ता	किट	धा	दिं	ता	तिट	कत	गदि	गन
1		0		2		0		3		4	

दुगुन

1	2	3	4	5	6
धाधा	दिंता	किटधा	दिंता	तिटकत	गदिगन
1		0		0	
7	8	9	10	11	12
धाधा	दिंता	किटधा	दिंता	तिटकत	गदिगन
0		3		4	

एकताल

इस ताल में दो मात्राओं के छः विभाग होते हैं। इस ताल में पहली मात्रा पर सम, पांचवीं, नवीं व ग्यारहवीं मात्रा पर क्रमशः दूसरी, तीसरी व चौथी ताली और तीसरी, सातवीं मात्रा पर खाली का स्थान होता है। इस ताल का प्रयोग तीनों लयों विलंबित, मध्य व द्रुत में होता है।

ठाह

1	2	3	4	5	6
धिं	धिं	धागे	तिरकिट	तू	ना
1		0		2	
7	8	9	10	11	12
कत	ता	धागे	तिरकिट	धी	ना
0		3		4	

दुगुन

1	2	3	4	5	6
धिंधिं	धागेतिरकिट	तूना	कत्ता	धागेतिरकिट	धीना
1		0		2	
7	8	9	10	11	12
धिंधि	धागेतिरकिट	तूना	कत्ता	धागेतिरकिट	धीना
0		3		4	

धमार ताल

इस ताल में चार विभाग क्रमशः पांच, दो, तीन व चार मात्राओं में बंटे होते हैं। इस ताल में पहली मात्रा पर सम, छठवीं व ग्यारहवीं मात्रा पर क्रमशः दूसरी व तीसरी ताली और आठवीं मात्रा पर खाली का स्थान होता है।

ठाह

1	2	3	4	5		6	7
क	धि	ट	धि	ट		धा	ऽ
1						2	
8	9	10		11	12	13	14
ग	ति	ट		ति	ट	ता	ऽ
0				3			

दुगुन

1	2	3	4	5	6	7
कधि	टधि	टधा	ऽग	तिट	तिट	ताऽ
1					2	
8	9	10	11	12	13	14
कधि	टधि	टधा	ऽग	तिट	तिट	ताऽ
0			3			

तिलवाड़ा ताल

इस ताल में चार-चार मात्राओं के चार खण्ड होते हैं। इसमें पहली मात्रा पर सम, पांचवीं व तेरहवीं पर क्रमशः दूसरी व तीसरी ताली और नवीं मात्रा पर खाली का स्थान होता है।

ठाह

1	2	3	4	5	6	7	8
धा	तिरकिट	धिं	धिं	धा	धा	तिं	तिं
1				2			
9	10	11	12	13	14	15	16
ता	तिरकिट	धिं	धिं	धा	धा	धिं	धिं
0				3			

दुगुन

1	2	3	4	5	6	7	8
धातिरकिट	धिंधिं	धाधा	तिंतिं	तातिरकिट	धांधिं	धाधा	धिंधिं
1				2			
9	10	11	12	13	14	15	16
धातिरकिट	धिंधिं	धाधा	तिंतिं	तातिरकिट	धंधिं	धाधा	धिंधिं
0				3			

तीन ताल

इस ताल में चार-चार मात्राओं के चार विभाग होते हैं। इसमें पहली मात्रा पर सम, पांचवीं, तेरहवीं मात्राओं पर क्रमशः दूसरी व तीसरी ताली और नौवीं मात्रा पर खाली का स्थान होता है।

ठाह

1	2	3	4	5	6	7	8
धा	धिं	धिं	धा	धा	धिं	धिं	धा
1					2		
9	10	11	12	13	14	15	16
धा	तिं	तिं	ता	ता	धिं	धिं	धा
0					3		

दुगुन

1	2	3	4	5	6	7	8
धाधिं	धिंधा	धाधिं	धिंधा	धातिं	तिंता	ताधिं	धिंधा
1				2			
9	10	11	12	13	14	15	16
धाधिं	धिंधा	धाधिं	धिंधा	धातिं	तिंता	ताधिं	धिंधा
0				3			

6

स्वरलिपियों में प्रयुक्त चिन्ह

स्वरों और सप्तकों के चिन्हों के अलावा कुछ चिन्हों का प्रयोग स्वरलिपियों में भी किया जाता है जो इस प्रकार हैं-

1. सभी सप्तकों में चार कोमल स्वरों- रे ग ध नि के नीचे एक आड़ी रेखा *(Under Line)* खींचकर दिखाया जाता है कि ये स्वर कोमल हैं अथवा विकृत हैं।
2. सातों शुद्ध स्वरों पर कोई चिन्ह नहीं लगता है और न ही मध्य सप्तक के स्वरों पर कोई चिन्ह लगता है। इसी कारण बिना चिन्ह के स्वर को आप मध्य सप्तक का शुद्ध स्वर मानकर बजा सकते हैं।
3. मन्द्र सप्तक के सभी स्वरों के नीचे एक छोटा-सा बिन्दु लगाया जाता है। मन्द्र सप्तक के शुद्ध स्वरों के नीचे तो केवल बिन्दु (स़, रे़, ग़, म़, प़, ध़, नि़) ही लगता है लेकिन मन्द्र सप्तक के चार कोमल स्वरों के नीचे कोमलता प्रदर्शक आड़ी लाइन खींची जाती है और उसके नीचे बिन्दु भी लगता है जैसे- रे़, ग़, ध़ और नि़। मन्द्र सप्तक के तीव्र म॑ के नीचे भी यह बिंदु लगया जाता है।
4. मध्यम का विकृत रूप तीव्र म है। म पर एक खड़ी रेखा म॑ खींचकर इसे प्रदर्शित किया जाता है।
5. जो बिन्दु स्वरों के ऊपर लगा हुआ होता है वह दर्शाता है कि वह स्वर तार सप्तक में गाया तथा बजाया जाएगा। स्वर के नीचे लगा बिन्दु तो मन्द्र सप्तक की पहचान है जबकि ऊपर लगा बिन्दु तार सप्तक का जैसे- सं रें गं धं निं
6. कुछ स्वरों के स्थान पर एक सितारा (ैजंत) बना होता है। जिस स्थान पर सितारे का चिन्ह (*) बना हो, वहां वाद्ययंत्र गूंज को पूर्णरूप से बन्द कर देना चाहिए।
7. संगीत की भाषा में यह चिन्ह (ऽ) अवग्रह के नाम से जाना जाता है। गीत के बोलों में यह चिन्ह जिस अक्षर के आगे आए, उस अक्षर पर आप उतने समय के लिए रुकेंगे लेकिन जिस स्वर के आगे जितनी बार यह चिन्ह आये उस स्वर को उतनी बार बजाया जाता है।
8. डैश का चिन्ह (-) इस बात का प्रमाण है कि उस स्वर पर आप उतने समय के लिए रुकें जितनी देर में वह स्वर एक बार बजता है। ये दोनों ही चिन्ह किसी स्वर और अक्षर के आगे एक के स्थान पर दो, तीन अथवा चार बार तक भी हो सकते हैं।
9. किसी स्वर के ऊपर लिखे हुए स्वर, कण स्वर कहलाते हैं और मुख्य स्वर को बजाने के लिए कण-स्वर

का स्पर्श करते हुए मुख्य स्वर तक पहुंचा जाता है जैसे- ग^{प} रे^{म}।

10. यदि एक से अधिक स्वर मिलाकर लिखे गये हों तो वे एक मात्रा के स्वर होते हैं और उन्हें द्रुत गति से एक ही मात्रा के समय में बजाना चाहिए। इन्हें दर्शाने के लिए चाँद जैसा, अर्थात उल्टा मींड़ का निशान भी बना दिया जाता है।

11. कभी-कभी कोई स्वर कोष्ठकों के बीच में लिखा होता है इन स्वरों को बजाने के लिए विशेष तीव्रता की आवश्यकता होती है। चार स्वर एक ही मात्रा में एक साथ बजाने पड़ते हैं। जैसे (म) को पमगम के रूप में बजाया जाएगा तो रे को गरेसरे के रूप में।

12. जिस स्वर के ऊपर (%) अर्थात जमजमा का चिन्ह लगा हो उस स्वर पर तार को उंगली से हिलाकर स्वर को कंम्पित करना चाहिए।

13. जिन स्वरों के ऊपर चाँद अर्थात मींड़ का चिन्ह होता है उन सभी स्वरों को एक ही मात्रा के समय में बजाया जाता है जैसे पमगर। इस चिन्ह के अनुसार 'प' से 'रे' तक पहुंचने में 'म' और 'ग' से होकर गुजरना होगा।

7

सरगमों का आरोही, अवरोही क्रम

सात शुद्ध स्वरों अथवा इनके साथ पांच विकृत स्वरों को जोड़कर तैयार किए गए सात अथवा बारह स्वरों को सप्तक कहा जाता है। वादन के लिए उपयुक्त होने वाले सरगम भी इन्हीं स्वरों का संकलन होते हैं लेकिन इन दोनों में एक बड़ा अंतर है। सप्तक में सात अथवा बारह स्वर उनके निश्चित क्रम में होते हैं और सभी स्वर केवल एक-एक बार ही संग्रहित होते हैं।

किसी भी सप्तक में सभी स्वर उसी सप्तक के होते हैं। अन्य किसी भी सप्तक का कोई भी स्वर उनमें नहीं होता है। सप्तकों के विपरीत सरगमों में स्वरों का क्रम तो अनियमित होता ही है यह भी जरूरी नहीं होता कि सभी स्वरों का संग्रह किया जाए। कोई स्वर एक साथ अथवा अलग-अलग कई बार भी लग सकता है। भारतीय संगीत में तीन सप्तक हैं वहीं सरगमें असंख्य रूपों में निर्मित की जा सकती हैं।

सरगमों में स्वरों का संकलन किसी भी क्रम में किया जा सकता है और इन्हें जटिल से जटिल रूप में पेश किया जा सकता है लेकिन सुविधा के लिए प्रारंभ में ऐसी सरगमों का वादन किया जाता है जिनमें स्वर छोटे से बड़े क्रम में संग्रहित होते हैं। इस कारण निम्न स्वरों से प्रारंभ होकर उच्चतम स्वर पर समाप्त होने वाली सरगमों को आरोही सरगमें कहा जाता है।

इसके विपरीत जब सरगमें उच्च स्वरों से प्रारंभ होकर निम्न स्वरों की ओर जाती हैं उसे अवरोही सरगमें कहा जाता है। किसी भी आरोही क्रम की सरगम के सभी स्वरों की उल्टे क्रम में लिखने पर वही सरगम अवरोही सरगम कहलाती है।

मध्य सप्तक के शुद्ध व कोमल स्वरों की सरगमें

सबसे ज्यादा गायन-वादन मध्य सप्तक में किया जाता है-

1. **आरोही:** सा रे ग म प ध नि सां

   अवरोही: सां नि ध प म ग रे सा

2. **आरोही:** सा सा, रे रे, ग ग, म म, प प, ध ध, नि नि, सां सां

   अवरोही: सां सां, नि नि, ध ध, प प, म म, ग ग, रे रे, सा सा

3. **आरोहीः** सा सा सा, रे रे रे, ग ग ग, म म म, प प प, ध ध ध, नि नि नि, सां सां सां
   अवरोहीः सां सां सां, नि नि नि, ध ध ध, प प प, म म म, प प प, ध ध ध, रे रे रे, सा सा सा
4. **आरोहीः** सा सा सा सा, रे रे रे रे, ग ग ग ग, म म म म, प प प प, ध ध ध ध, नि नि नि नि, सां सां सां सां
   अवरोहीः सां सां सां सां, नि नि नि नि, ध ध ध ध, प प प प, म म म म, ग ग ग ग, रे रे रे रे, सा सा सा सा
5. **आरोहीः** सा सा रे, रे रेग, ग ग म, म म प, प प ध, ध ध नि, नि नि सां
   अवरोहीः सां सां नि, नि नि ध, ध ध प, प प म, म म ग, ग ग रे, रे रे सा
6. **आरोहीः** स र̱ र ग̱ ग म म॑ प ध̱ ध न̱ न सं
   अवरोहीः सं न न̱ ध ध̱ प म॑ म ग ग̱ र र̱ स
7. **आरोहीः** स रे̱ ग̱ रे̱ ग̱ म ग̱ म प म प ध̱ प ध̱ नि ध̱ नि सं
   अवरोहीः सं नि ध̱ नि ध̱ प ध̱ प म प म ग̱ म ग̱ रे̱ ग̱ रे̱ स
8. **आरोहीः** स रे ग म॑ रे ग म॑ प ग म॑ प ध म प ध नि̱ प ध नि̱ सं
   अवरोहीः सं नि̱ ध प नि̱ ध प म ध प म॑ ग प म॑ ग रे म॑ ग रे स
9. **आरोहीः** स रे̱ ग म॑ प रे ग̱ म प ध̱ ग म प ध नि̱ म प ध नि सं
   अवरोहीः सं नि ध प म नि̱ ध प म ग ध̱ प म ग̱ रे प म॑ ग रे̱ स
10. **आरोहीः** म ध̱ र̱ ग̱ न̱ स म॑ न̱ प ध स र̱ ग̱ ग ध̱ म
    अवरोहीः म ध̱ ग ग̱ र̱ स ध प न̱ म॑ स न̱ ग̱ र̱ ध̱ म

मध्य के साथ मन्द्र सप्तक के स्वरों की सरगमें

यहां ऐसी सरगमों को दिया गया है जिनमें पंचम, धैवत और निषाध तो मन्द्र सप्तक के लगाये जाते हैं और अन्य स्वर मध्य सप्तक के।

11. प़ ध़ नि़ स रे ग म प नि़ ध़ प़
12. प़ ध़ प़ नि़ ध़ स रे नि़ ध़ ग रे प़ ध़ स नि़
13. रे ग प़ ध़ रे नि़ प़ स ध़ प़ ग नि़ प़ स ध़ नि़
14. नि़नि़ ध़ध़ प़प़ ध़नि़ सरे प़ध़ ध़नि़ नि़प़ स
15. स नि़ ध़ ध̱ प़ रे नि̱ ध̱ ग ध̱ नि̱ प़ स रे ग म
16. रे̱ ग̱ प़ नि̱ स नि़ नि̱ ध̱ नि़ प़ रे ग प़ प़ ध̱ प़ नि̱ प़ ध̱ स

मध्य तथा तार सप्तक में मिश्रित सरगमें

शुरूआत की पहली पांच सरगमों में तो मध्य सप्तक के साथ तार सप्तक के स्वरों का प्रयोग किया गया है इसके पश्चात् पांच ऐसी सरगमें हैं जिनमें तीनों सप्तकों के शुद्ध तथा कोमल स्वरों का प्रयोग हुआ है।

17. स ग प नि सं रें गं मं पं

18. मं रें पं नि गं मं सं प ध रें गं सं

19. पं मं रें नि ध सं रें मं गं पं ध नि सं रें गं मं पं

20. म॑ रें॒ गं सं गं॒ म़ रें पं सं गं॒ नि ध पं म॑ गं मं

21. गं॒ रें॒ म॒॑ ध नि रें॒ सं गं गं॒ गं रें॒ रें रें पं म॑ मं रें सं

22. प़ ध़ नि़ स रे प नि सं रें गं मं

23. स रे नि़ ध़ स नि सं गं मं ध प स नि़ प़ म गं

24. स ग॒ नि़ ध़॒ प़ रे॒ म॑ सं गं॒ मं रें॒ नि रे नि॒ ध़ प़ स रे॒

25. प़ ध़॒ ध़ नि़ नि॒ ध़॒ स ध रें॒ गं मं गं॒ रें॒ सं नि॒ ध॒ प

26. सं गं॒ रें॒ मं सं ध स नि॒ ध़॒ प़ ग ध़॒ नि़ नि॒ सं रें

अतः आप एक सरगम को पचास से सौ बार बजाने के पश्चात् ही अगली सरगम का अभ्यास आरंभ कीजिएगा। सरगमों के वादन में आप जितनी प्रवीणता और दक्षता प्राप्त कर लेंगे तो स्वरलिपियों के अनुसार गीतों की धुनों को बजाने और सीखने में आसानी होगी।

8

फिल्मी गीतों की स्वरलिपियाँ

दीवारों से मिलकर रोना

दादरा - ताल

स्थाई

दीवारों से मिलकर रोना, अच्छा लगता है,
हम भी पागल हो जाएंगे, ऐसा लगता है।
दीवारों से मिलकर रोना...

पहला अंतरा

दुनिया भर की यादें, हमसे मिलने आती हैं-2
शाम ढले इस सूने, घर में मेला लगता है-2
हम भी पागल...

दूसरा अंतरा

कितने दिनों के प्यासे, होंगे यारो सोचो तो-2
शबनम का कतरा भी, जिनको दरिया लगता है-2
हम भी पागल....

तीसरा अंतरा

किसको 'कैसर' पत्थर मारूं, कौन पराया है-2
शीश मल में हर इक चेहरा अपना लगता है-2
हम भी पागल....

स्वर लिपि

स्थाई

प	ध	प	ध	–	प	म	रे	म	–	–	–
दी	ऽ	वा	ऽ	ऽ	ऽ	रों	ऽ	से	ऽ	ऽ	ऽ
प	ध	प	ध	–	प	म	रे	म	–	–	–
मि	ल	क	र	ऽ	ऽ	रो	ऽ	ना	ऽ	ऽ	ऽ
स	–	रे	–	म	–	म	म	प	ध	–	–
अ	च	छा	ऽ	ऽ	ऽ	ल	ग	ता	ऽ	ऽ	ऽ
प	–	–	प	–	–	प	–	–	प	–	–
है	ऽ	ऽ	ऽ	ऽ	ऽ	ऽ	ऽ	ऽ	ऽ	ऽ	ऽ
प	प	ध	नी	–	–	नी	ध	ध	प	–	–
ह	म	भी	ऽ	ऽ	ऽ	पा	ऽ	ग	ल	ऽ	ऽ
प	–	ध	नि	रें	सां	नि	ध	ध	प	–	–
हो	ऽ	जा	ऽ	ऽ	ऽ	एं	ऽ	गे	ऽ	ऽ	ऽ
प	–	प	सं	ध	–	ध	ध	म	ग	म	–
ऐ	ऽ	सा	ऽ	ऽ	ऽ	ल	ग	ता	ऽ	ऽ	ऽ
म	–	–	–	–	–	–	–	–	–	–	–
है	ऽ	ऽ	ऽ	ऽ	ऽ	ऽ	ऽ	ऽ	ऽ	ऽ	ऽ

अंतरा

सं	सं	सं	–	–	सं	सं	सं	सं	गं	रें	गं
कि	त	ने	ऽ	ऽ	दि	नों	ऽ	के	ऽ	ऽ	ऽ
नि	–	नि	–	–	–	नि	सं	नि	ध	ध	–
प्या	ऽ	से	ऽ	ऽ	ऽ	हों	ऽ	गे	ऽ	ऽ	ऽ
ध	–	ध	–	–	–	ध	–	प	ध	नी॒	–
या	ऽ	रो	ऽ	ऽ	ऽ	सो	ऽ	ऽ	चो	ऽ	ऽ
ध	–	ध	–	–	–	प	ध	–	प	म	म
तो	ऽ	ऽ	ऽ	ऽ	ऽ	ऽ	ऽ	ऽ	ऽ	ऽ	ऽ
प	ध	प	ध	–	प	म	रे	रे	म	म	–
श	ब	न	म	ऽ	ऽ	का	ऽ	ऽ	क	त	ऽ
प	ध	प	ध	–	प	म	रे	रे	म	म	–
रा	ऽ	भी	ऽ	ऽ	ऽ	जि	न	को	ऽ	ऽ	ऽ
स	स	रे	–	म	–	म	म	प	ध	–	ध
द	रि	या	ऽ	ऽ	ऽ	ल	ग	ता	ऽ	ऽ	ऽ
प	–	–	प	–	–	प	–	–	प	–	–
है	ऽ	ऽ	ऽ	ऽ	ऽ	ऽ	ऽ	ऽ	ऽ	ऽ	ऽ

शेष अंतरे भी इसी तरह बजायें।

तुम इतना जो, मुस्कुरा रहे हो,

ताल –कहरवा

तुम इतना जो, मुस्कुरा रहे हो,
क्या गम है, जिसको छुपा रहे हो,
आंखों में नमी, हंसी लबों पर,
क्या हाल है, क्या दिखा रही हो।
तुम इतना जो, मुस्कुरा रहे हो...
जिन जख्मों को, वक्त भर चला है,
तुम क्यों उन्हें छेड़े जा रहे हो।
तुम इतना जो, मुस्कुरा रहे हो....
बन जाएंगे जहर, पीते-पीते,
ये अश्क जो, पीते जा रहे हो,
तुम इतना जो, मुस्कुरा रहे हो...
रेखाओं का खेल है मुकद्दर,
रेखाओं से मात खा रहे हो,
तुम इतना जो मुस्कुरा रहे हो...

स्वर लिपि

स्थाई

ध	ध	ध	नि̲	ध	प	म	प	म	ग̲	रे	ग̲	म	–	प	–
तु	म	इ	त	ना	जो	ऽ	मु	स्	कु	रा	ऽ	र	हेऽ	हो	ऽ
ध	नि̲	रें	–	–	–	रें	सं	नि̲	नि̲	–	सां	नि̲	ध	प–	म–
क	या	ग	म	ऽ	है	जि	स	को	ऽऽ	छु	पा	ऽ	र	हेऽ	होऽ

अंतरा

सं	–	–	रें	रें	सां	–	सां	सां	सां	रें	सां	नि	ध	ध	–
आं	खों	में	न	मी	ऽ	ऽ	ऽ	हं	सी	ऽ	ल	बों	ऽ	पे	ऽ
ध	ध	ध	नि̲	ध	प	म	प	म	ग̲	रे	ग̲	म	–	प	–
क	या	हा	ऽ	ल	है	ऽ	क	या	ऽ	दि	खा	ऽ	र	ही	होऽ
स	रे	ग	–	म	म	–	म	मध	प	प	म	ग	रे	रे	सा
जि	न	ज	ख	मों	को	ऽ	व	क्त	भ	र	च	ला	ऽ	है	ऽ
ध	ध	ध	नि̲	ध	प	म	प	म	ग̲	रे	ग	म	–	प	–
तु	म	क	यों	ऽ	उ	न्हें	ऽ	छे	ऽ	ड़े	जा	ऽ	र	हे	ऽहो

पहले अंतरे की तरह ही अन्य सभी अंतरे बजाए जायेंगे।

क्या हुआ तेरा वादा

ताल – कहरवा

क्या हुआ तेरा वादा, वो कसम वो इरादा
भूलेगा दिल जिस दिन तुम्हें,
वो दिन जिंदगी का आखिरी दिन होगा,
क्या हुआ....
याद है मुझको तूने कहा था,
तुमसे नहीं रूठेंगे कभी दिल की तरह से,
हाथ मिले हैं कैसे भला छूटेंगे कभी,
तेरी बांहों में बीती हर शाम,
बेवफा ये भी क्या याद नहीं,
क्या हुआ....
ओ कहने वाले मुझको फरेबी,
कौन फरेबी है ये बता,
वो जिसने ग़म लिया प्यार की खातिर,
या जिसने प्यार को बेच दिया,
नशा दौलत का ऐसा भी क्या,
कि तुझे कुछ भी याद नहीं,
क्या हुआ....

स्वर लिपि

स्थाई

ध	सांऽ	नी	–	–	–	–	–	ध	प	ध	सां	–	–	–	–
क	या	हु	ऽ	आ	ऽऽ	ऽऽ	ऽ	ते	रा	वा	दा	ऽ	ऽ	ऽ	ऽ
ध	सां	रें	सं	नि	–	–	ध	प	ध	सां	–	–	–	ग	ग
स	म	ऽ	ऽ	ऽ	ऽ	ऽ	वो	इ	रा	दा	ऽ	ऽ	ऽ	भू	ऽ
ग	ग	म	सा	–	–	–	स	ऽ	गऽ	मऽ	धऽ	–	–	–	म
ले	गा	दि	ल	ऽ	ऽ	ऽ	जि	स	दिन	तु	म्हें	ऽ	ऽ	ऽ	ऽ
म	प	ध	प	–	प	प	प	प	ध	प	ध	नि	धा	धा	–
वो	दि	न	जिं	ऽ	द	गी	का	आ	ऽ	खि	री	दिन	हो	ऽ	गा

अंतरा

मं	–	गं	–	रें	रें	रें	–	–	मं	मं	गं	रें	रें	रें	–
या	ऽ	द	ह	ऽ	मु	झ	को	ऽ	ऽ	तू	ने	क	हा	ऽ	था
रें	रें	रें	सां	रें	गं	सां	सां	सां	रें	गं	सां	सां	सां	–	–
तु	म	से	न	हीं	ऽऽ	रू	ऽ	ठें	ऽऽ	गे	क	भी	ऽ	ऽ	ऽ
मंमं	मं	गं	रें	रें	रें	रें	मं	मं	गं	गं	रें	रें	रें	रें	–
दिल	की	–	त	र	ह	से	ऽ	हा	ऽ	थ	मि	ले	ऽ	हैं	ऽ
रें	रें	रें	सांरे	गं	रें	सां	सांरें	गं	रें	सां	सां	–	–	–	–
कै	से	भ	ला	ऽऽ	छू	ऽ	टें	ऽऽ	गे	क	भी	ऽ	ऽ	ऽ	ऽ
ध	नि	सां	नी	प	ध	निसं	ध	–	म	प	धध	प	म	प	–
ते	रीऽ	ऽ	बां	ऽ	हों	ऽऽ	में	ऽ	बी	ती	ऽऽ	ह	र	शा	म
नि	ध	नी	–	ध	प	ध	प	म	ग	रे	ग	म	–	ध	सांऽ
बे	व	फा	ऽ	ये	भी	क्या	ऽ	या	ऽ	द	न	हीं	ऽ	क्या	हूंऽ

अन्य सभी शेष अंतरे भी इसी तरह गाए और बजाये जायेंगे और इसके बाद छह मात्राएं छोड़कर शुरू करेंगे।

वक्त से दिन और रात

फिल्म - वक्त

ताल - कहरवा

स्थाई

वक्त से दिन और रात, वक्त से कल और आज

वक्त की हर शै गुलाम, वक्त का हर शै पर राज

पहला अंतरा

वक्त की पाबंद हैं, आती जाती रौनकें,

वक्त है फूलों की सेज, वक्त है कांटों का ताज,

वक्त है कांटों का ताज

वक्त से दिन.......

दूसरा अंतरा

आदमी को चाहिए, वक्त से डर कर रहे,

कौन जाने किस घड़ी, वक्त का बदले मिजाज,

वक्त का बदले मिजाज

वक्त से दिन........

स्वर लिपि

स्थाई

	स	स	स	स	–	स	स	स	रे	रे	ग	ग	–	रे	स
	व	ऽक	त	से	ऽ	दि	न	औ	ऽ	ऽ	र	रा	ऽ	ऽ	त
–	स	स	स	स	–	स	स	स	रे	रे	ग	ग	–	रे	स
ऽत	व	ऽक	त	से	ऽ	क	ल	औ	ऽ	ऽ	र	आ	ऽ	ऽ	ज
–	नि	नि	नि	नि	–	नि	नि	नि	स	स	रे	रे	–	–	स
ज	व	ऽक	त	की	ऽ	ह	र	शै	ऽ	ऽ	गु	ला	ऽ	ऽ	म
स	स	–	रे	ग	रे	रे	स	स	–	स	स	स	स	स	स
ऽम	व	ऽक	त	का	ऽ	ह	र	शै	ऽ	प	र	रा	ऽ	ऽ	ज
स	ऽ	ऽ													
ऽ	ऽ	ऽ													

अंतरा

	म	–	म	म	म	म	म	म	प	प	ध	ध	प	प	प
	व	ऽक	त	की	ऽ	पा	ऽ	बं	ऽ	ऽ	द	हैं	ऽ	ऽ	ऽ
प	प	प	ध	न	ध	प	म	म	म	म	म	म	म	म	म
ऽ	आ	ऽ	ती	जा	ऽ	ती	ऽ	रौ	ऽ	ऽ	न	कें	ऽ	ऽ	ऽ
म	सं	–	सं	सं	–	सं	सं	सं	रें	गं	रें	सं	सं	सं	सं
ऽ	व	ऽक	त	है	ऽ	फू	ऽ	लों	ऽ	ऽ	की	से	ऽ	ऽ	ऽ
सं	गं	गं	गं	रें	गं	रें	सं	सं	सं	सं	सं	सं	सं	सं	सं
ऽज	व	ऽक	त	है	ऽ	कां	ऽ	टों	ऽ	ऽ	का	ता	ऽ	ऽ	ऽ
सं	निं	–	ध	पम	ग	प	–	म	ग	रे	स	स	स	स	स
ऽज	व	ऽक	त	हैऽ	ऽ	कां	ऽ	टों	ऽ	ऽ	का	ता	ऽ	ऽ	ऽ
स															
ज															

इस अंतरें के अंत में स्थाई की एक या दोनों लाइनें दोहराई जायेंगी तथा दूसरे अंतरे को भी इसी स्वर लिपि पर बजायें। यदि इस स्वरलिपि को मन्द्र सप्तक में बजाएं तो अधिक प्रभावशाली होगी।

आज सोचा तो आंसू भर आए

फिल्म - हंसते जख्म

ताल - पश्तो

स्थाई

आज सोचा तो आंसू भर आये,

मुद्दतें हो गयीं मुस्कुराए

पहला अंतरा

हर कदम पर उधर मुड़के देखा

उनकी महफिल से हम उठ तो आये।

आज सोचा तो......

दूसरा अंतरा

दिल की नाजुक रगें टूटती हैं

याद इतना भी कोई ना आए।

आज सोचा तो.......

तीसरा अंतरा

रह गई जिन्दगी दर्द बनके

दर्द दिल में छुपाए-छुपाए।

आज सोचा तो.......

स्वर लिपि

स्थाई

रे	म	ग	रे	स	स	रे	नि	स	ग	–	रे	–	–
आ	ज	सो	चा	तो	आं	ऽ	सू	भर	आ	ऽ	ए	ऽ	ऽ
रे	ग	प	नि	ध	प	ग	ग	–	रे	ग	–	रे	–
मु	द्द	तें	हो	ग	ई	मुस्	कु	ऽ	रा	ऽ	ऽ	ए	ऽ

अंतरा

प	ध	ध	सं	सं	गं	–	रें	सं	प	प	–	ध	सं
हर	क	दम	ऽ	पर	ऽ	ऽ	उ	धर	मु	ड़	ऽ	के	दे
मं	सां	–	–	–	–	–	प	ध	सं	गं	रें	सं	–
ऽ	खा	ऽ	ऽ	ऽ	ऽ	ऽ	उन	की	मह	फिल	से	हम	ऽ
ध	प	ध	–	प	ग	रे							
उठ	तो	आ	ऽ	ए	ऽ	ऽ							

इस अंतरे के आखिर में स्थाई बजाकर अंतरे को पूरा करेंगे। इस गीत के तीनों ही अंतरे एक स्वर लिपि में बजाएंगे। वैसे इस गीत में स्थाई को पूरा ना बजाकर आधा ही बजायें तो अच्छा लगेगा।

समझौता गमों से कर लो

फिल्म - समझौता

ताल - कहरवा

स्थाई

समझौता गमों से कर लो जिन्दगी में गम भी मिलते हैं

पतझड़ आते ही रहते हैं कि मधुबन फिर भी खिलते हैं

पहला अंतरा

रात कटेगी होंगे उजाले तुम मत गिरना ओ गिरने वाले

इंसां वो जो खुद सम्भले और औरों को सम्भाले

समझौता गमों से.......

दूसरा अंतरा

भूल सभी से होती आई कौन है जिसने ना ठोकर खाई

भूलों से सीखे जो मंजिल उसने पाई

समझौता गमों से........

स्वर लिपि

स्थाई

स	रे	ग̲	–	–	प	म	ग	रे	रे	रे	स	रे	ग̲	–	–
सम	झौ	ता	ऽ	ऽ	ग	मों	से	क	र	लो	सम	झौ	ता	ऽ	ऽ
प	म	ग̲	रे	रे	रे	–	–	प	प	प	प	प	प	प	पनि̲
ग	मों	से	क	र	लो	ऽ	ऽ	जिं	ऽ	द	गी	ऽ	में	ऽ	गम
नीध	धसं	नीध	प	म	प	नि̲	ध	प	म	ग̲	रे	–	स	स	स
भी	मिल	तेऽ	हैं	ओ	ऽ	ऽ	ऽ	ऽ	ऽ	ऽ	ऽ	ऽ	ऽ	ऽ	ऽ

पतझड़ आते ही...... समझौता गमों से कर लो पर ही बजेगा तथा दूसरी पंक्ति के लिए भी इसी स्वर लिपि को दोहराएंगे।

अंतरा

नि̲	ध	प	प	–	प	–	मम	ध	ध	ध	–	–	–	–	प
रा	ऽत	क	टे	ऽ	गी	ऽ	होंगे	उ	जा	ले	ऽ	ऽ	ऽ	ऽ	तुम
नि̲	नि̲	नि̲	नि̲	नि̲	नि̲	रें	सं	नि̲ध	प	–	प	सं	–	सं	सं
मत	गिर	ना	ऽ	ऽ	ऽ	ओ	गिर	नेऽ	वा	ऽ	ले	इं	ऽ	सां	ऽ
सं	–	नि	रें	–	रें	रें	रें	रें	सं	सं	नि̲	–	–	धं	प
वो	ऽ	जो	खु	द	सं	भ	ले	और	औ	रों	को	ऽ	ऽ	सं	भा
–	प	–	–	प	नि̲	ध	प								
ऽ	ले	ऽ	ऽ	ओ	ऽ	ऽ	ऽ								

तीसरी लाइन पूरी करने के लिए स्थाई की स्वर लिपि को दोहराया जायेगा। दूसरा अंतरा भी इसी स्वर लिपि के अनुसार बजायें।

मेरे मन की गंगा

फिल्म – संगम

ताल – कहरवा

मेरे मन की गंगा और तेरे मन की जमुना का–
बोल राधा बोल, संगम होगा कि नहीं?
कितनी सदियां बीत गई हैं, हाय तुझे समझाने में
मेरे जैसा धीरज वाला, है कोई और जमाने में?
दिल का बढ़ता बोझ कभी कम होगा कि नहीं,
बोल राधा.........।।
दो नदियों का मेल अगर इतना पावन कहलाता है,
क्यों न जहां दो दिल मिलते हैं, स्वर्ग वहां बस जाता है।
हर मौसम है प्यार का मौसम, संगम होगा कि नहीं,
बोल राधा..........।।

आरंभ में अतिरिक्त धुन

प	प	प	प	प	ध	–	प	म	म	म	म	म–	प	–	म
ग	ग	ग	ग	ग	म	–	ग	सा	–	सा	–	सा	–	सा	–

स्थाई

नि	नि	नि	ध	निसा	सा	–	सा	सा	रे	ग	रे	गम	रेग	सरे	निस
मे	रे	मन	की	गंऽ	गा	ऽ	और	ते	रे	मन	की	जमु	ना	काऽ	ऽऽ
म	ग	प	म	ग	रे	सा	नि	सा	रे	ग	रे	सा	–	–	सा
बो	ऽल	रा	धा	बो	ऽल	सं	गम	हो	गा	कि	न	हीं	ऽ	ऽ	अरे
सा	प	प	म	ग	रे	सा	नि	सा	रे	ग	रे	सा	–	–	–
बो	ऽल	रा	धा	बो	ऽल	सं	गम	हो	गा	कि	न	हीं	ऽ	ऽ	ऽ

अंतरा

प	प	ध	प	म	म	प	म	ग	ग	म	ग	रे	सा	सा	नि
कि	त	नी	ऽ	स	दि	यां	ऽ	ऽ	बी	ऽत	ग	ई	ऽ	हैं	ऽ
–	साग	रे	ग	म	–	मं	म	ग	–	रे	सा	सा	–	–	–
ऽ	हाऽ	य	तु	झे	ऽ	स	म	झा	ऽ	ने	ऽ	में	ऽ	ऽ	ऽ

अंतरे की पहली लाइन की स्वर लिपि के आधार पर दूसरी लाइन मेरे जैसे धीरज वाला.... बजेगी तथा इस स्वर लिपि को दोबारा दोहराएं। स्थाई की स्वर लिपि के आधार पर अंतरे की तीसरी लाइन बजायी जायेगी।

हर तरफ अब यही....

फिल्म - हिन्दुस्तान की कसम

ताल - दादरा (छह मात्राएं)

स्थाई

हर तरफ अब यही अफसाने हैं हम तेरी आंखों के दीवानें हैं

अंतरे

कितनी सच्चाई है इन आंखों में, खोटे सिक्के भी खरे हो जाएं
तू कभी प्यार से देखे तो उधर, सूखे जंगल भी हरे हो जाएं
बाग बन जाएं जो वीराने हैं, हम तेरी आंखों..........
एक हल्का-सा इशारा इनका, कभी दिल और कभी जां लूटेगा
किस तरह प्यास बुझेगी उसकी, किस तरह उसका नशा टूटेगा
जिसकी किस्मत में वो पैमाने हैं, हम तेरी आंखों.......
मीठी नजरों में है कितना जादू, हो गये पल में कई ख्वाब जवां
कभी उठने कभी बैठने की अदा, ले चली जाने किधर जाने कहां
रास्ते प्यार के अनजाने हैं, हम तेरी आंखों.......

स्वर लिपि

स्थाई

		प़	प़	ग	ग	रे	रे	ग	रे	रे	स
		हर	त	र	फ	अ	ब	य	ही	अ	फ
स	स	–	स	–	–	–	–	स	रे	ग	म
सा	ने	ऽ	हैं	ऽ	ऽ	ऽ	ऽ	हम	ते	री	ऽ
म	म	–	म	म	ग	गम	प	प	म	ग	रे
आं	खों	ऽ	के	दी	ऽ	वा	ऽ	ऽ	ने	ऽ	ऽ
ग	–										
हैं	–										

अंतरा

		ग	ग	ग	ग	रे	रे	ग	रे	रे	स
		कित	नी	स	ऽच्च	चा	ऽ	ई	है	इन	ऽ
स	स	–	स	–	–	–		स	रे	ग	म
आं	ऽ	ऽ	खों	में	ऽ	ऽ	ऽ	खो	टे	सि	ऽ

म	–	म	म	म	ग	प	–	प		प	–
क्के	ऽ	भी	ख	रे	ऽ	हो	ऽ	जा	ऽ	यें	ऽ
–	–	ग	ग	ग	ग	रे	रे	ग	रे	रे	स
ऽ	ऽ	तू	क	भी	ऽ	प्या	ऽ	र	से	दे	ऽ
स	स	–	स	–	–	–	–	स	रे	ग	म
खे	ऽ	तो	उ	धर	ऽ	ऽ	ऽ	सू	खे	जं	ऽ
म	–	म	म	म	ग	प	–	प	–	प	–
गल	ऽ	भी	ह	रे	ऽ	हो	ऽ	जा	ऽ	यें	ऽ

इस स्वर लिपि के अनुरूप सभी अंतरें बजेंगे। स्थाई के अनुसार सभी की तीसरी लाइन बजाई जायेगी।

ले जायेंगे दिल वाले दुल्हनिया

फिल्म – चोर मचाए शोर

ताल – कहरवा

स्थाई

ले जायेंगे, ले जायेंगे, दिल वाले दुल्हनिया ले जायेंगे।
रह जायेंगे, रह जायेंगे, पैसे वाले देखते रह जायेंगे।

पहला अंतरा

तुम हो कली तो गुलाब हम हैं, होंठो से लगा तो तो शराब हम हैं
तेरी हर बात का जवाब हम हैं, कहते हैं लोग खराब हम हैं
अपने दो हाथों से कमाया हुआ खाने वाले
अपना पराया कभी खायेंगे ससुर जी
ले जायेंगे दिल छोड़ मछरिया ले जायेंगे! रह जायेंगे....

दूसरा अंतरा

मैं भी तेरे साथ हूं दिल भी तेरे साथ, सजना दिल भी तेरे साथ
चाहे जब आजा बन्ना लेके बारात, छेती–छेती आजा बन्ना लेके बारात
मेरे पास कोठी है न कार सजनी, कड़का है तेरा दिलदार सजनी
कोठी बंगला न मुझे कार चाहिए, दिल चाहिए दिलदार चाहिए–चाहिए
हो चल फिर चलिये सोनिए दिल की दुनिया बसायेंगे कि बुलबुल
ले जायेंगे, ले जायेंगे, तेरे बाग की बुलबुल ले जायेंगे

तीसरा अंतरा

दर पर खड़े हैं कल्याण कर दो, काम कोई तो महान कर दो

खर्चा दहेज का भी बच जायेगा, लगे हाथों कन्या का दान कर दो
कभी-कभी तेरे घर तीर्थ समझकर दर्शन को हम आयेंगे ससुर जी
ले जायेंगे, ले जायेंगे, तेरी बांकी हिरनियां ले जायेंगे

स्वर लिपि

स्थाई

म	–	ग	–	ग	–	र	स	र	र	र	र	र	र	स	ध
ले	ऽ	जा	एं	गे	ऽ	ऽ	ऽ	ले	ऽ	जा	एं	गे	ऽ	दि	ल
ध	स	–	–	र	ग	र	स	स	–	स	–	स	–	–	–
वा	ले	ऽ	दुल	ह	नि	या	ऽ	ले	ऽ	जा	एं	गे	ऽ	ऽ	ऽ

इस स्वर लिपि के अनुसार ही स्थाई की दूसरी लाइन बजायी जायेगी

अंतरा

ग	ग	ग	ग	म	प	म	ग	ग	ग	ग	ग	ग	ग	ग	स
तु	म	हो	क	ली	तो	ऽ	गु	ला	ब	ह	म	हैं	ऽ	ऽ	ऽ
प	म	ग	ग	ग	म	म	ग	स	र	स	स	स	ग	र	स
हों	ठों	से	ऽ	ल	गा	लो	तो	श	रा	ब	ह	म	हैं	ऽ	ऽ
ग	ग	ग	ग	ग	ग	म	प	ग	ग	ग	ग	ग	ग	ग	ग
ते	री	ह	र	बा	त	का	ज	वा	ब	ह	म	हैं	ऽ	ऽ	ऽ
ग	ध	ध	ध	ध	ध	ध	ध	ध	नि॒	नि॒	ध	ध	प	म	ग
क	ह	ते	हैं	लो	ग	के	ख	रा	ब	ह	म	हैं	ऽ	ऽ	ऽ
ग	प	ध	सं	–	–	–	–	प	सं	सं	सं	सं	सं	ध	प
हो	ऽ	हो	ऽ	ऽ	ऽ	ऽ	ऽ	अ	प	ने	दो	हा	थों	से	क
प	ध	ध	ध	ध	ध	प	म	म	प	प	प	प	प	म	ग
मा	या	हु	आ	खा	ने	वा	ले	अ	प	ना	प	रा	या	क	भी
र	ग	ग	ध	ध	ध	ध	–								
खा	एं	गे	स	सु	र	जी	ऽ								

पूरा स्थाई अंतिम लाइन 'ले जायेंगे...' के लिए बजेगा। इसी स्वरलिपि पर दूसरा और तीसरा अंतरा भी इसी तरह बजेगा।

दम मारो दम

फिल्म - हरे रामा, हरे कृष्णा

ताल - कहरवा

स्थाई

दम मारो दम...

मिट जाएं गम...

बोलो सुबह शाम...

हरे कृष्णा हरे राम-2

पहला अंतरा

दुनिया ने हमको दिया क्या,

दुनिया से हमने लिया क्या,

हम सबकी परवाह करें क्यों,

सबने हमारा किया क्या,

आऽऽऽआऽऽऽ

आऽऽऽआऽऽऽ

दम मारो दम...

दूसरा अंतरा

चाहें जियेंगे चाहे मरेंगे,

पर हम न किसी से डरेंगे,

हमको न रोके जमाना,

हम चाहे जो करेंगे,

आऽऽऽआऽऽऽ

आऽऽऽआऽऽऽ

दम मारो दम...

स्वर लिपि

स्थाई

म	म	प	ध	म	ध	–	–	–	–	–	–	–	–	–	–
द	म	ऽ	मा	रो	द	म	ऽ	ऽ	ऽ	ऽ	ऽ	ऽ	ऽ	ऽ	ऽ
म	म	प	ध	म	ध	–	–	–	–	–	–	–	–	–	–
मि	ट	जा	एं	ग	म	ऽ	ऽ	ऽ	ऽ	ऽ	ऽ	ऽ	ऽ	ऽ	ऽ
ग	ग	म	प	म	प	–	–	–	–	–	–	–	–	–	–
बो	लो	सु	ब	ह	शा	ऽ	म	ऽ	ऽ	ऽ	ऽ	ऽ	ऽ	ऽ	ऽ
ध	प	ध	प	ध	म	म	–	–	–	–	–	–	–	–	–
ह	रे	कृ	ष्णा	ह	रे	रा	म	ऽ	ऽ	ऽ	ऽ	ऽ	ऽ	ऽ	ऽ

'हरे कृष्णा हरे राम' अंतिम लाइन को तीन-चार बार बजाकर एक बार पहली लाइन 'दम मारो दम' को बजाया जायेगा।

अंतरा

सं	–	सं	–	सं	–	रें-	–	सं	नि	–	नि	–	–	–	–
दु	नि	या	ऽ	ने	ह	म	को	दि	या	ऽ	क	या	ऽऽ	ऽऽ	ऽऽ
नि	–	नि	–	नि	–	सां-	-नि	ध	–	ध	–	–	–	–	–
दु	नि	या	से	हम	ने	ऽऽ	लि	या	क	या	ऽ	ऽ	ऽ	ऽ	ऽ
ध	–	ध	–	ध	–	–	सं	सं	–	सं	रें	–	रें-	–	–
ह	म	स	ब	की	प	र	वा	ह	क	रें	ऽ	क	यूं	ऽऽ	ऽ
रें	–	रें	–	रें	–	गं	–	रें	सं	–	सं	–	–	–	–
सब	ने	ह	मा	रा	ऽ	कि	या	ऽ	क	या	ऽ	ऽ	ऽ	ऽ	ऽ
सं	ऽ	ऽ	ऽ	नि	ऽ	ऽ	ऽ	ध	ऽ	ऽ	ऽ	प	–	–	–
आ	ऽ	ऽ	ऽ	आ	ऽ	ऽ	ऽ	आ	ऽ	ऽ	ऽ	आ	ऽ	ऽ	ऽ

पूरे स्थाई को एक बार इसके साथ ही बजाएंगे और इसी प्रकार दूसरा अंतरा भी बजेगा।

मेरे सामने वाली खिड़की में

फिल्म - पड़ोसन

ताल - कहरवा

स्थाई

मेरे सामने वाली खिड़की में एक चांद-सा टुकड़ा रहता है
अफसोस ये है कि वो हमसे कुछ उखड़ा-उखड़ा रहता है

पहला अंतरा

जिस रोज से देखा है उसको, हम शमा जलाना भूल गए,
दिल थाम के ऐसे बैठे हैं, कहीं आना-जाना भूल गए,
अब आठ पहर इन आंखों में, वो चंचल मुखड़ा रहता है
मेरे सामने वाली......

दूसरा अंतरा

बरसात भी आकर चली गयी, बादल भी गरज कर बरस गए,
पर उसकी एक झलक को हम, ऐ हुस्न के मालिक तरस गए,
कब प्यास बुझेगी आंखों की, दिन-रात ये दुखड़ा रहता है
मेरे सामने वाली......

स्वर लिपि

स्थाई

स	रे	ग	ऽ	स	स	स	–	स	नि	ध़	ध़	रे	–

		मे	रे	सा	ऽ	म	ने	वा	ऽ	ली	ऽ	खि	ड़	की	ऽ
रे	ऽ	स	रे	ग	स	स	स	स	स	स	नि	ध़	ध़	स	–
में	ऽ	इ	क	चां	ऽ	द	सा	टु	क	ड़ा	ऽ	र	ह	ता	ऽ
स	–	प	प	ग	–	–	रे	ग	–	स	–	म	–	म	म
है	ऽ	अ	फ	सो	ऽ	स	ये	है	–	कि	ऽ	वो	ऽ	ह	म
प	–	ध़	ध़	ध़	ध़	नि	–	स	र	ग	स	स	स	स	–
से	ऽ	कु	छ	उ	ख	ड़ा	ऽ	उ	ख	ड़ा	ऽ	र	ह	ता	ऽ
म	–	स	रे	ग	ऽ	स	स	स	–	स	नि	ध़	ध़	रे	–
है	ऽ	मे	रे	सा	ऽ	म	ने	वा	ऽ	ली	ऽ	खि	ड़	की	ऽ
रे	रे	स	–	–	–										
में	ऽ	ऽ	ऽ	ऽ	ऽ										

अंतरा

						स	ग	प	–	–	प	ध	प	म	ग
						जि	स	रो	ऽ	ज	से	दे	ऽ	खा	ऽ
रे	म	म	ध	प	–	प	–	रे	रे	–	रे	ग	म	ध	प
है	ऽ	उ	स	को	ऽ	हम	ऽ	श	मा	ऽ	ज	ला	ऽ	ना	ऽ
ग	ग	ग	ग	ग	–	स	ग	प	–	–	प	ध	प	म	ग
भू	ऽ	ल	ग	ए	ऽ	दि	ल	था	ऽ	म	के	ऐ	ऽ	से	ऽ
रे	म	म	ध	प	–	प	–	रे	रे	–	रे	ग	म	ध	प
बै	ऽ	ठे	ऽ	हैं	ऽ	क	–	हीं	आ	ऽ	ना	जा	ऽ	ना	ऽ
ग	ग	ग	ग	ग	–	–		स	ऽ	रे	ऽ	रे	नि	नि	स
भू	ऽ	ल	ग	ए	ऽ	–		अ	ऽ	ब	ऽ	आ	ऽ	ठ	प
रे	–	रे	ग	म	ध	प	म	ग	रे	रे	–	प	–	म	म
हर	ऽ	इ	न	आ	ऽ	खों	ऽ	में	ऽ	वो	ऽ	चं	ऽ	च	ल
ग	म	रे	ग	स	स	स	–	स	–						
मु	ख	ड़ा	ऽ	र	ह	ता	ऽ	है	ऽ						

स्थाई की एक या दोनों लाइनों को इसके साथ जोड़कर बजायें। इसी प्रकार दूसरा अंतरा भी इसी स्वरलिपि पर बजाइए।

बिंदिया चमकेगी चूड़ी खनकेगी

फिल्म - दो रास्ते

ताल - कहरवा

स्थाई

बिंदिया चमकेगी, चूड़ी खनकेगी, तेरी नींद उड़े तो उड़ जाए,
कजरा बहकेगा, गजरा महकेगा, माही रुसदा ए ते रुस जाए।

पहला अंतरा

बोले कंगना, किसी का ओ सजना, जवानी पे जोर नहीं,
लाख मना कर ले दुनिया कहते हैं मेरे घुंघरू,
पायल बाजेगी, गोरी नाचेगी, छत टुट दी ए ते टुट जाये।
बिंदिया....

दूसरा अंतरा

मैंने तुझसे मुहब्बत की है, गुलामी नहीं की बलमा,
दिल किसी का टूटे, चाहे कोई मुझसे रूठे,
मैं तो खेलूंगी, मैं तो छेडूंगी, चूड़ी टुट दी ए ते टुट जाए।
बिंदिया....

तीसरा अंतरा

मेरे आंगन, बारात ले के साजन, तू जिस रात आएगा,
मैं ना बैठूंगी डोली में, कह दूंगी बाबुल से,
मैं ना जाऊंगी, मैं ना जाऊंगी, गड्डी टुर दी ऐ ते टुर जाए।
बिंदिया....

स्वर लिपि

स्थाई

		रे	ग	स	रे	रे	ग	–	–	रे	ग	स	रे	रे	–
		बिंदि	या	च	म	के	गी	ऽ	ऽ	चू	ड़ी	खन	के	गी	ऽ
–	–	प	प	–	ध	प	म	ग	रे	म	–	ग	ग	–	–
–	–	ते	री	ऽ	नीं	द	उ	ड़े		ते	ऽ	ऽ	उड़	जा	ऽ

इसी स्वर लिपि के आधार पर दूसरी लाइन को भी बजाइए।

अंतरा

		रे	ग	स	स	–	स	रे	गग	ग	ग	स	स	–	स
		बो	ले	क	ग	ना	कि	सी	ऽ	का	ओ	स	ज	ना	ऽज
रे	म	ग	ग	प	रे	ग	रे	स	–	–		प	प	प	धम
वा	ऽ	नी	पे	ऽ	जो	ऽर	ऽन	हीं	ऽ	ऽ	–	ला	ख	मना	कर
म	म	म	पम	ग	ग	ग	म	ग	रे	स	स	स	रे	रे	ग
ले	दुनि	या	कह	ते	हैं	मे	रे	घुं	घरू	पा	यल	बा	जे	गी	ऽ

ग	–	रे	ग	स	रे	रे	–	–	–	प	प	–	ध	प	म
ऽ	ऽ	गो	री	ना	चे	गी	ऽ	ऽ	ऽ	छ	त		टु	ट	दी
ग	रे	म	–	ग	ग	प	–	रे	–	–					
ए	ते	टु	ऽ	ट	ऽ	जा	ऽ	ए	ऽ	ऽ					

तू चीज बड़ी है मस्त मस्त

फिल्म - मोहरा

ताल - कहरवा

स्थाई

तू चीज बड़ी है मस्त-मस्त, तू चीज बड़ी है मस्त,
नहीं तुझको कोई होश-होश
उस पर जोबन का जोश-जोश
नहीं तेरा, नहीं तेरा कोई दोष-दोष
मदाहोश है तू हर वक्त-वक्त
तू चीज बड़ी है मस्त मस्त......
आशिक है तेरा नाम-नाम
दिल लेना तेरा काम-काम
मेरी बांहें, मेरी बांहें मत थाम-थाम
बदनाम है तू बद मस्त-मस्त
तू चीज बड़ी है.....

पहला अंतरा

बोल जरा तू जाने महबूबी
मुझमें ऐसी क्या है खूबी
बोल जरा तू जाने महबूबी
मुझमें ऐसी क्या है खूबी
तू एक रेशम की डोर-डोर
तेरी चाल पे आशिक मोर-मोर
तेरी जुल्फ घनी चितचोर-चोर
घनघोर घटा बद मस्त-मस्त
तू चीज बड़ी है......

दूसरा अंतरा

ये दिल तेरी आंखों में डूबा,
बन जा मेरी तू महबूबा
ये दिल तेरी आंखों में डूबा,
बन जा मेरी तू महबूबा
मत तीर नजर के मार–मार
ये चोट लगेगी आर–पार
आजा, आजा झट–पट यार–यार
ये प्यार बड़ा है मस्त–मस्त
तू चीज बड़ी है......

स्वर लिपि

स्थाई

		न	–	स	–	स	स	स	–	र	ग	र	र	र	र
		तू	ऽ	ची	ऽ	ज	ब	ड़ी	ऽ	है	ऽ	म	ऽस्	त	म
र	र	स	ऩ	स	–	स	स	स	–	र	स	स	स	स	स
ऽस्	त	तू	ऽ	ची	ऽ	ज	ब	ड़ी	ऽ	ह	ऽ	मस्	त	ऽ	ऽ
स	स	प	म	म	प	प	न	न	ध	ध	प	प	–	प	प
ऽ	ऽ	न	हीं	तु	झ	को	ऽ	को	ऽ	ई	ऽ	हो	ऽ	श	हो
–	प	प	म	म	प	प	न	न	ध	ध	प	प	–	प	प
ऽ	श	उ	स	प	र	जो	ऽ	बन	ऽ	का	ऽ	जो	ऽ	श	जो
–	प	प	सं	सं	–	सं	–	–	–	–	–	–	–	–	–
ऽ	श	न	हीं	ते	ऽ	रा	ऽ	ऽ	ऽ	ऽ	ऽ	ऽ	ऽ	ऽ	ऽ
–	–	प	सं	सं	सं	सं	सं	सं	सं	सं	सं	न	ध	ध	धप
ऽ	ऽ	न	हीं	ते	ऽ	रा	ऽ	को	ऽ	ई	ऽ	दो	ऽ	ष	दो
प	प	प	प	प	ध	ध	प	प	म	म	ग	ग	र	र	र
ऽ	ष	म	द	हो	ऽ	श	है	तू	ऽ	ह	र	व	ऽ	क्त	व
स	स	ऩ	–	स	–	स	स	स	–	र	ग	र	र	र	र
ऽ	क्त	तू	ऽ	ची	ऽ	ज	ब	ड़ी	ऽ	है	ऽ	म	ऽस्	त	म
र	र	स	न	स	–	स	स	स	–	र	स	स	स	स	स
ऽस्	त	तू	ऽ	ची	ऽ	ज	ब	ड़ी	ऽ	है	ऽ	म	ऽस्	त	म
स	स														
ऽस्	त														

स्थाई की यह छह लाइनों की स्वरलिपि है। स्थाई पूर्ण करने के लिए इसे पूरा ही दोहराकर स्थाई की अंतिम पांच लाइने बजायी जाएंगी।

अंतरा

प	–	प	सं	सं	न	न	सं	सं	सं	सं	सं	सं	सं	सं	सं
बो	ऽ	ल	ज	रा	ऽ	तू	ऽ	ऽ	ऽ	ऽ	ऽ	ऽ	ऽ	जा	ऽ
सं	न	सं	रं	रं	सं	सं	–	सं	–	–	–	न	–	ध	–
ने	ऽ	म	ह	बू	ऽ	बी	ऽ	ऽ	ऽ	ऽ	ऽ	ऽ	ऽ	ऽ	ऽ
म	म	म	ध	ध	–	ध	–	–	–	–	–	–	–	ध	सं
मु	झ	में	ऽ	ऐ	ऽ	सी	ऽ	ऽ	ऽ	ऽ	ऽ	ऽ	ऽ	ऽ	ऽ
न	–	ध	–	ग	–	प	–	–	–	–	–	–	–		
क्या	ऽ	है	ऽ	खू	ऽ	बी	ऽ	ऽ	ऽ	ऽ	ऽ	ऽ	ऽ		

अंतरे की चार लाइनों को पूरा करने के लिए इन दो लाइनों को दोहराया जायेगा। स्थाई की दूसरी लाइन 'नहीं तुझको कोई होश-होश से स्थाई के अंत तक बजाएं, पांचवी लाइन 'तू एक रेशम की डोर-डोर' से अंत तक बजाने के लिए। इसी प्रकार दूसरा अंतरा भी बजेगा।

मैं तुझको भगा लाया हूं

फिल्म - होरो नंबर वन

ताल - दादरा

स्थाई

मैं तुझको भगा लाया हूं तेरे घर से
तेर बाप के डर से, तेरे बाप के डर से
जाऊंगा दूर लेके तुझे सबकी नजर से
तेरे बाप के डर से, तेरे बाप के डर से
मैं संग तेरे भाग चली मेरे घर से
मेरे बाप के डर से, मेरे बाप के डर से,
जाऊंगी दूर लेके तुझे सबकी नजर से,
मेरे बाप के डर से, मेरे बाप के डर से

पहला अंतरा

जालिम है सितमगर है वो प्यार का दुश्मन
बनने नहीं देगा वो तुझको मेरी दुल्हन
जालिम है सितमगर है वो प्यार का दुश्मन

बनने नहीं देगा वो मुझको तेरी दुल्हन
हम ब्याह रचाएंगे कहीं दूर शहर से
मेरे बाप के डर से, मेरे बाप के डर से,
तेरे बाप के डर से, तेरे बाप के डर से

दूसरा अंतरा

ले जाएगा कमरे में हमें बन्द करेगा
मिलना वो तेरा–मेरा ना पसन्द करेगा
ले जाएगा कमरे में हमें बन्द करेगा
मिलना वो तेरा–मेरा ना पसन्द करेगा
धक–धक सी दिल में होती है तेरी खबर से
तेरे बाप के डर से, तेरे बाप के डर से
मेरे बाप के डर से, मेरे बाप के डर से

स्वर लिपि

स्थाई

				ग	–	र	र	र	र	र	स
				मैं	ऽ	तु	झ	को	भ	गा	ऽ
स	स	स	स	स	स	स	स	स	स	र	र
ला	ऽ	या	ऽ	हूं	ऽ	ते	रे	ऽ	घ	र	ऽ
ग	ग	ग	ग	ग	ग	र	र	र	स	स	–
से	ऽ	ऽ	ते	रे	ऽ	बा	ऽ	प	के	डर	ऽ
स	ध़	–	ग	ग	–	र	स	स	स	स	स
से	ऽ	ऽ	ते	रे	ऽ	बा	ऽ	प	के	ड	र
स	–	–	–								
से	ऽ	ऽ	ऽ								

दो–दो लाइनों की आठ पंक्तियों में सभी की स्वरलिपि एक समान हैं इसलिए स्थाई की दो लाइनें चार बार बजेंगी।

अंतरा

				स	–	स	–	स	ग	ग	म
				जा	ऽ	लिम	ऽ	है	सि	तम	ऽ
म	प	प	प	प	–	ग	–	ग	ग	ग	म
गर	ऽ	है	ऽ	वो	ऽ	प्या	ऽ	र	का	दु	श
म	प	–	–	म	–	म	–	म	म	म	–
मन	ऽ	ऽ	ऽ	बन	ऽ	ने	ऽ	न	हीं	दे	ऽ

ग॒	र	र	–	र	र	र	–	ग	र	र	स
गा	ऽ	वो	ऽ	तु	झ	को	ऽ	मे	री	दुल	ऽ
स	–	–	–								
हन	ऽ	ऽ	ऽ								

इसी स्वरलिपि के अनुरूप अंतरे की तीसरी और चौथी लइनों को बजाया जायेगा। तत्पश्चात् पांचवी, छठी और सातवीं लाइनों के लिए स्थाई को दो बार बजाया जायेगा। इसी प्रकार दूसरा अंतरा भी बजाया जायेगा।

दीदी तेरा देवर दीवाना

फिल्म - हम आपके हैं कौन

ताल - कहरवा

स्थाई

दीदी तेरा देवर दीवाना

हाए राम कुड़ियों को डाले दाना

धंधा है ये उसका पुराना

हाए राम कुड़ियों को डाले दाना

पहला अंतरा

मैं बोली कि लाना तू इमली का दाना

मगर वो छुआरे ले आया दीवाना

मैं बोली कि मचले है दिल मेरा हाए

वो खरबूजा लाया जो नींबू मंगाए

पगला है कोई उसको बताना, हाए राम.....

दूसरा अंतरा

मैं बोली कि लाना तू मिट्टी पहाड़ी

मगर वो बताशे ले आया अनाड़ी

मैं बोली कि ला दे मुझे तू खटाई

वो बाजार से ले के आया मिठाई

मुश्किल है यूं मुझको पटाना, हाए राम.....

तीसरा अंतरा

भाभी तेरी बहना को माना

हाए राम कुड़ियों का है जमाना

रब्बा मेरे मुझको बचाना

हाए राम कुड़ियों का है जमाना

चौथा अंतरा

हुकुम आपका था जो मैंने न माना

खतावार हूं में न आया निभाना

सजा जो भी दोगी वो मंजूर होगी

अजी मेरी मुश्किल तभी दूर होगी

बंदा है ये खुद से बेगाना, हाए राम...

स्वर लिपि

स्थाई

सा प म प | ग – म ग | रेसा रे सानिनि | – – नि नि
दी दी ते रा | दे ऽ वर दी | वाऽ ऽ नाऽ ऽ | ऽ ऽ हा ए
निसारे –रे सासा | ग ग रे सा | सा – सा – | – – – –
राऽ ऽ ऽम कुड़ि | यों को डा ले | दा ऽ ना ऽ | ऽ ऽ ऽ ऽ
स प म प | ग – म ग | रेसा रे सानि | – – नि नि
धं धा है ये | उ स का पु | राऽ ऽ नाऽ ऽ | ऽ हा ए
निसारे –रे सासा | ग ग रे सा | सा – सा – | – – – –
राऽ ऽ ऽम कुड़ि | यों को डा ले | दा ऽ ना ऽ | ऽ ऽ ऽ ऽ

पहली लाइन 'दीदी तेरा देवर दीवाना' को ही केवल जोड़ दीजिएगा।

पहला अंतरा

* * * प
मैं

पम मग ग – | गम म – प | पम मग ग ग | – ग – म
बोऽ लीऽ कि ऽ | लाऽ ना ऽ तू | इम लीऽका दा | ऽ ना ऽ म
म म म प | ध – ध ध | प प म ध | प प प –
ग र वो छु | आ ऽ रे ले | आ या ऽ दी | वा ऽ ना ऽ

पांचवीं लाइन के लिए इस स्वर लिपि को बजायें तथा अंतरे की तीसरी और चौथी लाइनों को पहली और दूसरी लाइनों की उपरोक्त स्वरलिपि को दोहराकर ही बजायी जायेंगी।

* * * सा
पग

प म प ग | – म ग रेसा | रे सानिनि – | – – नि नि
ला है कोई उ | स को ब ताऽ | ऽ नाऽ ऽ ऽ | ऽ ऽ हा ए
निसारे –रे सासा | ग ग रे सा | सा – सा – | – – – –
राऽ ऽ ऽम कुड़ि | यों को डा ले | दा ऽ ना ऽ | ऽ ऽ ऽ ऽ

तीसरा अंतरा स्थाई की स्वरलिपि के अनुसार ही बजेगा लेकिन दूसरा और चौथा अंतरा इसी स्वरलिपि के आधार पर बजाया जायेगा।

दिल तो पागल है

फिल्म - दिल तो पागल है

ताल - कहरवा

स्थाई

दिल तो पागल है दिल दीवाना है
पहली-पहली बार मिलाता है यही
सीने में फिर आग लगाता है
धीरे-धीरे प्यार सिखाता है यही
हंसाता है यही, यही रुलाता है
दिल तो पागल है, दिल दीवाना है
सारी-सारी रात जगाता है यही
अंखियों से नींद चुराता है
सच्चे झूठे ख्वाब दिखाता है यही
हंसाता है यही, यही रुलाता है
दिल तो पागल.....

पहला अंतरा

इस दिल की बातों में जो आते हैं
वो भी दीवाने हो जाते हैं
मंजिल तो राही ढूंढ लेते हैं
रस्ते मगर खो जाते हैं
दिल तो पागल है.....

दूसरा अंतरा

सूरत से मैं ना पहचानूंगी,
नाम से भी ना उसको चाहूंगी
देखूंगी कुछ ना मैं सोचूंगी,
दिल जो कहेगा वो ही मानूंगी

दिल तो पागल है....

तीसरा अंतरा

दिल का कहना हम सब माने

दिल ना किसी की माने

जान दी हमने, जान गये सब,

एक वो ही ना जाने

दिल तो पागल है.....

चौथा अंतरा

रहने दो छोड़ो ये कहानियां,

दीवानेपन की सब निशानियां,

लोगों की सारी परेशानियां

इस दिल की हैं ये मेहरबानियां

दिल तो पागल है....

स्वर लिपि

स्थाई

		ग	र	स	र	स	न	–	–	ग	र	स	र	स	स
		दिल	तो	पा	गल	है	ऽ	ऽ	ऽ	दिल	दी	वा	ना	है	ऽ
–	–	ग	र	स	र	स	न	–	–	ग	र	स	र	स	स
ऽ	ऽ	दिल	तो	पा	गल	है	ऽ	ऽ	ऽ	दिल	दी	वा	ना	है	ऽ
–	–	–	–	स	ग	ध	प	प	–	–	ग	ग	म	म	प
ऽ	ऽ	ऽ	ऽ	पह	ली	पह	ली	बा	ऽ	ऽर	मि	ला	ता	है	य
प	–	–	–	स	ग	ध	प	प	–	–प	प	म	ग	र	–
ही	ऽ	ऽ	ऽ	सी	ने	में	फिर	आ	ऽ	ऽग	ल	गा	ता	है	ऽ
–	–	–	–	स	ग	ध	प	प	–	–	ग	ग	म	म	प
ऽ	ऽ	ऽ	ऽ	धी	रे	धी	रे	प्या	ऽ	ऽर	सि	खा	ता	है	य
प	–	–	प	स	ग	ध	प	प	–	–	प	म	ग	र	ग
ही	ऽ	ऽ	हं	सा	ता	है	य	ही	ऽ	ऽ	य	ही	रु	ला	ता
रस	स														
हैऽ	ऽ														

पांच लाइन की स्वरलिपि को एक बार पूरा ही दोहराने पर स्थाई की दस लाइनें पूरी हो जाएंगी और ग्यारहवीं लाइन को एक या दो बार बजाया जाएगा। पहली लाइन को एक या दो बार दोहराकर स्थाई की ग्यारहवीं लाइन को पूर्ण किया जायेगा।

अंतरा

	ग	र	स	न	स	र	ग	र	स	स	–	–	–	–	–
	इस	दिल	की	बा	तों	में	जो	आ	ते	हैं	ऽ	ऽ	ऽ	ऽ	ऽ
–	ग	र	स	न	स	र	म	ग	र	र	–	–	–	–	–
ऽ	वो	भी	दी	वा	ने	हो	ऽ	जा	ते	हैं	ऽ	ऽ	ऽ	ऽ	ऽ
–	प	म	ग	र	ग	म	ध	प	प	प	–	–	–	–	–
ऽ	मं	जिल	तो	रा	ही	ढूं	ढ	ले	ते	हैं	ऽ	ऽ	ऽ	ऽ	ऽ
–	प	म	ग	न	स	र	ग	र	स	स	स	–	–		
ऽ	रस्	ते	म	ग	र	खो	ऽ	जा	ऽ	ते	हैं	ऽ	ऽ		

अंतरा पूरा करने के लिए इसके आगे स्थाई की पहली लाइन को बजायें। इसी स्वरलिपि के आधार पर दूसरा अंतरा भी बजाया जाएगा। लेकिन तीसरे अंतरे की स्वरलिपि भिन्न है।

तीसरा अंतरा

	ग	म	प	म	ग	ग	ग	–	प	म	प	म	ग	ग	–
	दिल	ऽ	का	क	ह	ना	ऽ	ऽ	हम	स	ब	मा	ऽ	ने	ऽ
–	म	म	म	म	–	म	ग	म	–	प	–	–	–	म	ग
ऽ	दिल	ना	कि	सी	ऽ	की	ऽ	मा	ऽ	ने	ऽ	ऽ	ऽ	ऽ	ऽ
–	ग	म	प	म	ग	ग	–	–	र	ग	म	ग	र	र	र
ऽ	जा	ऽन	दी	हम	ऽ	ने	ऽ	ऽ	जा	ऽन	ग	ए	ऽ	स	ब
–	प	म	प	म	ग	र	ग	र	स	स	–	–	–		
ऽ	ए	क	वो	ही	ऽ	ना	ऽ	जा	ऽ	ने	ऽ	ऽ	ऽ		

स्थाई की प्रथम पंक्ति इस अंतरे के आखिर में बजाई जाती है। चौथा अंतरा बजाने के लिए पहले तथा दूसरे अंतरों की स्वरलिपि का उपयोग करें।

रूप सुहाना लगता है

फिल्म - दि जैन्टलमैन

ताल - कहरवा

स्थाई

रूप सुहाना लगता है, चांद पुराना लगता है

तेरे आगे ओ जानम

तू भी क्या चीज है, हर दिल अजीज है

जी चाहे देखें तुझे हम, हर दम

रूप सुहाना......

पहला अंतरा

मैं दीवाना आवारा बादल, गलियों में फिरता हूं मैं मारा-मारा

महलों की तू रहने वाली, कैसे बनूंगा तेरा सहारा

फिर भी ना जाने, दिल क्यूं ना माने

हर दिन हर पल तुझको पुकारे

रूप सुहाना.....

दूसरा अंतरा

महलों की क्या है मुझको जरूरत, मैं तो तेरे दिल में रहूंगी

फूलों के संग-संग सब चलते हैं, कांटों पे तेरे संग चलूंगी

होने लगा तू सांसों में शामिल

जीना है बस मुझे तेरे सहारे

रूप सुहाना......

स्वर लिपि

स्थाई

स	रर	रर	ग	र	स	स	–	स	रर	रर	ग	र	स	स	–
रू	ऽप	सुहा	ना	लग	ता	है	ऽ	चांद	पु	राऽ	ना	लग	ता	है	ऽ
स	र	र	म	ग	र	स	ऩ	स	–	–	–	–	–	–	–
ते	रे	आ	गे	ओ	ऽ	जा	ऽ	नम	ऽ	ऽ	ऽ	ऽ	ऽ	ऽ	ऽ
–	प	म॑	ग̲	म॑	–प	ध	–	–	प	म॑	ग	म॑	–प	ध	–
ऽ	तू	भी	क्या	ची	ऽज	है	ऽ	ऽ	हर	दिल	अ	जी	ऽज	है	–
–	न̲	न̲	ध	ध	प	म॑	ग̲	ग̲	म॑	–	–	ग̲	र	र	स
ऽ	जी	चा	हे	दे	खें	तु	झे	हम	ऽ	ऽ	ऽ	ह	र	दम	ऽ

स्थाई को पूरा करने के लिए इस स्वरलिपि के आखिर में स्थाई की पहली दो लाइनों को बजाया जायेगा।

अंतरा

सं	–	–	–	–	–	–	–	–	सं	–	सं	सं	–	र	–
हो	ऽ	ऽ	ऽ	ऽ	ऽ	ऽ	ऽ	ऽ	मैं	ऽ	दी	वा	ऽ	ना	ऽ
न	न	ध	ध	सं	सं	सं	–	–	सं	सं	गं̲	रं	सं	सं	रं
ऽ	आ	वा	रा	बा	ऽ	दल	ऽ	ऽ	गलियों	में		फिरऽ		ता	हूं
न	न	सं	न	ध	प	प	–	–							
ऽ	मैं	मा	रा	मा	ऽ	रा	ऽ	ऽ							

पहली लाइन की स्वरलिपि को एक बार फिर बजाकर अंतरे की दूसरी लाइन को बजाया जाएगा।

	ध	ध	ध	न	ध	सं	–	–	न	न	न	सं	न	रं	–
	फिर	भी	ना	जा	ऽ	ने	ऽ	ऽ	दिल	क्यों	ना	मा	ऽ	ने	ऽ
–	रं	रं	सं	न	ध	ध	प	म॑	–म॑	प	म॑	ग̲	र	र	स
ऽ	हर	दिन	ऽ	हर	ऽ	पल	ऽ	तुझ	ऽको	ऽ	पु	का	ऽ	रे	ऽ

इस स्वरलिपि के अनुसार तीसरी और चौथी लाइनों बजाया जाएगा। पांचवीं लाइन के लिए स्थाई की दो लाइनों को बजाया जाएगा तथा दूसरा अंतरे को भी इसी तरह बजायें।

जिंदगी की ना टूटे लड़ी

फिल्म - क्रांति

ताल - कहरवा

स्थाई

जिन्दगी की ना टूटे लड़ी
प्यार कर ले घड़ी दो घड़ी
हो जिन्दगी की ना टूटे लड़ी
प्यार कर ले घड़ी दो घड़ी
लम्बी-लम्बी उमरिया को छोड़ो
प्यार की एक घड़ी है बड़ी
प्यार कर ले घड़ी दो घड़ी
जिन्दगी की न टूटे लड़ी

पहला अंतरा

उन आंखों को हंसना भी क्या
जिन आंखों में पानी न हो
वो जवानी-जवानी नहीं
जिसकी कोई कहानी न हो
आंसू है खुशी की लड़ी
प्यार कर ले घड़ी दो घड़ी
जिन्दगी की ना.....

दूसरा अंतरा

आज से अपना वादा रहा
हम मिलेंगे हर इक मोड़ पर
दिल की दुनिया बसाएंगे हम
गम की दुनिया का दर छोड़कर
जीने मरने की किसको पड़ी

प्यार कर ले घड़ी दो घड़ी

जिन्दगी की ना.....

तीसरा अंतरा

लाख गहरा हो सागर तो क्या

प्यार से कुछ भी गहरा नहीं

दिल की दीवानी हर मौज पर

आसमानों का पहरा नहीं

टूट जाएगी हर हथकड़ी

प्यार कर ले घड़ी दो घड़ी

जिन्दगी की न........

स्वर लिपि

स्थाई

		स	रे	रे	म	म	ग	ग	रे	रे	स	रे	स	नि̱	ध़
		जिं	द	गी	ऽ	की	ना	टू	ऽ	टे	ल	ड़ी	ऽ	ऽ	ऽ
–	–	ध़	-ध़	नि̱	–	स	ग	ग	रे	रे	स	स	–	सध	पध
ऽ	ऽ	प्या	ऽर	कर	ऽ	ले	घ	ड़ी	ऽ	दो	घ	ड़ी	ऽ	होऽ	ऽऽ
प	म	स	रे	रे	म	म	ग	ग	रे	रे	स	रे	स	नि़	ध़
ऽ	ऽ	जिं	द	गी	ऽ	की	ना	टू	ऽ	टे	ल	ड़ी	ऽ	ऽ	ऽ
–	–	ध़	-ध़	नि़	–	स	ग	ग	रे	रे	स	स	–	–	–
ऽ	ऽ	प्या	ऽर	कर	ऽ	ले	घ	ड़ी	ऽ	दो	घ	ड़ी	ऽ	ऽ	ऽ
–	–														
ऽ	ऽ														

इस स्वर लिपि को दोहराकर स्थाई की पांचवी से आठवीं तक चार लाइनें बजायी जायेंगी।

अंतरा

		ध	–	प	–	ध	ध	ध	प	प	म	म	–	–	–
		उन	ऽ	आं	ऽ	खों	का	हं	स	ना	भी	क्या	ऽ	ऽ	ऽ
–	–	म	प	प	नि̱	नि̱	नि̱	नि̱	–	सं	नि̱	ध	–	–	–
ऽ	ऽ	जि	न	आं	ऽ	ओं	में	पा	ऽ	नी	ना	हो	ऽ	ऽ	ऽ
प	–	ध	ध	प	–	ध	ध	ध	प	प	म	म	–	–	ग
ऽ	ऽ	वो	ज	वा	ऽ	नी	ज	वा	ऽ	नी	न	हीं	ऽ	ऽ	ऽ
रे	स	प़	प़	ध	–	ध	ध	ध	प	प	म	म	–	–	–
ऽ	ऽ	जिस	की	को	ऽ	ई	क	हा	ऽ	नी	ना	हो	ऽ	ऽ	ऽ

स्थाई की चार लाइनों की स्वरलिपि के अनुसार ही अंतरे की पांचवी लाइन से अंतिम लाइन तक बजाया जायेगा और अन्य शेष अंतरों को भी इसी प्रकार बजइए।

ये मेरा प्रेम पत्र पढ़कर

फिल्म - संगम

ताल - कहरवा

स्थाई

ये मेरा प्रेम पत्र पढ़कर, के तुम नाराज ना होना,
के तुम मेरी जिन्दगी हो, के तुम मेरी बन्दगी हो,

पहला अंतरा

तुझे मैं चांद कहता था, मगर उसमें भी दाग है,
तुझे सूरज मैं कहता था, मगर उसमें भी आग है,
तुझे इतना ही कहता हूं कि मुझको
तुझसे प्यार है, तुमसे प्यार है, तुमसे प्यार है,
ये मेरा प्रेम पत्र......

दूसरा अंतरा

तुझे गंगा मैं समझूंगा, तुझे जमुना मैं समझूंगा,
तू दिल के पास है इतनी तुझे अपना मैं समझूंगा,
अगर मर जाऊं रूह भटकेगी,
तेरे इन्तजार में, इन्तजार में, इन्तजार में,
ये मेरा प्रेम पत्र......

स्वरलिपि

स्थाई

			रे̱	स	रे̱	नि̱	स	नि̱	–	स	स	ऽ	स	स	स
			ये	में	ऽ	रा	ऽ	प्रे	ऽ	म	प	ऽ	त्र	प	ढ़
स	–	–	रे̱	स	रे̱	नि̱	स	नि̱	–	स	स	स	स	स	–
कर	ऽ	ऽ	के	तुम	ऽ	ना	ऽ	रा	ऽ	ऽ	ज	ना	ऽ	हो	ऽ
स	–	–	स	स	ग̱	ग̱	म	मप	ध̱	ध̱	प	म	ग̱	ग̱	रे
ना	ऽ	ऽ	के	तुम	ऽ	मे	री	जिंऽ	ऽ	ऽ	द	गी	ऽ	हो	ऽ
रे	–	–	म	ग̱	म	म	म	ग̱	रे̱	म	ग̱	ग̱	–	–	ग̱
ऽ	ऽ	ऽ	के	तुम	ऽ	मे	री	बंऽ	ऽ	ऽ	द	गी	ऽ	हो	ऽ
ग̱	–	–													
ऽ	ऽ	ऽ													

अंतरा

			ध	ध	–	प	ध	प	ध	–	–	ध	ध	ध	–
			तु	झे	ऽ	मैं	ऽ	चां	ऽ	ऽ	द	क	ह	ता	ऽ
ध	–	–	रे	रे	रे	रे	रे	रे	ग	म	म	म	म	म	म
था	ऽ	ऽ	म	ग	र	उ	स	में	ऽ	भी	दा	ऽ	ग	है	ऽ
म	म	म	ध	ध	–	प	ध	प	ध	–	–	ध	ध	ध	–
ऽ	ऽ	ऽ	तु	झे	ऽ	सू	ऽ	र	ज	ऽ	मैं	क	ह	ता	ऽ
ध	–	–	रे	रे	रे	रे	रे	रे	ग	म	म	म	म	म	म
था	ऽ	ऽ	म	ग	र	उ	स	में	ऽ	भी	आ	ऽ	ग	है	ऽ
म	म	म	सं	सं	सं	सं	नि	सं	ध	–	–	ध	–	नि	ध
ऽ	ऽ	ऽ	तु	झे	ऽ	इ	त	ना	ऽ	ऽ	ही	क	ह	ता	ऽ
नि	रे	रे	रे	स	रे	नि	स	नि	–	स	–	स	–	स	रे
हूं	ऽ	ऽ	कि	मु	झ	को	ऽ	तुम	ऽ	से	प्या	ऽ	र	है	ऽ
नि	–	स	–	स	–	स	रे	नि	–	स	–	स	–	स	–
तुम	ऽ	से	प्या	ऽ	र	है	ऽ	तुम	ऽ	से	प्या	ऽ	र	है	ऽ
–	–	–													
ऽ	ऽ	ऽ													

पूरे स्थाई को अंतरे की अंतिम पंक्ति के रूप में दोहराएं तथा दूसरा अंतरा भी इसी तरह बजाइए।

कभी-कभी मेरे दिल में

ताल - कहरवा

मध्य ताल

कभी-कभी मेरे दिल में ख्याल आता है,
कि जैसे तुझको बनाया गया है मेरे लिए,
तू अब से पहले सितारों में बस रही थी कहीं,
तुझे जमीं पे बुलाया गया है मेरे लिए,
कभी-कभी मेरे दिल में ख्याल आता है,
कि ये बदन ये निगाहें मेरी अमानत हैं,
ये गेसुओं की घनी छांव हैं मेरी खातिर,
ये होंठ और ये बांहे मेरी अमानत हैं,
कभी-कभी मेरे दिल में.......
कभी-कभी मेरे दिल में ख्याल आता है,
कि जैसे बजती हैं शहनाइयां सी राहों में,

सुहागरात है घूंघट उठा रहा हूं मैं,
सिमट रही है तू शरमा के अपनी बाहों में,
कभी-कभी मेरे दिल में.....
कभी-कभी मेरे दिल में ख्याल आता है,
कि जैसे तू मुझे चाहेगी उम्र भर यूं ही,
उठेगी मेरी तरफ प्यार की नजर यूं ही,
मैं जानता हूं कि तू गैर है मगर यूं ही,
कभी-कभी मेंरे दिल में, ख्याल आता है।

स्वरलिपि

स्थाई

		पप	म	ध	प	–	–	–	ग	ग	रे	रे	ग	–	–
		कभी	ऽ	क	भी	ऽ	ऽ	ऽ	मे	रे	दि	ल	में	ऽ	ऽ
–	–	–	ध	प	प	–	–	म	ग	रे	ग	रे	सा	–	–
ऽ	ख	या	ऽ	ल	आ	ऽ	ऽ	ऽ	ता	ऽ	है	ऽ	ऽ	ऽ	ऽ
ग	ग	–	ग	रे	रे	ग	–	–	–	रे	–	ग	–	–	–
कि	जै	ऽ	से	तु	झ	को	ऽ	ऽ	ब	ना	ऽ	या	ऽ	ऽ	ऽ
रे	रे	–	स	स	रे	ग	रे	सा	सा	सा	नि़	ध़	–	–	–
ग	या	ऽ	है	मे	ऽ	ऽ	ऽ	रे	लि	ए	ऽ	ऽ	ऽ	ऽ	ऽ
प	म	ग	म	प	प	प	–	–	प	प	–	प	ध़	ध	–
तू	अ	ब	से	प	ह	ले	ऽ	ऽ	सि	ता	ऽ	रों	ऽ	ऽ	ऽऽ
प	प	प	प	म	प	–	–	म	प	म	ग	–	–	–	–
में	ब	स	र	ही	ऽ	ऽ	ऽ	थी	क	हीं	ऽ	ऽ	ऽ	ऽ	ऽ
ग	ग	–	ग	रे	–	ग	ग	–	रे	रे	–	ग	–	–	–
तु	झे	ऽ	ज	मीं	ऽ	प	र	ऽ	बु	ला	ऽ	या	ऽ	ऽ	ऽ
रे	रे	–	स	स	रे	ग	रे	स	स	स	नि़	ध	–	–	–
ग	या	ऽ	है	मे	ऽ	ऽ	ऽ	रे	लि	ए	ऽ	ऽ	ऽ	ऽ	ऽ

अंतरा

–	–	–	–	स	स	–	नि़	रे	–	–	–	रे	रे	रे	रे
ऽ	ऽ	ऽ	ऽ	क	भी	ऽ	क	भी	ऽ	ऽ	ऽ	मे	रे	दि	ल
रे	–	–	–	रे	रे	–	रे	ग	रे	स	स	रे	ग	ग	–
में	ऽ	ऽ	ऽ	ख	या	ऽ	ल	आ	ऽ	ऽ	ऽ	ता	ऽ	है	ऽ
ग	–	–	–	ग	रे	ग	स	स	स	स	–	–	–	–	–
ऽ	ऽ	ऽ	ऽ	कि	जै	ऽ	से	ब	ज	ती	ऽ	ऽ	ऽ	ऽ	ऽ
ग	म	म	–	म	म	–	म	ग	–	ग	म	ग	रे	स	स
श	ह	ना	ऽ	इ	यां	ऽ	सी	रा	ऽ	हों	ऽ	में	ऽ	ऽ	ऽ

स	–	–	–	प	प	–	म	ध	–	–	ध	ध	–	–	–
ऽ	ऽ	ऽ	ऽ	सु	हा	ऽ	ग	रा	ऽ	ऽ	त	है	ऽ	ऽ	ऽ
प	सां	नी	ध	नी	ध	प	प	म	प	–	–	म	प	म	ग
घूं	ऽ	घ	ट	उ	ठा	ऽ	र	हा	ऽ	ऽ	ऽ	हूं	ऽ	मैं	ऽ
–	–	–	–	ग	ग	ग	ग	रे	–	ग	–	–	–	रे	रे
ऽ	ऽ	ऽ	ऽ	सि	म	ट	र	ही	ऽ	है	ऽ	ऽ	तु	श	र
ग	–	–	–	रे	रे	रे	स	स	रे	ग	रे	स	–	स	नि
मा	ऽ	ऽ	ऽ	के	अ	प	नी	बां	ऽ	ऽ	ऽ	हो	ऽ	में	ऽ
ध़	–	–	–												
ऽ	ऽ	ऽ	ऽ												

अगला अंतरा भी इसी तरह से बजाया जायेगा तथा प्रारंभ करने से पहले चार मात्रा छोड़ें।

सौ साल पहले

ताल कहरवा

सौ साल पहले मुझे तुमसे प्यार था–2
आज भी है और कल भी रहेगा
सदियों से तुझसे मिलने, जिया बेकरार था–2
आज भी है और कल भी रहेगा।
सौ साल पहले.....
तुम रूठा न करो, मेरी जां मेरी जान निकल जाती है,
तुम हंसती रहती हो, तो इक बिजली सी चमक जाती है–2
मुझे जीते जी ओ दिलबर, तेरा इंतजार था–2
आज भी है....
सदियों से तुझसे....
आज भी है...
इस दिल के तारों में, मधुर झंकार तुम्हीं से है,
और ये हसीन जलवा, ये मस्त बहार तुम्हीं से है–2
दिल तो ये मेरा सनम, तेरा तलबगार था–2
आज भी है....
इन प्यार की राहों में कहो, तो अब दिल को लुटा दूं मैं,
और चांदी से सपनों में, धड़कते दिल को बिछा दूं मैं,
मुझे तेरे जीवन पर, सदा इख़्तियार था–2,
आज भी है....
सौ साल पहले....
आज भी है, और कल भी रहेगा।

स्वर लिपि

स्थाई

ग	ग	ग	स	रे	म	–	ग	प	म	म	–				
ऽ	ऽ	ऽ	सौ	ऽ	सा	ऽ	ल	प	ह	ले	ऽ				
–	–	–	म	म	प	प	प	ध	मप	प	–	ध	ध	–	–
ऽ	ऽ	ऽ	ह	में	ऽ	तु	म	से	प्या	ऽ	ऽ	र	था	ऽ	ऽ
–	प	प	ग	प	म	–	ग	रे	–	–	–	सां	–	ध	–
ऽ	ऽ	ऽ	आ	ऽ	ज	ऽ	भी	है	ऽ	ऽ	ऽ	औ	ऽ	र	ऽ
–	–	–	प	ध	प	–	म	म	–	म	–	–	–	–	–
ऽ	ऽ	ऽ	क	ल	भी	ऽ	र	हे	ऽ	गा	ऽ	ऽ	ऽ	ऽ	ऽ
–	–	–													
ऽ	ऽ	ऽ													

अंतरा

म	रें	रें	रें	–	रें	–	रें	–	सां	–	ध	–	ध	ध	ध
तु	म	रू	ऽ	ठा	ऽ	ना	ऽ	क	ऽ	रो	ऽ	ऽ	मे	री	जां
ध	ध	प	–	प	म	म	म	म	–	म	–	म	–	–	–
मे	री	जा	ऽ	न	नि	क	ल	जा	ऽ	ती	ऽ	है	ऽ	ऽ	ऽ
ग	ग	म	म	म	–	म	म	म	–	प	म	–	प	प	प
तु	म	हं	स	ती	ऽ	र	ह	ती	ऽ	हो	ऽ	ऽ	तो	इ	क
प	प	म	–	म	म	ग	ग	ग	–	ग	–	ग	–	–	–
बि	ज	ली	ऽ	सी	च	म	क	जा	ऽ	ती	ऽ	है	ऽ	ऽ	ऽ
–	–	–	स	रे	–	म	–	ग	प	–	–	म	म	म	म
ऽ	ऽ	ऽ	मु	झे	ऽ	जी	ऽ	ते	जी	ऽ	ऽ	ओ	दि	ल	ब
म	–	–	–	म	प	–	प	–	ध	म	प	पध	ध	ध	–
र	ऽ	ऽ	ऽ	ते	रा	ऽ	इं	ऽ	त	जा	ऽ	ऽऽ	र	था	ऽ
प	म	म	ग	प	म	–	ग	रे	–	–	–	सां	–	ध	–
ऽ	ऽ	ऽ	आ	ऽ	ज	ऽ	भी	है	ऽ	ऽ	ऽ	औ	ऽ	र	ऽ
–	–	–	प	ध	प	प	म	म	–	म	–	–	–	–	–
ऽ	ऽ	ऽ	क	ल	भी	ऽ	र	हे	ऽ	गा	ऽ	ऽ	ऽ	ऽ	ऽ

अन्य सभी शेष अंतरे भी इसी तरह बजाए जायेंगे।

चंदन सा बदन

ताल–कहरवा

चंदन सा बदन, चंचल चितवन धीरे से तेरा ये मुस्काना,
मुझे दोष न देना जग वालों, हो जाए अगर दिल दीवाना,
चंदन सा बदन, चंचल चितवन...
ये विशाल नयन, जैसे नील गगन, पंछी की तरह खो जाऊं मैं,
सहारा हो तेरी बांहों का, अंगारों पर सो जाऊं मैं
मेरा बैरागी मन डोल उठा, देखी जो अदा तेरी मस्तानी
चंदन सा बदन....
तन भी सुंदर मन भी सुंदर, तू सुंदरता की मूरत है,
किसी और को शायद कम होगी, मुझे तेरी बहुत जरूरत है,
पहले भी बहुत दिल तरसा है, तू और न दिल को तरसाना,
चंदन सा बदन....

स्वर लिपि

स्थाई

प	–	प	म	ग	रे	सा	–	प	–	प	म	ग	रे	सा	–
चं	ऽ	द	न	सा	ब	द	न	चं	ऽ	च	च	चि	त	व	न
सा	नि़	रे	–	रे	–	रे	–	ग	सा	–	रे	ग	रे	ग	ग
धी	ऽ	रे	ऽ	से	ते	रा	ऽ	ये	ऽ	ऽ	मु	स	का	ना	ऽ
ग	म	प	ध	ध	ध	ध	–	ध	प	प	नि	ध	नी	प	–
मु	झे	दो	ऽ	ष	न	दे	ऽ	ना	ऽ	ज	ग	वा	ऽ	लों	ऽ
प	सां	सां	–	सां	नि	प	प	ग	स	स	गम	पप	म	प	–
हो	ऽ	जा	ऽ	ए	अ	ग	र	दि	ल	दी	ऽऽ	वा	ना	ऽ	च

अंतरा

ग	म़	प	–	प	प	प	–	प	प	प	नी	ध	नी	प	–
ये	वि	शा	ऽ	ल	न	य	न	जै	से	नी	ऽ	ल	ग	ग	न
‿प	–	म	ध	प	म	ग	ग	रे	ग	स	स	सरे	ग	रे	ग–
पं	ऽ	छी	ऽ	की	त	र	ह	खो	ऽ	ऽ	जा	ऽऽ	ऊं	मैं	ऽ
ग	म	प	–	प	प	प	–	प	प	प	नी	ध	नी	प	–
स	हा	ऽ	रा	हो	ते	ऽ	री	ऽ	बां	ऽ	हों	ऽ	का	ऽ	ऽ
प	–	म	ध	प	म	ग	ग	रे	ग	सा	सा	रेग	रे	ग	–
अं	ऽ	गा	ऽ	रों	ऽ	प	र	सो	ऽ	जा	ऽ	ऽऊंऽ		मैं	ऽ
ग	म	प	ध	ध	–	ध	–	ध	प	प	नी	ध	नी	प	–
मे	रा	वै	ऽ	रा	ऽ	गी	ऽ	म	न	डो	ऽ	ल	उ	ठा	ऽ
प	सां	सां	–	सां	नि	प	–	ग	स	–	ग–	मप	म	प	–
दे	ऽ	खी	ऽ	जो	अ	दा	ऽ	ते	री	ऽ	मऽ	ऽस्‍	ता	नी	ऽ

बाकी के अंतरे भी इसी प्रकार बजेंगे और छः मात्रा छोड़कर आरंभ करें।

छू लेने दो नाजुक होंठों को

फिल्म – काजल

ताल – दादरा

स्थाई

छू लेने दो नाजुक होंठों को, कुछ और नहीं है जाम हैं ये,
कुदरत ने जो हमको बख्शा है, वो सबसे हंसी इनाम है ये

पहला अंतरा

शरमा के के ना यूं ही खो देना, रंगीन जवानी की घड़ियां,
बेताब धड़कते सीनों का, अरमान भरा पैगाम है ये,
छू लेने दो......

दूसरा अंतरा

अच्छों को बुरा सबित करना, दुनिया की पुरानी आदत है,
इस मय को मुबारक चीज समझ, माना कि बहुत बदनाम है ये
छू लेने दो......

स्वर लिपि

स्थाई

					स	सग	गरे	रेस	सनि	निध	धनि
					छू	लेऽ	नेऽ	दोऽ	नाऽ	जुऽ	कऽ
नि	सस	–	स	–	सस	म	म	म	म	–	ग
होंऽ	ठों	ऽ	को	ऽ	कुछ	औ	ऽर	ऽन	हीं	है	ऽ
गम	पग	म	ग	–							
जाऽ	ऽम	है	ये	ऽ							

इस स्वरलिपि को दोहराकर बजायें क्योंकि दूसरी लाइन भी इसी स्वरलिपि पर बजेगी।

अंतरा

					मप	पध	ध	धध	ध	ध	–
					शर	माऽ	के	ऽना	यूं	ही	ऽ
प	प	–	मग	ग	गस	सग	ग	गग	मप	प	–
खो	दे	ऽ	नाऽ	ऽ	रंऽ	गीऽ	न	ऽज	वाऽ	नी	ऽ
ध	पप	म	म	–							
की	ऽघ	ड़ि	यां	ऽ							

इस स्वरलिपि के अनुसार अंतरे की पहली लाइन बजेगी लेकिन दूसरी लाइन को स्थाई की स्वर लिपि पर बजाया जायेगा। दूसरा अंतरे को भी इसी तरह बजायें।

मेरे दिल में आज क्या है

फिल्म - दाग

ताल - दादरा

_स्थाई_

मेरे दिल में आज क्या है तू कहे तो मैं बता दूं
तेरी जुल्फ फिर संवारू तेरी मांग फिर सजा दूं

पहला अंतरा

तुझे देवता बनाकर मेरी चाहतों ने पूजा
मेरा प्यार कह रहा है मैं तुझे खुदा बना दूं

_दूसरा अंतरा_

कोई ढूंढने भी आए तो हमें न ढूंढ पाए
तू मुझे कहीं छुपा दे मैं तुझे कहीं छुपा दूं

_तीसरा अंतरा_

मेरे बाजुओं में आकर तेरा दर्द चैन पाए
तेरे गेसुओं में छुपकर मैं जहां के गम भुला दूं
तेरी जुल्फ.......

स्वर लिपि

स्थाई

प़	प़	स	स	स	स	स	स	स	गरे	सनि	प
मे	रे	दिल	ऽ	में	आ	ऽ	ज	क्या	हैऽ	ऽऽ	तू
प़	रे	रे	रे	रे	ग॒	रे॒	स	स	–	–	–
क	हे	ऽ	तो	मैं	ऽ	ब	ता	दूं	ऽ	ऽ	ऽ
प	प	प	प	प	प	प	प	प	नि॒	–	ध॒प
ते	री	जुल	ऽ	फ	फिर	ऽ	सं	वा	रूं	ऽ	ऽऽ
ग॒	ग॒	प	प	प	प	ध॒	म	प	प	–	–
ते	री	मां	ऽ	ग	फि	र	स	जा	दूं	ऽ	ऽ

अंतरा

प	प	प	प	मग॒	रे	स	रे	ग॒	–	–	–

तुझे	दे	ऽ	व	ताऽ	ऽ	ब	ना	कर	ऽ	ऽ	ऽ
स	रे	म	–	म	गरे	ग	रे	स	स	–	–
मे	री	चा	ऽ	ऽ	हतों	ऽ	ने	पू	जा	ऽ	ऽ

स्थाई की पहली लाइन की स्वर लिपि के अनुसार अंतरे की दूसरी लाइन बजायी जायेगी तथा तीनों अंतरे इसी प्रकार बजेंगे। इसलिए स्थाई को पूरा दोहराएं।

कहता है जोकर सारा जमाना

फिल्म - मेरा नाम जोकर

ताल - कहरवा

स्थाई

कहता है जोकर सारा जमाना
आधी हकीकत आधा फसाना
चश्मा उतारो फिर देखो यारों,
दुनिया नई है चेहरा पुराना।

पहला अंतरा

अपने पे हंसकर, जग को हंसाया,
बन के तमाशा, मेले में आया
गम जब सताए, सीटी बजाना,
पर मस्खरे से दिल ना लगाना,
कहता है जोकर......

दूसरा अंतरा

धक्के पे धक्का, रेले पे रेला,
है भीड़ इतनी, पर दिल अकेला,
हिन्दू ना मुस्लिम, पूरब ना पश्चिम
मजहब है अपना, हंसना हंसाना,
कहता है.....

स्वर लिपि

स्थाई

ध़ स रे ग – ग – – ग म प प – म ग

	कह	ता	है	जो	ऽ	कर	ऽ	ऽ	सा	रा	ज	मा	ऽ	ना	ऽ
रे	रे	रे	ग	म	–	ग	रे	स	स	रे	स	स	–	नि॒	ध़
ऽ	आ	धी	ह	की	ऽ	क	त	ऽ	आ	धा	फ	सा	ऽ	ना	ऽ

इसी स्वर लिपि को दोहराकर आगे की दो लाइनों को भी बजाएं।

अंतरा

	ध	प	म	ग	ग	ग	ग	ग	ग	प	प	प	–	प	–
	अप	ने	पे	हं	स	क	र	ऽ	जग	को	हं	सा	ऽ	या	ऽ
–	नि॒	नि॒	ध	नि॒	–	नि॒	–	–	ध	प	म	ध	–	ध	–
ऽ	बन	के	त	मा	ऽ	शा	ऽ	ऽ	मे	ले	में	आ	ऽ	या	ऽ
–	ध	म	ग	रे	–	रे	–	–							
ऽ	मे	ले	में	आ	ऽ	या	ऽ	ऽ							

पहली दो लाइनों की स्वरलिपि को दोहराकर अंतरे की अगली दो पंक्तियों को भी बजायें तथा स्थाई की दो लाइनें भी बजाएं। इसी प्रकार दूसरा अंतरा भी बजायें।

कोयल कूके हूक उठाए

फिल्म - दिलवाले दुल्हनियां ले जाएंगे

ताल - कहरवा

स्थाई

कोयल कूके हूक उठाए, यादों की बंदूक चलाए
बागों में झूलों के मौसम वापस आए रे,
घर आ जा परदेसी तेरा देस बुलाए रे,
घर आ जा परदेसी तेरा देस बुलाए रे।

पहला अंतरा

इस गांव की अनपढ़ मिट्टी पढ़ नहीं सकती तेरी चिट्टी
ये मिट्टी तू आकर चूमे, तो इस धरती का दिल झूमें,
माना तेरे हैं कुछ सपने, पर हम तो हैं तेरे अपने,
भूलने वाले हमको तेरी याद सताए रे,
घर आ जा परदेसी......

दूसरा अंतरा

पनघट पे आयीं मदियारें, छम-छम पायल की झनकारें,
खेतों में लहराईं सरसों, कल-परसों में बीते बरसों,

आज ही आजा गाता-हंसता, तेरा रस्ता देखे रस्ता,
छुक-छुक गाड़ी की सीटी आवाज लगाए रे
घर आजा परदेसी.........

तीसरा अंतरा

हाथों में पूजा की थाली, आयी रात सुहागों वाली,
चांद को देखूं हाथ मैं जोड़ूं, करवा चौथ का व्रत मैं तोड़ूं,
तेरे हाथ से पीकर पानी, दासी से बन जाऊं रानी,
आज की रात जो मांगे कोई, वो पा जाए रे
घर आजा परदेसी तेरा.....

चौथा अंतरा

दुनिया के दस्तूर हैं कैसे, पागल दिल मजबूर है कैसे,
अब क्या सुनना अब क्या कहना, तेरे मेरे बीच ये रैना,
खत्म हुई ये आंख मिचौली, कल आएगी मेरी डोली
मेरी डोली तेरी अर्थी ना बन जाए रे
घर आजा परदेसी तेरा.......

स्वर लिपि

स्थाई

		नि	नि	निस	सरे	रे	रेस	स	स	नि	नि	निस	सरे	रे	रेस
		को	यल	कूऽ	केऽ	हू	कउ	ठा	ए	या	दों	कीऽ	बंऽ	दू	कच
स	स	–	–	रे	ग	रे	ग	रे	ग	रे	ग	प	म	ग	रेस
ला	ए	ऽ	ऽ	बा	गों	में	झू	लों	के	मौ	सम	वा	पस	आ	येऽ
रे	–	स	नि	प	पनि	नि	नि	स	रे	नि	स	सरे	रेग	गरे	रेस
रे	ऽ	ऽ	ऽ	घर	आऽ	जा	पर	दे	सी	ते	रा	देऽ	सबु	लाऽ	एऽ
स	–	–	–	प	पनि	नि	नि	स	रे	रे	म	–	रे	गरे	स
रे	ऽ	ऽ	ऽ	घर	आऽ	जा	पर	दे	सी	ते	रा	ऽ	दे	ऽस	बु
सरे	रेग	–	रेस	स	–	–	–	–	–	–					
लाऽ	ऽऽ	ऽ	येऽ	रे	ऽ	ऽ	ऽ	ऽ	ऽ	ऽ					

पहला अंतरा

			म	गम	ग	रे	स	स	स	प	प	गम	म	गरे	रेस
			इस	गांव	की	अन	पढ़	मिट्	टी	पढ़	नहीं	सक	ती	तेऽ	रीऽ
स	स	–	–	ग	ग	ग	ग	रे	ग	ग	ग	म	ग	गरे	रेस
चिट्	ठी	ऽ	ऽ	ये	मिट्	टी	तू	आ	कर	चू	मे	तो	इस	धर	तीऽ

स	स	स	स	ऩ	स	–	–	–	–
का	दिल	झू	मे	ऽ	ऽ	ऽ	ऽ	ऽ	ऽ

तीसरी, चौथी और पांचवी लाइनों के लिए पूरे स्थाई को दोहराएं तथा दूसरा अंतरा भी इसी तरह बजेगा

तीसरा अंतरा

		म	म	गम	मग	गरे	रेस	स	स	म	म	गम	मग	गरे	रेस
		हा	थों	मेंऽ	पूऽ	जाऽ	कीऽ	था	ली	आ	यी	राऽ	तसु	हाऽ	गोंऽ
स	स	–	–	–	ग	ग	ग	म	म	म	म	म	ग	ग	ग
वा	ली	ऽ	ऽ	ऽ	चांऽ	द	को	दे	ऽ	खूं	ऽ	ऽ	हाऽ	थ	मैं
म	म	म	म	म	नि	नि	नि	स	स	सरे	ग	ग	रे	ग	रेस
जो	ऽ	डूं	ऽ	ऽ	कर	वा	चौ	ऽ	थ	काऽ	ऽ	ऽ	व्र	त	मैंऽ
स	–	स	–	–	–										
तो	ऽ	डूं	ऽ	ऽ	ऽ										

स्थाई को पूरा बजाकर ही इस अंतरे की भी अंतिम तीन लाइनें पूरी होंगी। पहले अंतरे की स्वर लिपि के आधार पर चौथा अंतरा बजाया जायेगा।

बहारो फूल बरसाओ

फिल्म – सूरज

ताल – दादरा

स्थाई

बहारों फूल बरसाओ मेरा महबूब आया है।

हवाओं रागिनी गाओ मेरा महबूब आया है।

पहला अंतरा

ओ लाली फूल की, मेंहदी लगा इन गोरे हाथों में।

उतर आ ऐ घटा, काजल लगा इन प्यारी आंखों में।

सितारों मांग भर जाओ, मेरा महबूब आया है।

दूसर अंतरा

नजारों, हर तरफ अब तान दो इक नूर की चादर।

बड़ा शर्मीला दिलबर है, चला जाए ना शरमा कर।

जरा तुम दिल को बहलाओ, मेरा महबूब आया है।

स्वर लिपि

स्थाई

–	–	–	स	रे	म	म	–	ध	प	ध	–	ध	प	प	–
–	–	–	ब	हा	रो	ऽ	ऽ	फू	ऽ	ऽ	ल	ब	र	सा	ऽ
ध	–	ध	–	ध	ध	ध	ध	प	म	रे	–	म	प	ध	–
ओ	ऽ	मे	ऽ	रा	म	ह	ऽ	बू	ऽ	ब	ऽ	आ	ऽ	या	ऽ
प	–	प	–	प	म	प	–	ध	–	प	–	ध	प	–	–
है	ऽ	मे	ऽ	रा	म	ह	–	बू	ऽ	ब	ऽ	आ	ऽ	या	ऽ
म	–	–	–												
है	ऽ	ऽ	ऽ												

अंतरा

–	–	–	सं	सं	रे	ध	–	ध	–	सं	–	सं	रें	ध	–
–	–	–	ओ	ला	ऽ	ली	ऽ	फू	ऽ	ल	ऽ	की	मे	हं	ऽ
ध	–	ध	–	प	ध	प	म	म	रे	ध	–	ध	प	प	प
दी	ऽ	ल	ऽ	गा	ऽ	इ	न	गो	ऽ	रे	ऽ	हा	ऽ	थों	ऽ
म	–	–	–												
म	ऽ	ऽ	ऽ												

इसी तरह दूसरा अंतरा भी बजाएं।

मिलती है जिंदगी में

फिल्म - आंखें

ताल - कहरवा

स्थाई

मिलती है जिन्दगी में मुहब्बत कभी-कभी।

होती है दिलबरों की इनायत कभी-कभी।

पहला अंतरा

शरमा के मुँह न फेर नजर के सवाल पर,

लाती है ऐसे मोड़ पे किस्मत कभी-कभी।

दूसरा अंतरा

तन्हा न कट सकेंगे जवानी के रास्ते,

पेश आएगी किसी की जरूरत कभी-कभी।

तीसरा अंतरा

फिर खो ना जाएं हम कहीं दुनियां की भीड़ में,
मिलती है पास आने की मोहलत कभी–कभी।

स्वर लिपि

स्थाई

प ग ग रे	रे रे सा सा	सा – सा नि	ध ध प –
मिलऽ ती ऽ	है जिं ऽ द	गी ऽ में ऽ	ऽ मु ह ऽ
ध सा – –	ध ध ग ग	रे – – ग	रे – सा –
ब्ब त – –	क भी ऽ क	भी ऽ ऽ ऽ	ऽ ऽ ऽ ऽ
प – प –	प प – म	ध पध – म	म म प म
मिलऽ ती ऽ	है जिं ऽ द	गी ऽऽ ऽ ऽ	में मु ह ऽ
ग – सा –	सा सा ग ग	रे – – ग	रे – सा –
ब्ब ऽ ऽ त	क भी ऽ क	भी ऽ ऽ ऽ	ऽ ऽ ऽ ऽ

अंतरा

ग प प मं	ग रे – ग	प – – प	– प म प
श र मा ऽ	के मुंह ऽ न	फे ऽ ऽ र	ऽ न ज र
प धप ध –	ध नि पध प	प – – –	मंध पमं ग रे
के ऽऽ ऽ ऽ	स वा ऽऽ ल	परऽ ऽ ऽ ऽ	ऽऽ ऽ ऽ ऽऽ
(पूर्ववत्)	– प ध प	म – – रे	रे रे म पम
शरमा के मुँह न फेर	– न ज र	के ऽ ऽ ऽ	स वा ऽ लऽ
ग – – –	रेस – – –	अगली पंक्ति स्थाई के समान बजाएं	
पर ऽ ऽ ऽ	ऽऽ ऽ ऽ ऽ		

इसी तरह अन्य सभी अंतरे बजाएंगे।

तू कहे अगर जीवन भर

फिल्म - अन्दाज

ताल - कहरवा

तू कहे अगर जीवन भर मैं गीत सुनाता जाऊं
मन बीन बजाता जाऊं। तु कहे अगर...
और आग मैं अपने दिल की हर दिल में लगाता जाऊं
दुख-दर्द मिटाता जाऊं। तू कहे अगर...
मैं साज हूं तू सरगम है, देती जा सहारे मुझको
मैं राग हूं तू वीणा है, जिस दम तू पुकारे मुझको

आवाज में तेरी हरदम आवाज मिलाता जाऊं
आकाश पे छाता जाऊं। तू कहे अगर....
इन बोलों में तू ही तू है मैं समझूं या तू जाने
इनमें है कहानी मेरी, इनमें हैं तेरे अफसाने
तू साज उठा उलफत का मैं झूम के गाता जाऊं
सपनों को जगाता जाऊं। तू कहे अगर...

स्वर लिपि

स्थाई

		रे	स	ग	ग	म	गग	रे	स	स	रे	ग	म	म	ग
		तू	क	हे	अ	गर	जी	वन	भर	मैं	–	गी	त	सुना	ता
म	प	स	रे	गप	प	ग	ग	रे	स	रे	स	गग	म	पप	म
जा	ऊं	म	न	बीन	ब	जा	ता	जा	–	ऊं	तू	कहे	अ	गर	जी
प	प	–													
वन	भर	–													

अंतरा

						प	ध	सं	सं	रें	सं	नीसंनी		ध	प
						औ	र	आ	ग	अ	प	ने	दि	ल	की
पप	पसं	नि	ध	प	–	म	–	ग	म	रे	नि	गग	म	ग	रे
हर	दिल	में	ल	गा	–	ता	–	जा	ऊं	दु	ख	दर्द	मि	टा	ता
म	प	स	रे	ग	प	ग	ग	रे	स	रे	स	–	–	रे	स
जा	ऊं	म	न	बी	न	ब	जा	ता	–	जा	ऊं	–	–	तू	क
ग	गम	गग	रेग	रे	स	स	रे	ग	म	म	ग	म	प	स	रे
हे	अगरऽऽ		जी	वन	भर	मैं	–	गी	त	सुना	ता	जा	ऊं	म	न
ग	प	ग	ग	रे	स										
बी	न	ब	जाता	जा	ऊं										

दूसरा अंतरा भी पहले अंतरे के अनुसार ही बजाया जायेगा।

गीत गाता चल

स्थाई

गीत-गाता चल, ओ साथी गुनगुनाता चल ओ बंधु रे, हंसते-हंसते बीते हर घड़ी हर पल।
गीत-गाता चल ओ साथी.....

पहला अंतरा

खुला-खुला गगन ये हरी-भरी धरती, जितना भी देखो तबियत नहीं भरती।

सुंदर से सुंदर हर इक रचना, फूल कहे कांटों से भी सीखो हंसना।
ओ राही रे, कुम्हला न जाये, कहीं मन तेरा कोमल।
गीत–गाता चल ओ साथी.....

दूसरा अंतरा

चांदी सा चमकता ये नदिया का पानी, पानी की हर इक बूंद देती जिंदगानी,
अंबर से बरसे जमीन से मिले, नीर के बिना तो भैया काम ना चले।
ओ मेघा रे, जल जो न होता, तो ये जग जाता जल।
गीत गाता चल ओ साथी.....

तीसरा अंतरा

कहां से तू आया और कहां तुझे जाना है, खुश है वहीं जो इस बात से बेगाना है।
ओ, चल–चल–चलती हवाएं करें शोर, उड़ते पखेरू खींचे मनवा की डोर,
आं पंछी रे, पंछियों के पंख लेके, होजा तू ओझल।
गीत गाता चल ओ साथी....

स्वर लिपि

स्थाई

								ध	–	–	स	ध	–	म	–
								गी	ऽ	ऽ	त	गा	ऽ	ता	ऽ
प	प	–	ध	म	–	रें	–	ग	ग	–	ग	म	–	म	ग
च	ल	ऽ	ओ	सा	थी	गुन	ऽगु	ना	ताऽ	चलऽ		गी	ऽत	गा	ता
ग	ग	–	–												
च	ल	ओ	सा	थी	गुन	गु	ना	ता	च	ल	ऽ	ओ	बं	धु	रे
नि	सां	नि	ध	ध	ध	नि	सां	नि	सां	सां	नि	नि	प	प	ऽ
ऽऽ	ऽ	ऽ	ऽ	ऽ	ऽ	हं	सते	ऽहं	सा	ऽ	ते	ऽ	बी	ऽ	ते
प	ध	र	म	–	ध	प	म	म	रे	म	सा	रे	–	–	–
हर	ऽघ	ड़ी	हर	पल	ऽ	ऽ	ऽ	गीत	गाता	चल			...	...	...

अंतरा

सां	रें	–सां	नि	ध	सां	–	म	–	पध	–निप		ध	नि	रें	–
खु	ला	ऽखु	ला	ग	गन	ऽ	ये	–	ह	री	ऽ	भ	री	ध	र
सां	रें	सां	नि	प	प	नि	ऽ	म	म	म	प	प	नि	नि	सां
जि	त	ना	ऽ	भी	दे	खो	ऽत	बि	यऽ	त	न	हीं	भ	र	ती
प	प	नि	नि	सां	सां	रें	सां	रें	सां	नि	ध	ध	ध	ध	ध
ओ	ऽऽ	ऽऽ	ओ	ऽऽ	ऽऽ	ऽऽ	सुं	ऽद	र	सेऽ	ऽ	सुं	ऽद	रऽ	ऽऽ
म	म	प	ध	ध	नि	ध	प	ध	प	म	प	प	ध	प	म

रि	क	र	च	ना	ऽऽ	ऽऽ	ऽ	ऽऽ	ल	क	हे	कां	टों	में	भी
ध	ध						प	ध							
प	प	म	प	प	म	म	नि	नि	नि	ध	ध	प	प	ध	प
सी	खो	ऽहं	स	ऽना	ओऽ	सा	थी	ऽसी	ऽखोऽ		हं	सऽ	ना	ओ	र
सं	–	–	–	–	–	–	–	नि	सां	नि	ध	–	–	–	–
रे	ऽ	ऽ	ऽ	ऽ	ऽ	ऽ	ऽ	ऽऽ	ऽऽ	ऽ	–	ऽ	ऽ	ऽ	ऽ
ध	ध	नि	सां	रें	नि	सां	सां	नि	प	प	म	ध	प	म	रे
कु	म्ह	ला	ऽन	जाऽ	एऽ	क	हीं	म	न	ऽते	रा	को	म	ल	ऽऽ

अन्य शेष अंतरों को भी इसी प्रकार बजायें।

मोहे आई न जग से लाज

स्थाई

मोहे आई न जग से लाज, मैं इतना जोर से नाची आज

कि घुंघरू टूट गए-4

पहला अंतरा

कुछ मुझपे नया जोबन भी था, कुछ प्यार का पागलपन ही था,

इक पलक मेरी थी तीर बनी, इक जुल्फ मेरी जंजीर बनी,

लिया दिल साजन का जीत-2, वो छेड़े पायलिया के गीत,

कि घुंघरू टूट गए-4

दूसरा अंतरा

मैं बसी थी जिसके सपनों में, वो गिनेगा अब मुझे अपनों में,

कहती है मेरी अब अंगड़ाई, मैं पिया की नींद चुरा लायी,

मैं बनके गई थी चोर-2, कि मेरी पायल थी कमजोर,

कि घुंघरू टूट गए-4

तीसरा अंतरा

धरती पर न मेरे पैर पड़े, बिन पिया मुझे सब गैर लगे,

मुझे अंग मिले अरमानों के, मुझे पंख लगे परवानों के,

जब मिला पिया का गांव-2, तो ऐसा लचका मेरा पांव,

कि घुंघरू टूट गए-4

स्वर लिपि

स्थाई

														ग	प
														मो	हे
सां	–	सां	–	सां	–	–	रे	नि	सां	–	रें	नि	सां	–	–
आ	ऽ	ई	ऽ	ना	ज	ग	से	ऽ	ला	ऽऽ	ऽऽ	ऽऽ	ऽऽ	ऽऽ	ऽऽ
ग	प	सां	–	सां	–	सां	–	–	रें	नि	सां	–	–	–	–
मो	हे	आ	ऽ	ई	ऽ	ना	ज	ग	से	ऽ	ला	ऽ	ज	मैं	इ
–	निसांरेंनि		नि	नि	–	नि	सां	नि	ध	ध	प	ध	प	म	म
त	नाऽ	ऽऽ	ऽ	जो	ऽऽ	र	से	ना	ऽ	ची	ऽ	आ	ऽ	ज	कि
म	ध	ध	सां	ध	प	म	म	म	–	–	–	–	–	–	
घुं	घ	रू	ऽ	टू	ऽ	ट	ग	ग	ए	ऽ	ऽ	ऽ	ऽ	ऽ	ऽ
सां	ध	प	म	–	ध	ध	ध	ध	ध	–	–	–	–	–	–
कि	घुं	घ	रू	ऽ	टू	ऽ	ट	ग	ए	ऽ	ऽ	ऽ	ऽ	ऽ	ऽ
ग	ग	प	ध	नि	संनि	नि̱	–	–	–	–	–	ध	सां	नी̱	–
कि	घुं	घ	रू	ऽ	ऽऽ	ऽ	टू	ऽट	ग	ए	ऽ	ऽ	ऽ	ऽ	ऽ
सां	ध	प	म	ग	प	–	प	प	प	–	–	–	–	–	–
कि	घुं	घ	रू	ऽ	ऽ	टू	ऽ	ट	ग	ए	ऽऽ	ऽ	ऽ	ऽ	ऽ

अंतरा

सं	–	गं	–	–	रें	गं	रें	सं	–	–	–	सं	रें	नि̱	ध
ध	र	ती	ऽ	पे	न	मे	रे	ऽ	पै	ऽ	र	ल	गे	ऽऽ	ऽऽ
नी	नी	–	–	–	–	–	ध	प	म	ध	–	प	प	–	–
बि	न	पि	या	ऽ	मु	झे	ऽ	स	ब	गै	ऽ	र	ल	गे	ऽऽ
सां	नि	रे	–	–	–	–	–	गं	सां	–	सरें	रें	गं	रे	ग
मु	झे	अं	ऽ	ग	मि	ले	ऽ	अ	र	मा	ऽऽ	नो	के	ऽऽ	ऽऽ
नी	नी	नी	नी	नी	ध	–	प	म	म	ध	ध	प	म	–	–
मु	झे	पं	ऽ	ख	ल	गे	ऽ	प	र	वा	ऽ	नो	ऽ	के	ऽ
ग	प	सां	–	सां	–	सां	–	रें	नि	सां	–	रें	नि	सां	–
ज	ब	मि	ला	ऽ	पि	या	ऽ	का	ऽ	गां	ऽऽ	ऽऽ	ऽऽ	ऽऽ	ऽऽ
ग	प	सां	सां	–	सां	–	–	रें	नि	सां	–	–	–	–	–
ज	ब	मि	ला	ऽ	पि	या	ऽ	का	ऽ	गां	ऽ	व	तो	ऐ	ऽ
सं	रें	नि	–	–	–	सां	नि	ध	ध	प	ध	प	म	–	–
सा	ऽ	ऽ	ल	च	का	ऽ	मे	ऽ	रा	ऽ	पां	ऽ	व	कि	घुं
ध	ध	म	ध	प	म	म	म	–	–	–	–	–	–	ग	प
घ	रू	ऽ	टू	ऽ	ट	ग	ए	ऽ	ऽ	ऽ	ऽ	ऽ	ऽ	मो	हे

बाकी अंतरे भी इसी प्रकार से बजाये जाएंगे।

चौहदवीं का चांद हो

स्थाई

चौहदवीं का चांद हो या आफताब हो
जो भी हो तुम खुदा की कसम लाजवाब हो,
चौहदवीं का चांद हो....

पहला अंतरा

जुल्फें हैं जैसे कांधों पे बादल झुके हुए,
आंखें हैं जैसे मय के प्याले भरे हुए,
मस्ती है जिसमें प्यार की, तुम वो शराब हो।
चौहदवीं का चांद हो....

दूसरा अंतरा

चेहरा है जैसे झील में हंसता हुआ कमल,
या जिंदगी के साज पे छेड़ी हुई गजल,
जाने बहार तुम किसी शायर का ख्वाब हो,
चौहदवीं का चांद हो....

तीसरा अंतरा

होंठों पे खेलती हैं तबस्सुम की बिजलियां,
सजदे तुम्हारी राह में करती हैं कहकशां,
दुनिया में हुस्न इश्क का, तुम ही शबाब हो,
चौहदवीं का चांद हो....

स्वर लिपि

स्थाई

ऽ	ऽ	चौ	द	ह	वीं	ऽ	का	चां	ऽ	ऽ	द	हो	ऽ	ऽ	ऽ
		स	स	स	रे	म	रे	म	–	–	–	प	म	प	म
या	ऽ	आ	ऽ	फ	ताऽ	ऽ	ब	हो	ऽ	ऽ	ऽ	ऽ	ऽ	ऽ	ऽ
–	–	प	ध	म	मप	ध	प	ध	–	–	–	–	–	–	–
जो	ऽ	भी	ऽ	हो	तु	म	खु	दा	ऽ	ऽ	ऽ	कि	क	स	ऽ
ध	सां	सां	–	–	ध	–	म	प	–	–	–	–	–	सं	ध
ऽ	म	ला	ऽ	ज	बा	ब	हो	ऽ	ऽ	ऽ	ऽ	ऽ	ऽ	ऽ	
सं	–	ध	ध	ध	म	म	रे	म	–	–	–	रे	–	सं	ध

अंतरा

जु	ल	फें	ऽ	हैं	जै	ऽ	से	कां	ऽ	ऽ	ऽ	धों	पे	बा	ऽ
ध	सं	–	–	ध	प	म	प	ध	–	–	–	–	–	ध	नि

ऽ	ऽ	द	ल	झु	के	ऽऽ	हु	ए	ऽ	ऽ	ऽ	ऽ	ऽ	ऽ	ऽ
–	–	रें	रें	स	धनि	निसं	नि	सं	–	–	–	–	–	–	–
आं	ऽ	खें	ऽ	हैं	जै	ऽ	से	म	य	ऽ	ऽ	के	ऽऽ	प्या	ऽ
ध	सं	–	–	ध	प	म	प	ध	–	–	–	–	–	ध	निऽ
ले	ऽ	ऽ	ऽ	भ	रेऽ	ऽऽ	हु	ए	ऽ	ऽ	ऽ	ऽ	ऽ	ऽ	ऽ
रें	रें	सं	ध	ध	धनि	संनि	नि	सां	–	–	–	–	–	–	–
म	ऽ	स्ती	ऽ	है	जि	स	में	प्या	ऽ	ऽ	र	की	ऽ	ऽ	ऽ
सं	रें	रें	रेंरें	रें	–	–	सं	सं	गं	रें	रें	सं	ध	प	–
तु	म	वो	ऽ	ऽ	श	रा	ऽ	ब	हो	ऽ	ऽ	ऽ	ऽ	ऽ	ऽ
प	–	ध	सां	ध	म	–	रे	म	–	–	–	रे	–	सा	–

अन्य बाकी अंतरे भी इसी तरह बजाये जाएंगे।

तेरी बिंदिया रे

फिल्म – अभिमान

ताल – पश्तो

स्थाई

तेरी बिंदिया रे हाय तेरी बिंदिया रे

सजन निंदिया ले लेगी ले लेगी मेरी बिंदिया रे

पहला अंतरा

तेरे माथे लगे हैं यूं जैसे चंदा तारा

जिया में चमके कभी–कभी तो जैसे कोई अंगारा

सजन निंदिया.........

रे हाय तेरा झुमका रे, हाय तेरा झुमका रे

चैन लेने ना देगा सजन तुमको हाय, हाय मेरा झुमका रे

दूसरा अंतरा

मेरा गहना बलम तू तो पे सजके डोलूं

भटकते हैं तेरे ही नैना मैं तो कुछ ना बोलूं

तो फिर ये क्या बोले है बोले है तेरा कंगना रे

रे हाय मेरा कंगना रे

हाय हाय तेरी बिंदिया रे, हाय तेरी बिंदिया रे

तीसरा अंतरा

तु आई है सजनिया जब से मेरी बनके
ठुमक ठुमक चले है जब तू मेरी नस नस खनके
सजन अब तो छूटे ना छूटे ना छूटे ना
तेरा अंगना हाय, हाय तेरा अंगना रे।

स्वर लिपि

स्थाई

प	ग	–	म	म	प	–	म	–	न	प	–	म	–
ते	री	ऽ	बिं	दि	या	ऽ	रे	ऽ	रे	हा	ऽ	य	ऽ
प	ग	–	म	म	न	–	प	म	–	–	–	–	–
ते	री	ऽ	बिं	दि	या	ऽ	रे	ऽ	ऽ	ऽ	ऽ	ऽ	ऽ
म	प	ध	न	न	रं	–	सं	–	–	न	–	प	म
स	ज	न	निं	दि	या	ऽ	ले	ऽ	ऽ	ले	ऽ	गी	ऽ
प	ग	–	म	म	न	–	प	म	–	–	–	–	–
मे	री	ऽ	बिं	दि	या	ऽ	रे	ऽ	ऽ	ऽ	ऽ	ऽ	ऽ

पहला अंतरा

म	प	–	ग	–	ग	प	म	म	म	म	म	म	म
ते	रे	ऽ	मा	ऽ	थे	ऽ	ल	गे	हैं	यूं	ऽ	ऽ	ऽ
म	ध	ध	ध	ध	न	सं	न	ध	न	ध	प	ध	म
जै	ऽ	से	चं	ऽ	दा	ऽ	ता	ऽ	ऽ	रा	ऽ	ऽ	ऽ
म	प	–	ग	–	ग	प	म	म	म	म	म	म	म
जि	या	ऽ	में	ऽ	च	ऽ	म	के	क	भी	क	भी	तो
म	ध	ध	ध	ध	न	सं	न	ध	न	ध	प	ध	म
जै	ऽ	से	को	ई	अं	ऽ	गा	ऽ	ऽ	रा	ऽ	ऽ	ऽ
म	प	ध	न	न	र	–	सं	–	–	न	–	प	म
स	ज	न	निं	दि	या	ऽ	ले	ऽ	ऽ	ले	ऽ	गी	ऽ
प	ग	–	म	म	प	–	म	–	न	प	–	म	–
मे	री	ऽ	बिं	दि	या	ऽ	रे	ऽ	रे	हा	ऽ	य	ऽ

'तेरा झुमका से' चौथी लाइन और पांचवी लाइन के अखिर तक स्थाई को दोहराकर वादन करें।

दूसरा अंतरा

म	प	–	ग	–	ग	प	म	म	म	म	म	म	मऽ

मे	रा	ऽ	ग	ऽ	हना	ऽ	ब	ल	म	तू	ऽ	ऽ	
म	ध	ध	ध	ध	न̲	सं	न̲	ध	न̲	ध	प	ध̲	म
तो	ऽ	पे	स	ऽ	ज	ऽ	के	ऽ	ऽ	डो	लूं	ऽ	ऽ
म	प	–	ग̲	–	ग̲	प	म	म	म	म	म	म	म
भ	ट	ऽ	क	ऽ	ते	ऽ	हैं	ऽ	तेरे	ही	नै	ऽ	ना
म	ध	ध	ध	ध	न̲	सं	न̲	ध	न̲	ध	प	ध̲	म
मैं	ऽ	तो	ऽ	कु	छ	ऽ	ना	ऽ	बो	ऽ	ऽ	लूं	ऽ
म	प	ध	न	न	र	–	सं	–	–	न	–	प	म
तो	फि	र	ये	ऽ	ऽ	क्या	बो	ऽ	ऽ	ले	ऽ	है	ऽ
प	ग	–	म	म	प	–	म	–	न̲	प	–	म	–
ते	रा	ऽ	कं	ग	ना	ऽ	रे	ऽ	ऽ	हा	ऽ	य	–
प	ग̲	–	म	म	न̲	–	प	म	म	प	–	म	–
मे	रा	ऽ	कं	ग	न	ऽ	रे	ऽ	ऽ	हा	ऽ	य	–

तीसरा अंतरा

म	प	–	ग̲	–	ग̲	प	म	म	म	म	म	म	म
तू	आ	ऽ	ई	ऽ	है	ऽ	ऽ	स	ज	नि	या	ऽ	ऽ
म	ध	ध	ध	ध	न̲	सं	नी	ध	न̲	ध	प	ध̲	म
ज	ब	से	मे	ऽ	री	ऽ	ब	न	ऽ	ऽ	ऽ	के	ऽ
म	प	–	ग̲	–	ग̲	प	म	म	म	म	म	म	म
ठु	म	ऽ	क	ऽ	ठु	म	क	ऽ	च	ले	ज	ब	तू
म	ध	ध	ध	ध	नी	सं	न̲	ध	न̲	ध	प	ध̲	म
मे	ऽ	री	न	स	न	स	ऽ	ख	न	ऽ	के	ऽ	ऽ
म	प	ध	नी	नी	र	–	सं	–	–	न̲	–	प	म
स	ज	न	अ	ब	ऽ	ऽ	तो	ऽ	ऽ	छू	ऽ	टे	ना
प	ग̲	–	म	म	प	–	म	–	न̲	प	–	म	–
ते	रा	ऽ	अं	ग	ना	ऽ	रे	ऽ	रे	हा	ऽ	य	–
प	ग̲	–	म	म	नी	–	प	म	म	म	–	म	म
ते	रा	ऽ	अं	ग	ना	ऽ	रे	ऽ	ऽ	हा	–	य	–

इन दोनों अंतरों को भी पहले अंतरे के समान ही पूरा करने के लिए आगे स्थाई को पूरा दोहराएं।

जोगी हम तो लुट गए

फिल्म – शहीद

ताल – कहरवा

स्थाई

जोगी, हम तो लुट गए तेरे प्यार में
जाने तुझको खबर कब होगी!

पहला अंतरा

चन्दा भी देखा, तारे भी देखे, देखा सूरज बरसों
लेकिन जिस दिन तुझको देखा, मन में फूली सरसों
हां रे जोगी, हाय रे जोगी, हम तो लुट गए....

दूसरा अंतरा

चम्पा की डाली में अड़ी चुनरिया, रांझे आन छुड़ाई
जिस रांझे को दिल दे बैठी, उसको लगन पराई
हां रे जोगी, हाय रे जोगी, हम तो लुट गए.....

तीसरा अंतरा

बुरा हो उन बैरन अंखियों का, कर बैंठी नादानी
पहले आग लगा दी मन में, अब बरसाए पानी
हां रे जोगी, हाय रे जोगी, हम तो लुट गए......

स्वर लिपि

स्थाई

सा	–	ग	–	ग	ग	रे	ग	रे	सा	सारे	सारे	ग	–	रे	ग
जो	ऽ	गी	ऽ	हम	तो	लुट	गए	ते	रे	प्याऽ	ऽर	में	ऽ	जा	ने
सा	सा	रे	सा	सा	सा	रे	सा	सा	–	सा	ग	–	–	–	–
तु	झ	को	ख	ब	र	क	ब	हो	ऽ	गी	हो	ऽ	ऽ	ऽ	ऽ
सा	सा	ध़	–	ध़	ध़	सा	सा	रे	ग	सा	सा	सा	सा	रे	सा
तु	झ	को	*	हाय	रे	जा	ने	तु	झ	को	ख	ब	र	क	ब
सा	–	सा	–	–	–	–	–								
हो	ऽ	गी	ऽ	ऽ	ऽ	ऽ	ऽ								

स्थाई की पहली लाइन को दो बार बजाया जाता है और उसके बाद दूसरी लाइन को एक बार बजाते हैं।

अंतरा

ध़	नि़	ध़	प़	ध़	सा	रे	ग	ग	ग	रे	रे	सा	सा	–	–	
चन्दाऽ		भी	दे	खा	तारे	ऽभी	दे	खे	दे	खा	सू	रज	बर	सों	ऽ	ऽ
रे	ग	ग	ग	रे	ग	ग	ग	ग	ग	ग	ग	ग	म	रे	गरे	

ले	किन	जि	दिन	तुझ	को	दे	खा	मन	में	फू	ली	सर	सों	हां	रेऽ
सा	–	ग	–	सा	–	ध़	ध़	सा	–	ग	–				
जो	ऽ	गी	ऽ	ऽ	ऽ	हाय	रे	जो	ऽ	गी	ऽ				

तीनों अंतरे इसी स्वर लिपि पर इसी प्रकार बजेंगे। अंतरे की भी पहली लाइन को दो बार बजाने के पश्चात् दूसरी और तीसरी लाइन बजायेंगे और साथ में पूरे स्थाई को भी बजायेंगे।

जय-जय शिव शंकर

फिल्म – आपकी कसम

ताल – कहरवा

स्थाई

जय-जय शिव शंकर, कांटा लगे ना कंकर,
कि प्याला तेरे नाम का पिया,
ओ गिर जाऊंगी, मैं मर जाऊंगी,
जो तूने मुझे थाम न लिया,
ओ सौं रब दी
जय-जय शिव शंकर......

पहला अंतरा

ए के दो, दो के चार, मुझको तो दिखते हैं,
ऐसा ही होता है, जब दो दिल मिलते हैं,
सर पे जमीं, पांव के नीचे है आसमां,
ओ सौं रब दी, ओ सौं रब दी,
जय-जय शिव शंकर.....

दूसरा अंतरा

कंधे पे सर रख कर, तुम मुझको सोने दो,
मस्ती में जो चाहे, हो जाए होने दो,
ऐसे में तुम हो गए हो बेईमान,
ओ सौं रब दी,
जय-जय शिव शंकर......

तीसरा अंतरा

रस्ते में हम दोनों, घर कैसे जाएंगे,
घर वाले अब हमको, खुद लेने आएंगे,
कुछ भी हो लेकिन मजा आ गया मेरी जान,
औ सौं रब दी....

स्वर लिपि

स्थाई

ध – ध –	नि ध म –	ध – ध ध	ध नि ध म
ज य ज य	शि व शं ऽ	क र कां टा	ल गे ना कं
– ध – ध	ध ध नि ध	म –प ध प	प प – –
ऽ क र कि	प्या ला ते रे	ना ऽऽ म का	पि या ऽ ऽ
– – – –	ध म – प	ध म – प	ध म – प
ऽ ऽ ऽ ऽ	ओ गि र जा	ऽ ऊं ऽऽ गी	मैं म र जा
ध म प ध	प प प ध	नि प धनि	नि ध प म गरे
ऽ ऊं ऽऽ गी	जो तू ने मु	झे था ऽऽ म	न लि या ऽऽ
प – – पध	म – म म–		
ओ ऽ ऽ सौं	ऽ र ब दी		

इसके पश्चात् ऊपर की दोनों पंक्तियों की स्वरलिपि बजाएंगे।

अंतरा

मम म म –	म म म गम	म म म म	मम पध पधम
एक के दो ऽ	दो के चा ऽर	मु झ को तो	दिखतेऽ ऽहैं ऽ
रे रे रे –	रे रे – रे	रे रे रे रेरे	रेरे रेग रेग स
ऐ सा ही ऽ	हो ता है ज	ब दो दि लऽ	मिऽ लऽ तेऽ हैं
स स रे म	म मम ध ध	धध प नि ध	म– म प मप
स र पे ऽ	ज मींऽ पां व	केऽ नी ऽ चे	हैऽ आ स मांऽ
प – – पध	ध मम म ध	पध म म म	पध म म म
ऽ ऽ ऽ सौं	र ब दी ओ	सौं र ब दी	सौं र ब दी

अंतरे की आखिर में स्थाई की पहली दो लाइनें बजेंगी तथा दूसरा और तीसरा अंतरा भी इसी के आधार पर बजायेंगे।

इन्हीं लोगों ने

फिल्म - पाकीजा

ताल - कहरवा

स्थाई

इन्हीं लोगों ने ले लीना दुपट्टा मेरा,
इन्हीं लोगों ने, इन्हीं लोगों ने, इन्हीं लोगों ने,
इन्हीं लोगों ने ले लीना दुपट्टा मेरा

पहला अंतरा

हमरी न मानो बजजवा से पूछो
जिसने अशरफी गज दीना दुपट्टा मेरा
इन्हीं लोगों ने......

दूसरा अंतरा

हमरी न मानों रंगरेजवा से पूछो
जिसने गुलाबी रंग दीना दुपट्टा मेरा
इन्हीं लोगों ने.......

तीसरा अंतरा

हमरी न मानो सिपहिया से पूछो
जिसने बजरिया में छीना दुपट्टा मेरा
इन्हीं लोगों ने.........

स्वर लिपि

स्थाई

	ग	ग	ग	ग	गर	रग	म	मग	गर	र	स	सर	रग	रस	स
	इ	न्हीं	लो	गों	नेऽ	लेऽ	ऽ	लीऽ	नाऽ	दु	ऽ	पऽ	ट्टाऽ	मेऽ	रा
–	पग	गप	प	धन	पध	धसं	सं	सं	संन	नध	धप	प	पम	मप	ध
ऽ	इन्	हींऽ	लो	गोंऽ	ऽऽ	नेऽ	ऽ	ऽ	इन्	हींऽ	लो	गों	ऽऽ	नेऽ	ऽ
ग	ग	ग	गप	र	रस	स	–	–							
ऽ	इ	न्हीं	लोऽ	गों	ऽऽ	ने	ऽ	ऽ							

स्थाई की तीसरी पंक्ति में पहली पंक्ति को दोहराया गया है इसलिए पहली पंक्ति की स्वरलिपि बजाने के पश्चात् तीन-चार मात्राओं का ठहराव देंगे।

अंतरा

न	न	न	न	सं	सं	सं	न	न	धप	प	पध	धन	धप	प
हम	री	न	मा	ऽ	नो	ब	ज	ज	वाऽ	से	पूऽ	ऽऽ	छोऽ	ऽ
प	–	–	–											
ऽ	ऽ	ऽ	ऽ											

पहली लाइन के आधार पर अंतरे की दूसरी लाइन को बजाएंगे इसलिए स्थाई को पूरे तौर पर दोहराएंगे। और सभी अंतरों को इसी प्रकार बजाया जायेगा।

मौसम है आशिकाना...

फिल्म - पाकीजा

ताल - कहरवा

स्थाई

मौसम है आशिकाना ऐ दिल कहीं से उनको
ऐसे में ढूंढ लाना, ऐसे में ढूंढ लाना

पहला अंतरा

कहना के रुत जवां है और हम तरस रहे हैं
काली घटा के साए विरहन को डस रहे हैं
डर है ना मार डाले, सावन का क्या ठिकाना-2
मौसम है....

दूसरा अंतरा

सूरज कहीं भी जाए तुम पर न धूप आए
तुमको पुकारते हैं इन गेसुओं के साए
आ जाओ मैं बना दूं, पलकों का शामियाना-2
मौसम है....

तीसरा अंतरा

फिरते हैं हम अकेले बांहों में कोई ले ले
आखिर कोई कहां तक तन्हाइयों से खेले
दिन हो गए हैं जालिम, रातें हैं कातिलाना-2
मौसम है....

चौथा अंतरा

ये रात ये खामोशी ये ख्वाब ये नजारे
जुगनूं हैं या जमीं पे उतरे हुए हैं तारे
बेताब मेरी आंखें, मदहोश है जमाना-2
मौसम है....

स्वर लिपि

स्थाई

	ग	ग	र	र	स	स	न	न	र	र	र	ग	ग	ग	ग
	मौ	ऽ	स	म	है	ऽ	आ	ऽ	ऽ	शि	का	ऽ	ना	ऽ	ऽ
ग	ग	ग	ग	म	म	ग	म	प	प	प	म	म	ग	ग	र
ऽ	ऐ	ऽ	दिल	ऽ	ऽ	क	हीं	ऽ	से	ऽ	उन	ऽ	को	ऽ	ऽ
र	र	म	म	ग	ग	र	स	र	र	ग	र	स	स	स	र
ऽ	ऐ	ऽ	से	ऽ	में	ऽ	ऽ	ढूं	ऽ	ढ	ला	ऽ	ना	ऽ	ऽ
र	म	म	ग	ग	र	स	र	र	ग	र	स	स	–	–	–
ऐ	ऽ	से	ऽ	में	ऽ	ऽ	ढूं	ऽ	ढ	ला	ऽ	ना	ऽ	ऽ	ऽ

अंतरा

प	सं	सं	सं	न	प	प	ध	ध	सं	सं	सं	–	–	–	–
क	ह	ना	ऽ	के	रु	त	ज	वां	ऽ	है	ऽ	ऽ	ऽ	ऽ	ऽ
सं	रं	रं	सं	सं	रं	गं	गं	रं	सं	सं	न	ध	न	प	ध
औ	र	ह	म	त	र	स	र	हे	ऽ	ऽ	ऽ	हैं	ऽ	ऽ	ऽ
ध	सं	सं	सं	न	प	प	प	ध	ध	न	न	ध	प	प	प
का	ऽ	ली	ऽ	घ	टा	ऽ	के	सा	ऽ	ऽ	ऽ	ये	ऽ	ऽ	ऽ
र	प	प	म	प	म	ग	र	र	स	स	–	–			
वि	र	हन	ऽ	को	ड	स	र	हे	ऽ	हैं	ऽ	ऽ			

'डर है न मार डाले..' अंतरे की तीसरी लाइन स्थाई की पहली लाइन 'मौसम है आशिकाना' के आधार पर बजाई जायेगी। इसलिए पूरे स्थाई को दोहराएंगे। और सभी अंतरे इसी स्वरलिपि के अनुसार बजाए जाएंगे।

अंखियों को रहने दे...

फिल्म – बाबी

ताल – कहरवा

स्थाई

अंखियों को रहने दे, अंखियों के आसपास,

दूर से दिल की बुझती रहे प्यास

पहला अंतरा

दर्द जमाने से कम नहीं मिलते,

सबको मुहब्बत के गम नहीं मिलते
टूटने वाले दिल होते हैं कुछ खास,
दूर से...

दूसरा अंतरा

रह गईं दुनिया में नाम की खुशियां
तेरे मेरे किस काम की खुशियां
सारी उमर हमको रहना है यूं उदास
दूर से...

स्वर लिपि

स्थाई

ग	ग	र	स	स	प	म	प	म	ग	ग	ध	ध	ध	ग	प
अं	खि	यों	को	र	ह	ने	ऽ	दे	ऽ	अं	खि	यों	के	आ	स
नि	–	–	सं	–	नि	सं	–	नि	सं	ध	प	प	र	प	म
पा	ऽ	स	दू	ऽ	र	से	ऽ	दि	ल	की	ऽ	बुझ	ती	र	हे
–	प	म	ग	र	स	–	–								
ऽ	ऽ	प्या	ऽ	ऽ	ऽस	ऽ	ऽ								

अंतरा

ग	प	ध	नि	सं	नि	–	–	नि	सं	नि	सं	नि	सं	ध	–
द	र्द	ज	मा	ने	में	ऽ	ऽ	क	म	न	हीं	मि	ल	ते	ऽ
प	नि	–	नि	सं	ध	–	प	ग	ग	म	ध	प	–	–	म
ऽ	स	ब	को	मु	ह	ब	ब्तके	ग	म	न	हीं	मि	ल	ऽ	ते
ग	र	स	–												
ऽ	ऽ	ऽ													

तीसरी और चौथी पंक्तियां स्थाई की दोनों पंक्तियों के अनुसार बजेंगी तथा दूसरा अंतरा भी इसी स्वरलिपि के आधार पर बजेगा।

खिलौना जानकर तुम तो

फिल्म – खिलौना

ताल – कहरवा

स्थाई

खिलौना जानकर तुम तो मेरा दिल तोड़ जाते हो

मुझे इस हाल मे किसके सहारे छोड़ जाते हो

पहला अंतरा

खुदा का वास्ता देकर मना लूं दूर हूं लेकिन
तुम्हारा रास्ता मैं रोक लूं दूर हूं लेकिन
के मैं चल भी नहीं सकता हूं और तुम दौड़ जाते हो
खिलौना जानकर....

दूसरा अंतरा

मेरे दिल से न लो बदला जमाने भर की बातों का
ठहर जाओ सुनो मेहमान हूं मैं चंद रातों का
चले जाना अभी से किसलिए मुंह मोड़ जाते हो
खिलौना जानकर....

तीसरा अंतरा

गिला तुमसे नहीं कोई मगर अफसोस थोड़ा है
के जिस गम ने मेरा दामन बड़ी मुश्किल से छोड़ा है
उसी गम से मेरा फिर आज रिश्ता जोड़ जाते हो
खिलौना जानकर...

स्वर लिपि

स्थाई

<table>
<tr><td></td><td></td><td></td><td>म</td><td>म</td><td>–</td><td>म</td><td>–</td><td>सा</td><td>सा</td><td>म</td><td>म</td><td>पग</td><td>प</td><td>म</td><td></td></tr>
<tr><td></td><td></td><td></td><td>खि</td><td>लौ</td><td>ऽ</td><td>ना</td><td>ऽ</td><td>ऽ</td><td>जा</td><td>ऽ</td><td>न</td><td>क</td><td>र</td><td>तु</td><td>म</td></tr>
<tr><td>म</td><td><u>ग</u></td><td>–</td><td>रे</td><td>सारे</td><td>सा–</td><td><u>नि</u></td><td>–</td><td>सा</td><td>–</td><td><u>रे</u></td><td><u>ग</u></td><td><u>रे</u></td><td><u>रे</u></td><td>सा</td><td></td></tr>
<tr><td>तो</td><td>ऽ</td><td>ऽ</td><td>मे</td><td>रा</td><td>ऽ</td><td>दिल</td><td>ऽ</td><td>ऽ</td><td>तो</td><td>ऽ</td><td>ड़</td><td>जा</td><td>ऽ</td><td>ते</td><td>ऽ</td></tr>
<tr><td>सा</td><td>–</td><td><u>ध</u></td><td>–</td><td>–</td><td>–</td><td>–</td><td>–</td><td>प</td><td>–</td><td>म</td><td></td><td></td><td></td><td></td><td></td></tr>
<tr><td>हो</td><td>ऽ</td><td>ओ</td><td>ऽ</td><td>ऽ</td><td>ऽ</td><td>ऽ</td><td>ऽ</td><td>ऽ</td><td>ऽ</td><td>ऽ</td><td></td><td></td><td></td><td></td><td></td></tr>
</table>

इसी स्वर लिपि के अनुसार स्थाई की दूसरी लाइन भी बजेगी इसलिए इस स्वरलिपि को दो बार बजाकर स्थाई को पूर्ण करेंगे।

अंतरा

<table>
<tr><td></td><td></td><td></td><td>सा</td><td>स<u>रे</u></td><td><u>गरे</u></td><td><u>ग</u></td><td>सा<u>रे</u></td><td><u>ग</u></td><td>सा</td><td><u>रे</u></td><td><u>ग</u></td><td>सा</td><td><u>रे</u></td><td><u>स</u></td><td><u>रे</u></td></tr>
<tr><td></td><td></td><td></td><td>खु</td><td>दाऽ</td><td>ऽऽ</td><td>काऽ</td><td>ऽ</td><td>ऽ</td><td>वा</td><td>ऽ</td><td>स्</td><td>ता</td><td>ऽ</td><td>दे</td><td>ऽ</td></tr>
<tr><td>सा</td><td><u>नि</u></td><td>–</td><td><u>नि</u></td><td><u>नि</u></td><td>–</td><td><u>नि</u></td><td>–</td><td>सा</td><td>–</td><td>–</td><td>सा</td><td><u>रे</u></td><td>म</td><td><u>रे</u></td><td>–</td></tr>
</table>

कर	ऽ	ऽ	म	ना	ऽ	लूं	ऽ	दू	ऽ	ऽ	र	हूं	ऽ	ले	ऽ
सा-	–	–													
किल	ऽ	ऽ													

अंतरे की प्रथम पंक्ति को दोहराकर दूसरी पंक्ति बजायी जाएगी तथा तीसरी लाइन को स्थाई के अनुसार बजाया जाएगा। इसी प्रकार दूसरा अंतरा भी बजाया जाएगा।

तेरी गलियों में न रखेंगे कदम

फिल्म – हवस

ताल – कहरवा

स्थाई

तेरी गलियों में ना रखेंगे कदम, आज के बाद,

तुझसे मिलने को ना आएंगे समन, आज के बाद,

तेरी गलियों में.....

पहला अंतरा

तू मेरा मिलना, समझ लेना एक सपना था,

तुझको मिल ही गया, जो तेरा अपना था,

हमको दुनिया में समझना ना सनम, आज के बाद,

तेरी गलियों में....

दूसरा अंतरा

घिर के आएंगी, घटाएं फिर से सावन की,

तुम तो बांहों में रहोगी, अपने साजन की,

गले हम गम को लगाएंगे समन, आज के बाद,

तेरी गलियों में.......

स्वर लिपि

स्थाई

प	ध	ध	ध	ध	ध	ध	–	ध	नि̲ध	प	पध	पम	प	–	–
ते	री	ग	लि	यों	में	न	रऽ	खें	ऽऽ	ऽ	गेऽ	ऽऽ	क	द	म
नी̲	–	नी̲	–	ध	प	ध	प	–	प	म	–	–	–	–	–
आ	ऽ	ऽ	ऽ	ज	के	बा	ऽ	ऽ	द	ऽ	ऽ	ऽ	ऽ	ऽ	ऽ
प	ध	ध	ध	ध	ध	ध	–	ध	नि̲ध	प	नि̲ध	पम	प	–	–

तु	झ	से	मि	ल	ने	को	न	आ	एं	ऽऽ	ऽ	गे	ऽऽ	स	नम
नी	–	नी	–	ध	प	ध	–	प	म	–	–	–	–	–	–
आ	ऽ	ऽ	ऽ	ज	के	बा	ऽ	ऽ	द	ऽ	ऽ	ऽ	ऽ	ऽ	ऽ

अंतरा

नि	–	सं	रें	गं	–	मं	–	सं	–	सं	–	सं	रें	–	रें
तू	ऽ	मे	रा	मि	ल	ना	ऽ	स	म	झ	ले	ऽ	ना	ऽ	इ
रें	–	रें	–	रें	रें	सं	नि	ध	–	–	–	–	–	–	–
क	स	प	ना	ऽ	था	ऽ	ऽ	ऽ	ऽ	ऽ	ऽ	ऽ	ऽ	ऽ	ऽ
सं	रें	रें	रें	रें	रें	सां	ऽ	प	–	प	ध	नी	–	ध	–
तु	झ	को	ऽ	मि	ल	ही	ऽ	ग	या	जो	ते	रा	अप	ना	था
प	ध	ध	ध	ध	ध	ध	–	ध	ध	ध	धनि	धप	पध	पम	प
ह	म	को	दु	नि	या	में	ऽ	स	म	झ	नाऽ	ऽऽ	नाऽ	ऽऽ	स
प	–	–	–	नी	–	ध	प	ध	–	प	म	–	–	–	–
नम	ऽ	ऽ	ऽ	आ	ऽ	ज	के	बा	ऽ	ऽ	द	ऽ	ऽ	ऽ	ऽ

चाँद सी महबूबा हो मेरी

फिल्म – हिमालय की गोद में

ताल – दादरा

स्थाई

चाँद सी महबूबा हो मेरी कब, ऐसा मैंने सोचा था,
हाँ तुम बिल्कुल वैसी हो, जैसा मैंने सोचा था,

पहला अंतरा

मेरी खुशियाँ ही ना बांटें, मेरे गम भी सहना चाहे,
देखे न ख्वाब वो महलों के, मेरे दिल में रहना चाहे,
मेरे दिल में रहना चाहे
इस दुनियां में कौन था ऐसा जैसा मैंने सोचा था,
हाँ तुम बिल्कुल वैसी हो, जैसा मैंने सोचा था,
चाँद सी महबूबा हो मेरी....

दूसरा अंतरा

न कस्में हैं न रस्में हैं, न शिकवे हैं न वादे हैं,
इक सूरत भोली-भाली है दो नैना सीधे-सादे हैं,
दो नैना सीधे-सादे हैं

ऐसा ही रूप ख्यालों में था जैसा मैंने सोचा था,
हाँ तुम बिल्कुल वैसी हो, जैसा मैंने सोचा था,
चाँद सी महबूबा हो मेरी.....

स्वर लिपि

स्थाई

स	प	पम	मध	प	–	ग	म	म	गप	म	म
चां	ऽद	सीऽ	मह	बू	ऽ	बा	हो	मे	रीऽ	क	ब
रे	ग॒	रे	सरे	स	नि॒	नि़स	स	रे	रे	–	–
ऐ	सा	ऽ	मैंऽ	ने	ऽ	सोऽ	चा	ऽ	था	ऽ	ऽ
प़	ग॒	रे	स	रे	नि॒	नि़स	स	–	नि॒	प़	–
हां	तुम	ऽ	बिल	कुल	ऽ	वैऽ	सी	ऽ	हो	ऽ	ऽ
प़	ग॒	–	रे	स	ध़	रे	स	–	स	–	–
जै	सा	ऽ	मैं	ने	ऽ	सो	चा	ऽ	था	ऽ	ऽ

अंतरा

		ग	म	प	–	मप	म	ग	म	प	–
		मे	री	खु	शि	यां	ही	ऽ	ना	बां	ऽ
प	–	ग	म	ध	–	–	पम	–	धप	प	–
टे	ऽ	मे	रे	गम	ऽ	भी	सह	ऽ	नाऽ	चा	ऽ
–	–	ग	म	प	–	मप	म	ग	म	प	–
है	ऽ	दे	खे	ना	ऽ	ख्वा	ऽब	वो	मह	लों	ऽ
प	–	ग	म	ध–	–	–	पम	–	धप	प	–
के	ऽ	मे	रे	दिल	ऽ	में	रऽ	ह	ना	चा	ऽ
–	–	ग	ग	ग–	–	गम	मध	प	ग	रे	स
हे	ऽ	मे	रे	दिल	ऽ	मेंऽ	रऽ	ह	ना	चा	ऽ
स	–	–									
हे	ऽ	ऽ									

'इस दुनियाँ में..' अंतरे की चौथी लाइन, स्थाई की पहली लाइन 'चाँद सी महबूबा..' के अनुसार बजेगी। अंतरे के आखिर में स्थाई को दो बार दोहराएंगे तथा दूसरा अंतरा भी इसी तरह बजाया जाएगा।

जीना यहां मरना यहां

फिल्म – मेरा नाम जोकर

ताल – दादरा

1. जीना यहां मरना यहां

2. इसके सिवा जाना कहां

3. जी चाहे जब हमको आवाज दो

4. हम हैं वहीं हम थे जहां

5. अपने यहीं दोनों जहां

6. इसके सिवा जाना कहां

7. जीना यहां मरना यहां

8. इसके सिवा जाना कहां

9. ये मेरा गीत जीवन संगीत

10. कल भी कोई दोहराएगा

11. जग को हंसाने बहरूपिया

12. भेष बदल फिर आयेगा

13. स्वर्ग यहीं नर्क यहां

14 इसके सिवा जाना कहां

15. कल खेल में हम हों न हों

16. गर्दिश में तारे रहेंगे सदा

17 भूलोगे तुम भूलेंगे वो

18. पर हम तुम्हारे रहेंगे सदा

19. रहेंगे यहीं अपने निशां

20. इसके सिवा जाना कहां

स्वर लिपि

1.	प	सा	रे	गा	–	–	रे	सा	ऩी	रे	–	–	(जीना यहां मरना यहां)
2.	पा	सा	रे	गा	–	–	मा	गा	रे	सा	सा	–	(इसके सिवा जाना कहां)
3.	पा	धा	मा	पा	पा पा	पा	धा	मा	पा	पा	–		(जी चाहे जब हमको आवाज दो)
4.	मा	रे	मा	गा	–	–	रे	ऩी	रे	सा	–	–	(हम हैं वहीं हम थे जहां)
5.	पा	सा	रे	गा	–	–	रे	सा	नी	रे	–	–	(अपने यहीं दोनों जहां)
6.	पा	सा	रे	गा	–	–	मागा	रे	सा	सा	–	–	(इसके सिवा जाना कहां)

पहली लाइन के अनुसार सातवीं लाइन बजायी जायेगी।

दूसरी लाइन के अनुसार आठवीं लाइन को बजाया जायेगा।

9.	पा	धा	मा	पा	–	–	पा	धा	मा	पा	–	–	(ये मेरा गीत जीवन संगीत)

10. पा पा पा सां सां सां नि धा नि धा पा - (कल भी कोई दोहराएगा)
11. पा पा पा मा पा - पा धा मा पा - - (जग कसे हंसाने बहरूपिया)
12. पा पा पा सां सां सां नि धा नि धा पा - (भेष बदल फिर आएगा)

लाइन नं. 1 के अनुसार लाइन नं. 13 और 19 बजायी जायेंगी।

लाइन नं. 2 के अनुसार लाइन नं. 14 और 20 बजायी जायेंगी।

लाइन नं. 9 के अनुसार लाइन नं. 15 बजायी जायेगी।

लाइन नं. 10 के अनुसार लाइन नं. 16 बजायी जायेगी।

लाइन नं. 11 के अनुसार लाइन नं. 17 बजेगी।

लाइन नं. 12 के अनुसार लाइन नं. 18 को बजाया जायेगा।

होठों पे सचाई रहती है

फिल्म - जिस देश में गंगा बहती है

ताल - कहरवा

1. होंठों पे सचाई रहती है
2. यहां दिल में सफाई रहती है
3. हम उस देश के वासी हैं
4. हम उस देश के वासी हैं
5. जिस देश में गंगा बहती है।
6. मेहमां जो हमारा होता है
7. वो जान से प्यारा होता है
8. ज्यादा की नहीं लालच हमको
9. थोड़े में गुजारा होता है
10. थोड़े में गुजारा होता है
11. बच्चों के लिए जो धरती मां
12. सदियों से सभी कुछ सहती है
13. हम उस देश के वासी हैं
14. हम उस देश के वासी हैं
15. जिस देश में गंगा बहती है।
16. जो जिससे मिला सीख हमने

17. गैरों को भी अपनाया हमने

18. मतलब के लिए अंधे होकर

19. रोटी को नहीं पूजा हमने

20. रोटी को नहीं पूजा हमने

21. अब हम तो क्या सारी दुनिया

22. सारी दुनिया ये कहती है

23. हम उस देश के वासी हैं

24. हम उस देश के वासी हैं

25. जिस देश में गंगा बहती है।

26. कुछ लोग जो ज्यादा जानते हैं

27. इन्सान को कम पहचानते हैं

28. ये पूरब है पूरब वाले

29. हर जान की कीमत जानते हैं

30. हर जान की कीमत जानते हैं

31. मिल जुलकर रहो और प्यार करो

32. एक चीज यही जो रहती है

33. हम उस देश के वासी हैं

34. हम उस देश के वासी हैं

35. जिस देश में गंगा बहती है।

स्वर लिपि

1.	नि धा नि	नि रे रे रे सा	सा सा – सा	(होंठों पे सचाई रहती है)
2.	नि धा नि	नि रे रे रे सा	सा सा सा	(यहां दिल में सफाई रहती है)
3.	गा गा गा	गा गा गारे गामा मा	मा मा	(हम उस देश के वासी हैं)
4.	मा मा मा	गा गा गा रे रे	सा	(हम उस देश के वासी हैं)
5.	नि धा नि	– रे रे रे सा	सा – सा सा	(जिस देश में गंगा बहती है)
6.	पा मा धा	धा धा धा धा पा	पा – पा	(मेहमां जो हमारा होता है)
7.	पा मा धा	धा धा धा धा पा	पा पा –पा	(वो जान से प्यारा होता है)
8.	गा रे गा	गा गा गा गा रे	रे रे रे रे	(ज्यादा की नहीं लालच हमको)
9.	रे सा गा	गा गा गा गा रे	रे रे – रे	(थोड़े में गुजारा होता है)
10.	रेगा मा मा	गा गा रे रे सा	सा सो – सा	(थोड़े में गुजारा होता है)

लाइन नं. एक के अनुसार लाइन नं. 11, 21 और 31 को बजाएंगे।

लाइन नं. दो के अनुसार लाइन नं. 12, 22 और 32 को बजाएंगे।

लाइन नं. तीन के अनुसार लाइन नं. 13, 23 और 33 को बजाएंगे।

लाइन नं. चार के अनुसार लाइन नं. 14, 24 और 34 को बजाएंगे।

लाइन नं. पांच के अनुसार लाइन नं. 15, 25 और 35 को बजाएंगे।

लाइन नं. छह के अनुसार लाइन नं. 16 और 26 को बजाएंगे।

लाइन नं. सात के अनुसार लाइन नं. 17 और 27 को बजाएंगे।

लाइन नं. आठ के अनुसार लाइन नं. 18 और 28 को बजाएंगे।

लाइन नं. नौ के अनुसार लाइन नं. 19 और 29 को बजाएंगे।

लाइन नं. दस के अनुसार लाइन नं. 20 और 30 को बजाएंगे।

मैं क्या करूं राम....

फिल्म - संगम

ताल - कहरवा

1. मैं क्या करूं राम मुझे बुड्ढा मिल गया
2. आय हाय बुड्ढा मिल गया ओए होए बुड्ढा मिल गया
3. मैं क्या करूं राम मुझे बुड्ढा मिल गया
4. मैं जो गई बाग में मेरा बुड्ढा भी चला गया
5. मैं जो लाई फूल बुड्ढा गोभी लेके आ गया
6. मैं हो गई रे बदनाम मुझे बुड्ढा मिल गया
7. आय हाय बुड्ढा मिल गया ओए होए बुड्ढा मिल गया
8. मैं क्या करूं राम मुझे बुड्ढा मिल गया
9. मैं गुड़िया हसीन मेरी मोरनी सी चाल है
10. सर पे सफेद उसके दादा जी का बाल है
11. अब क्या होगा अन्जाम मुझे बुड्ढा मिल गया
12. आय हाय बुड्ढा मिल गया ओए होए बुड्ढा मिल गया
13. मैं क्या करूं राम मुझे बुड्ढा मिल गया

स्वर लिपि

1. सा रे मा मा मा गा गा रे रे सा रे गा रे सा - -
(मैं क्या करूं राम मुझे बुड्ढा मिल गया)

2\. पा पा मा सा रे गा रे सा पा पा मा सा रे गा रे सा
(आय हाय बुड्ढा मिल गया ओए होए बुड्ढा मिल गया)
3\. सा रे मा मा मा गा गा रे रे सा रे गा रे सा - -
(मैं क्या करूं राम मुझे बुड्ढा मिल गया)
4\. रे रे मा मा पा पा पा पा मा मा धा पा मा गा रे
(मैं जो गई बाग मेरा बुड् ढा भी चला गया)
5\. रे रे मा मा पा पा पा पा मा पा धा पा मा गा रे -
(मैं जो लाई फूल बुड्ढा गोभी लेके आ गया)

पहली लाइन के अनुसार लाइन नं. 6 और 11 बजाई जायेंगी।

दूसरी लाइन के अनुसार लाइन नं. 7 और 12 बजाई जायेंगी।

तीसरी लाइन के अनुसार लाइन नं. 8 और 13 बजाई जायेंगी।

चौथी लाइन के अनुसार लाइन नं. 9 बजाई जाएगी।

पांचवी लाइन के अनुसार लाइन नं. 10 बजाई जाएगी।

रुक जा ओ जाने वाली रुक जा

फिल्म - कन्हैया

ताल - कहरवा

1. रुक जा ओ जाने वाली रुक जा

2. मैं तो राही तेरी मंजिल का

3. नजरों में तेरी मैं बुरा सही

4. आदमी बुरा नहीं मैं दिल का

5. बरसों से मेरे दिल के

6. सपनों की तू रानी है

7. अब तक न मिले लेकिन

8. पहचान पुरानी है

9. रुक जा ओ जाने वाली रुक जा

10. मैं तो राही तेरी मंजिल का

11. देखा भी नहीं तुझको

12. सूरत भी न पहचानी

13. तू आ के चली छम से

14. ज्यूं धूप के दिन पानी

15. रुक जा ओ जाने वाली रुक जा

16. मैं तो राही तेरी मंजिल का

17. आ थाम के तू मुझको

18. बांहों का सहारा दे

19. दुनिया जिसे गाती है

20. उस गीत को दोहरा लें

21. रुक जा ओ जाने वाली रुक जा

22. मैं तो राही तेरी मंजिल का

स्वर लिपि

1. सा पा पा पा   पा पा पा गा   गा मा मा –   गा रे सा –
(रुक जा ओ जाने वाली रुक जा)
2. सा रे रे रे   रे गा मा रे   गा गा गा –   – – – –
(मैं तो राही तेरी मंजिल का)
3. सा पा पा पा   पा पा मा गा   गा मा मा –   गा रे सा –
(नजरों में तेरी मैं बुरा सही)
4. सा रे रे रे   रे गा मा रे   गा गा गा –   – – – –
(आदमी बुरा नहीं मैं दिल का)
5. पा ध नि –   नि धा नि पा   धा नि – –   – – –
(बरसों से मेरे दिल के)
6. नि धा नि सां   सां नि धा पा   मा मा पा धा   पा मा – –
(सपनों की तू रानी है)
7. मा पा धा धा   धा पा धा मा   पा – धा –   – – – –
(अब तक न मिले लेकिन)
8. धा सां नि –   –निधा पा गा   मा गा गा –   – – रेगा रेसा
(पहचान पुरानी है)

लाइन नं. एक के अनुसार लाइन नं. 9, 15 और 21 बजायी जायेंगी

लाइन नं. दो के अनुसार लाइन नं. 10, 16 और 22 बजायी जायेंगी

लाइन नं. पांच के अनुसार लाइन नं. 11 और 17 बजायी जायेंगी

लाइन नं. छह के अनुसार लाइन नं. 12 और 18 बजायी जायेंगी

लाइन नं. सात के अनुसार लाइन नं. 13 और 19 बजायी जायेंगी

लाइन नं. आठ के अनुसार लाइन नं. 14 और 20 बजायी जायेंगी

चल सन्यासी मन्दिर में

फिल्म – सन्यासी

ताल - कहरवा

1. चल सन्यासी मन्दिर में
2. तेरा चिमटा मेरी चूड़ियां दोनों साथ बजाएंगे
3. साथ-साथ खनकाएंगे
4. क्यों हम जाएं मन्दिर में पाप है तेरे अन्दर में
5. लेकर माला कण्ठ दुशाला राम नाम गुन गाएंगे
6. चल सन्यासी मन्दिर में
7. रेशम सा यह रूप सलोना
8. यौवन है या तपता सोना
9. ये तेरी सोहनी सी सूरत
10. कर गई मुझपे जादू टोना
11. कैसा जादू टोना सानी मन की ये माया है
12. तुझ पर देवी किसी रोग की बड़ी विकट छाया है
13. चल सन्यासी मन्दिर में
14. तेरा कमण्डल मेरी गगरिया साथ-साथ छलकाएंगे
15. क्यों हम जाएं मन्दिर में पाप है तेरे अन्दर में
16. हम तो जोगी राम के रोगी धूनी अलग रमाएंगे
17. चल सन्यासी मन्दिर में
18. जागे-जागे सो जाती हूं
19. मैं सपनों में खो जाती हूं
20. जब तू मेरा हो जाता है
21. पिया मैं तेरी हो जाती हूं
22. सपनों में भरमाकर मानव सच्चा सुख खोता है
23. राम नाम जपने से मन का कष्ट दूर होता है
24. चल सन्यासी मन्दिर में
25. तेरा चोला मेरी चुनरिया साथ-साथ रंगवाएंगे
26. क्यों हम जाएं मन्दिर में पाप है तेरे अन्दर में
27. छोड़ झमेले बैठे अकेले जीवन सफल बनाएंगे
28. चल सन्यासी मन्दिर में

स्वर लिपि

1.	प़ा प़ा प़ा प़ा - - - - सा रे गा - - - - - -	(चल सन्यासी मन्दिर में)
2.	गा गा रे रे गा गा रे रे गा गा रे सा नि नि सा सा	(तेरा चिमटा मेरी चूड़ियां दोनों साथ बजाएंगे)
3.	सा सा नि धा धा नि धा पा	(साथ-साथ खनकाएंगे)
4.	सा सा नि नि सा सा सा सा सा नि नि सा सा सा - -	(क्यों हम जाएं मन्दिर में पाप है तेरे अन्दर में)
5.	रे रे रे रे रे रे रे रे गा पा मा गा मा गा रे सा सा - रे - गा - - -	(लेकर माला कण्ठ दुशाला राम नाम गुन गाएंगे)
6.	पहली लाइन की स्वरलिपि के अनुसार छठी लाइन 'चल सन्यासी मन्दिर में' को बजाएंगे।	
7.	सा गा रे सा नी धा पा - - प़ा नी सा - - - -	(रेशम सा रूप सलोना)
8.	सा गा रे सा नि धा प़ा - नि सा - - - -	(यौवन है या तपता सोना)
9.	रे रे रे रे रे रे रे रे	(ये तेरी सोहनी सी सूरत)
10.	सा नि सा रे - - - - - सा नि रे सा सा - -	(कर गई मुझपे जादू टोना)
11.	सा सा नि नि सा सा सा सा नि नि नि नि सा सा -	(कैसा जादू टोना सारी मन की ये माया है)
12.	रे रे रे रे रे रे रे रे गा मा गा रे सा सा -	(तुझ पर देवी किसी रोग की बड़ी विकट छाया है)

1. प्रथम पंक्ति के अनुसार लाइन नं. 6, 13, 17, 24 और 28 बजायी जायेंगी।
2. दूसरी लाइन के अनुसार लाइन नं. 14 तथा 25 बजाई जायेंगी।
3. चौथी लाइन के अनुसार लाइन नं. 15 तथा 26 बजाई जायेंगी।
4. पांचवी लाइन के अनुसार लाइन नं. 16 तथा 27 बजाई जायेंगी।
5. सातवीं लाइन के अनुसार लाइन नं. 18 बजाई जायेंगी।
6. नौंवी लाइन के अनुसार लाइन नं. 20 बजाई जायेंगी।
7. दसवीं लाइन के अनुसार लाइन नं. 21 बजाई जायेंगी।
8. ग्यारहवीं लाइन के अनुसार लाइन नं. 22 बजाई जायेंगी।
9. बारहवीं लाइन के अनुसार लाइन नं. 23 बजाई जायेंगी।

मेरा जूता है जापानी

फिल्म - श्री चार सौ बीस

ताल - कहरवा

1. मेरा जूता है जापानी ये पतलून इंग्लिस्तानी
2. सर पे लाल टोपी रूसी फिर भी दिल है हिन्दुस्तानी
3. मेरा जूता है जापानी
4. निकल पड़े हैं खुली सड़क पर अपना सीना ताने
5. अपना सीना ताने
6. मंजिल कहां, कहां रुकना है ऊपर वाला जाने
7. ऊपर वाला जाने
8. बढ़ते जाएं हम सैलानी जैसे इक दरया तूफानी
9. सर पे लाल टोपी रूसी फिर भी दिल है हिन्दुस्तानी
10. मेरा जूता है जापानी
11. ऊपर नीचे, नीचे ऊपर लहर चले जीवन की
12. लहर चले जीवन की
13. नादां है जो बैठ किनारे पूछे राह वतन की
14. पूछे राह वतन की
15. चलना जीवन की कहानी रुकना मौत की निशानी
16. सर पे लाल टोपी रूसी फिर भी दिल है हिन्दुस्तानी
17. मेरा जूता है जापानी
18. होंगे राजे राजकुंवर हम बिगड़े दिल शहजादे
19. बिगड़े दिल शहजादे
20. हम सिंहासन पर जा बैठे जब-जब किये इरादे
21. जब जब किये इरादे
22. सूरत है जानी पहचानी दुनिया वालों को हैरानी
23. सर पे लाल टोपी रूसी फिर भी दिल है हिन्दुस्तानी

मेरा जूता है जापानी

स्वर लिपि

1. प़ ध़ सा सा   सा नि़ सा   सा प़ ध़ सा   सा सा नि़ सा सा
(मेरा जूता है जापानी ये पतलून इंगलिस्तानी)

2. पा पा मा मा   गा सा रे रे   मा मा गा सा   रे नि सा सा
(सर पे लाल टोपी रूसी फिर भी दिल है हिन्दुस्तानी)

3. प़ ध़ सा सा   सा नि़ सा सा   *(मेरा जूता है जापानी)*

4. पा पा पा मा   गा रे गा –   मा गा रे सा   सा सा – –
सा गा गा –   गा मा पा धा   पा – पा –   मा गा रे –
(निकल पड़े हैं खुली सड़क पर अपना सीना ताने)

5. गा मा पा मा   गा रे सा रे   नी़ सा सा –   – – – –   *(अपना सीना ताने)*

6. पा पा पा मा   गा रे गा गा   मा गा रे सा   सा – सा –
सा गा गा गा   गा मा पा धा   पा – पा –   मा गा रे –
(मंजिल कहां-कहां रुकना है ऊपर वाला जाने)

7. गा मा पा मा   गा रे सा रे   नी़ सा सा –   – –
(ऊपर वाला जाने)

लाइन नं. एक के अनुसार लाइन नं. 8, 15 और 22 बजाई जाएंगी।

लाइन नं. दो के अनुसार लाइन नं. 9, 16 और 23 बजाई जाएंगी।

लाइन नं. तीन के अनुसार लाइन नं. 10, 17 और 24 बजाई जाएंगी।

लाइन नं. चार के अनुसार लाइन नं. 11, 18 बजाई जाएंगी।

लाइन नं. पांच के अनुसार लाइन नं. 12 तथा 19 बजाई जाएंगी।

लाइन नं. छह के अनुसार लाइन नं. 13 तथा 20 बजाई जाएंगी।

लाइन नं. सात के अनुसार लाइन नं. 14 तथा 21 बजाई जाएंगी।

तुनक तुनक तुन दा दा रा

गायक – दलेर मेंहदी

ताल – कहरवा

पहला अंतरा

तुनक तुनक तुन दा दा रा।
ढोलणा बजे तुम्बे वाली तार,
सुण दिल दी पुकार,
आ जा कर लइये प्यार। तुनक तुनक...

दूसरा अंतरा

दुनिया यारा रंग बिरंगी,
ना ऐ भैड़ी ना ऐ चंगी,
सुण यारा बोले इक तारा,
मेंहदी दा यारा। तुनक तुनक....

तीसरा अंतरा

ढोलणा कदे मेरे नामल हस,
मैं नूं दिल वाली दस,
न इंते तेरी मेरी बस। तुनक तुनक...

चौथा अंतरा

ढोलणा तू चन मैं चकोर,
साड़े वर गा न होर,
रब हथ साडी डो। तुनक तुनक....

स्वरलिपि

प्रारम्भिक धुन

गं	–	रें	–	–	–	–	–	–	–	रेंरें	सारें	सां	धनि	प	निध
ऽ	ऽ	ऽ	ऽ	ऽ	ऽ	*	*	*	*	आऽ	ऽऽ	ऽ	ऽ	ऽ	ऽ
सां	–	–	–	–	–	–	निध	सां	–	–	–	–	–	नि	ध
ओ	ऽ	ऽ	ऽ	ऽ	ऽ	ऽ	ऽऽ	ऽ	ऽ	ऽ	ऽ	ऽ	ऽ	ऽ	ऽ

पहला अंतरा

सांसां	–सां	सां	प	सांसां	–सां	सां	प	सांसां	–सां	सां	रें	सां	नि	ध	–	
तुनक	ऽतु	नक	तुन	तुनक	ऽतु	नक	तुन	तुनक		ऽतु	नक	तुन	दा	दा	रा	*
														दो बार		
											मं	रें	रें	रें	–	
											तुन	दा	दा	रा	*	
सांसां	–सां	सां	प	सांसां	–सां	सां	प	सांसां	–सां	सां	रें	सां	नि॒	ध	–	
तुनक	ऽतु	नक	तुन	तुनक	ऽतु	नक	तुन	तुनक		ऽतु	नक	तुन	दा	दा	रा	*
														तीन बार		
–	गं	–	रें	सां	–	सां	सां	नि॒	नि॒	ध	नि	सां	–	मं	रें	
*	ढो	ऽ	ल	णा	ऽ	ब	जे	तुम्	बे	वा	ली	ता	ऽर	सु	ण	
नि	–ध	–	नि	सां	–	मं	रें	नि॒	नि॒	ध	नि	सां	ध	नि॒	गं॒	
दिल	ऽदी	ऽ	पु	का	ऽर	आ	जा	क	र	लइ	ये	प्या	ऽ	ऽ	ऽर	
														चार बार		
	गं	–	रें	सां	रें	गं	रेंगं	मं	–	–	–	–	–	–	–	

	ढो	ऽ	ल	णा	ऽ	ऽ	ऽऽ	ऽ	ऽ	ऽ	ऽ	ऽ	ऽ	ऽ	ऽ
–	–	गं	–	रें	गं	सां	–								
ऽ	ऽ	ऽ	ऽ	ऽ	ऽ	ऽ	ऽ								

(तुनक तुनक तुन.....दा दा रा) चार बार

दूसरा अंतरा

		सां	सां	नि	नि	नि	निनि	नि	नि	सां	रें	नि	नि	नि	नि
		दुनि	या	या	रा	रं	गबि	रं	गी	न	ऐ	भै	ड़ी	न	ऐ
रें	रें	गं	मं	रें	रें	रें	रेंरें	रें	रें	गं	मं	रें	रें	रें	रें
चं	गी	दुनि	या	या	रा	रं	गबि	रं	गी	न	ऐ	भै	ड़ी	न	ऐ
नि	नि	गं	गं	गं	–गं	–	गं	गं	–	मं	पं	गं	–रें	–	रें
चं	गी	सु	ण	या	ऽरा	ऽ	बो	ले	ऽ	इ	क	ता	ऽरा	ऽ	मेह
रें	रें	रें	रें												
दी	दा	या	रा												
सांसां	–सां	सां	प	सांसा	–सां	सां	प	सांसां	–सां	सां	सां	रें	रें	रें	–
तुनक	ऽतु	नक	तुन	तुनक	ऽतु	नक	तुन	तुनक	ऽतु	नक		तुन	दा	दा	दा *

चार बार

सां	गं	मं	पं	मंपं	मं	सां	गं	मं	पं	मंपं	मंगं	मं	–	–	–

पहले अंतरे की स्वरलिपि के अनुसार तीसरे और चौथे अंतरे को बजाया जायेगा। चौथे अंतरे के आखिर में केवल यह धुन बजाई जायेगी।

			पनि	सां	नि	*	सां	सां	नि	*	पनि	सां	नि	*	सां
सां	नि	*	सां	गं	गं	गं	सां	सां	गं	सां	गं	मं	गं	मं	गं
सां	–	–	रें	सां	नि	सां	नि	सां	नि	*	पनि	सां	नि	सां	–
सां	नि	*	सां	गं	गं	गं	सां	सां	गं	सां	गं	मं	गं	मं	गं
सां	–	–	–												

देखी है सारी दुनिया

गायिका – अलीशा चिनाय

ताल – कहरवा

देखी है सारी दुनिया, जापान से ले के रशिया,
अस्ट्रेलिया से ले के अमेरिका,
देखा है प्यार का सपना, दिल चाहे कोई अपना,
मिल जाए गर इक साथिया, इक देसिया,
मेड इन इण्डिया मेड इन इण्डिया,
दिल चाहिए जो मेड इन इण्डिया, हो हो हो हो

मेड इन इण्डिया......

तन गोरा हो या काला, पर हो सच्चे दिल वाला,

चांदी नहीं सोना नहीं, कोई हीरा,

दिल जिसका हिन्दुस्तानी, नहीं कोई इंगलिस्तानी,

रात और दिन मुझे प्यार कोई करने वाला,

मेड इन इण्डिया मेंड इन इण्डिया,

दिल चाहिए जो मेड इन इण्डिया, हो हो हो हो

मेड इन इण्डिया....

कैसी है यार अमीरी, कैसी है यार गरीबी,

अच्छा है क्या क्या है बुरा, मुझ को पता।

स्वरलिपि

			सा	म	मसा	सा	नि	रेरे	सा	–	सारे	म	मसासा		नि
			दे	खी	हैऽ	सा	री	दुनि	या	*	जाऽ	पा	नसे	ले	के
रेरे	सा	–	सा	म	मम	सा	सा	साप	–प	–	सा	प	पप	निध–	
रशि	या	*	अस्	ट्रे	लियाऽ		से	ले	ऽके	ऽ	अ	मे	रिका		ऽऽ ऽ
–	–प	मग	रेसा	म	–रे	–	सा	*	सा	रे	नि	म	–रे	–	सा
ऽ	ऽऽ	ऽऽ	ऽऽ	*	*	*	*	*	*	*	*	*	*	*	*
*	सा	रे	नि	म	–रे	–	सा	*	*सा	रे	नि	म	–रे	–	सा
*	*	*	*	*	*	*	*	*	*	*	*	*	*	*	*
*	*	*	सा	म	मसा	सा	निनि	सारे	सा	–	सा	म	मसासा		नि
*	*	*	दे	खा	हैऽ	प्या	रका	सप	ना	*	दिल	चा	हेऽ	को	ई
सारे	सा	–	सा	म	मम	सा	सासा	प	पप	म–	सासा	प	पप	निध–	
अप	ना	*	मिल	जा	एगर	ऽ	इक	सा	थिया	ऽ*	इक	दे	सिया		ऽऽ ऽ
–	म	मप	धनि	सां	सां	सां	रेंसां	नि	–	म	–	नि	नि	नि	सांनि
ऽ	ऽ	*	*	मेड	इन	इन्	डिऽ	या	ऽ	ऽ	*	मेड	इन	इन्	डिऽ
ध	–	ग	–	ध	निध	ध	निध	प	धप	म	ग	म	–	–	–
या	ऽ	ऽ	*	दिल	चाहि	ए	जो	मेड	इनऽ	इन्	डि	या	ऽ	ऽ	ऽ
म	प	ध	नि	सां	सां	सां	रेंसां	नि	–	म	–	नि	नि	नि	सांनि
हो	हो	हो	हो	मेड	इन	इन्	डिऽ	या	ऽ	ऽ	*	मेड	इन	इन्	डिऽ
ध	–	ग	–							म	ग	मप	धप	म	–
या	ऽ	ऽ	*	दिल चाहिए, जो मेड इन						इन्	डि	या	ऽऽ	ऽ	ऽ
म	–रे	–	सा	*	*सा	रे	नि़								
*	*	*	*	*	*	*	*	तीन बार							
मा	–रे	–	सा	*	*	*	सारे	म	मसा	सा	नि	सारे	सा	–	सारे
*	*	*	*	*	*	*	तन	गो	राऽ	हो	या	काऽ	ला	*	पर
म	मसा	सा	नि़नि़	सारे	सा	–	सा	साम	मम	–	सा	साप	पप	–	सा
हो	सऽ	च्चे	दिल	वाऽ	ला	*	चां	दी	नहीं	*	सो	ना	नहीं	*	को

प	प	पनि	ध	–	–प	मग	रेसा	म	–रे	–	सा	*	*सा	रे	नि
ई	ही	रा	ऽ	ऽ	ऽऽ	ऽऽ	ऽऽ	*	*	*	*	*	*	*	*
															तीन बार
म	–रे	–	सा	*	*	*	सारे	म	मसा	सा	नि	सारे	सा	–	सारे
*	*	*	*	*	*	*	दिल	जिस	काऽ	हिं	दुस्	ताऽ	नी	*	नहीं
म	मसा	सा	नि	सारे	सा	–	सा	साम	मम	–	सासा	साप	–प	पसा	सा
को	ईऽ	इंग	लिस्	ताऽ	नी	रात	और दिन		ऽ	मुझे	प्या	ऽर	कोऽई		
पप	प	प	पनि	ध	–	–	म								
कर	ने	वा	लाऽ	ऽ	ऽ	ऽ	ऽ								

मेड इन इण्डिया, मेड इन इण्डिया, दिल चाहिए, जो मेड इन इण्डिया हो हो हो हो, मेड इन इण्डिया...

म	–रे	–	सा	*	*सा	रे	नि								
*	*	*	*	*	*	*	*	तीन बार							
म	–रे	–	सा	*	*	*	सारे	म	मसा	सा	निनि	सारे	सा	–	सारे
*	*	*	*	*	*	*	कैऽ	सी	हैऽ	या	रअ	मीऽ	री	*	कैऽ
म	मसा	सा	निनि	सारे	सा	–	सा	म	मम	सा	सा	प	पप	सा	सासा
सी	हैऽ	या	रग	रीऽ	बी	*	अच्	छा	हैक्याऽ		क्या	है	बुरा	ऽ	मुझ
प	पप	निध	–	–	–प	मग	रेसा	म	–रे	–	सा	*	*सा	रे	नि
को	पता	ऽऽ	ऽ	ऽ	ऽऽ	ऽऽ	ऽऽ	*	*	*	*	*	*	तीन बार	

देखी है सारी दुनिया, जापान से ले के रशिया, अस्ट्रेलिया से ले के अमेरिका, मेड इन इण्डिया मेड इन इण्डिया, दिल चाहिए जो मेड इन इण्डिया, हो हो हो हो मेड इन इण्डिया..... बजायें।

हमें तो लूट लिया

फिल्म - अलहिलाल

ताल–दादरा

स्थाई

हमें तो लूट लिया मिल के हुस्न वालों ने

काले-कोले बालों ने गोरे-गोरे गालों ने

पहला अंतरा

नजर में शोखियां और बचपना शरारत में

अदाएं देख के हम फंस गए मुहब्बत में

हम अपनी जान से जाएंगे जिनकी उल्फत में

यकीन है के न आएंगे वो ही मय्यत में

खुदा सवाल करेगा अगर कयामत में

तो हम भी कह देंगे हम लुट गए शराफत में

हमें तो लूट लिया......

दूसरा अंतरा

वहीं-वहीं पे कयामत हो वो जिधर जाएं
झुकी-झुकी हुई नजरों से काम कर जाएं
तड़फता छोड़ दें रस्ते में और गुजर जाएं
सितम तो ये है के दिल ले लें और मुकर जाएं
समझ में कुछ नहीं आता के हम किधर जाएं
यही इरादा है ये कहके हम तो मर जाएं
हमें तो लूट लिया....

तीसरा अंतरा

वफा के नाम पे मारा है बेवफाओं ने
के दम भी हमको न लेने दिया जफाओं ने
खुदा भुला दिया इन हुस्न के खुदाओं ने
मिटा के छोड़ दिया इश्क की खताओं ने
उड़ाए होश कभी जुल्फ की घटाओं ने
ख्याले नाज ने लूटा कभी अदाओं ने
हमें तो लूट लिया....

इस कव्वाली का प्राय: तार सप्तक में गायन-वादन किया जाता है और मन्द्र सप्तक के अंतिम स्वर कोमल निषाध (नि़) का प्रयोग बार-बार होता है।

स्थाई

		न॒	न॒	–	न॒	न॒	स	स	स	स	–
		ह	में	ऽ	तो	लू	ऽ	ट	लि	या	ऽ
स	–	र	स	स	र	स	ऩ	स	र	र	–
मिल	ऽ	के	हु	ऽस्	न	वा	ऽ	लों	ऽ	ने	ऽ
–	–	र	प	प	म	म	र	र	स	स	ऩ
ऽ	ऽ	का	ले	का	ले	बा	ऽ	लों	ऽ	ने	ऽ
–	–	न॒	स	र	स	स	–	स	–	स	–
ऽ	ऽ	गो	रे	गो	रे	गा	ऽ	लों	ऽ	ने	ऽ

मदहोश वातावरण तैयार करने के लिए दूसरी पंक्ति अर्थात् काले-काले बालों ने, गोरे-गोरे गालों ने को कई बार दोहराते हैं तथा उसके पश्चात् पहली पंक्ति को बजाने के बाद अंतरे का बजाया जाता है।

अंतरा

		र	र	म	म	म	प	प	प	प	प

		न	जर	ऽ	में	शो	ऽ	खि	यां	औ	र
प	प	ध	प	म	म	म	म	म	प	प	–
ब	च	प	ना	ऽ	श	रा	ऽ	र	त	में	ऽ
–	–	म	म	–	म	ग	–	ग	र	र	–
ऽ	ऽ	अ	दा	ऽ	एं	दे	ऽ	ख	के	हम	ऽ
स	ऩ	ऩ	स	र	र	स	–स	स	स	स	–
फं	स	ग	ए	ऽ	मु	ह	ऽब	ब	त	में	ऽ
–	–	ऩ	ऩ	ऩ	ऩ	ऩ	स	स	र	र	–
ऽ	ऽ	हम	अ	प	नी	जा	ऽ	न	से	जा	ऽ
स	न॒	न॒	स	र	र	स	–	स	स	स	–
एं	ऽ	गे	जिन	ऽ	की	उल	ऽ	फ	त	में	ऽ
–	–	ऩ	ऩ	–	ऩ	ऩ	स	स	र	र	–
ऽ	ऽ	य	क़ी	ऽ	न	है	ऽ	के	ना	आ	ऽ
स	न॒	न॒	स	र	र	स	–	स	स	स	–
एं	ऽ	गे	वो	ही	ऽ	मट	ऽ	य	त	में	ऽ
–	–	न॒	न॒	–	न॒	न॒	स	स	र	र	–
ऽ	ऽ	य	क़ी	ऽ	न	है	ऽ	के	ना	आ	ऽ
स	न॒	न॒	स	र	र	स	–	स	स	स	–
एं	ऽ	गे	वो	ही	ऽ	मट	ऽ	य	त	में	ऽ
–	–	ध	ध	–	न॒	सं	ध	ध	प	प	–
ऽ	ऽ	खु	दा	ऽ	स	वा	ऽ	ल	क	रे	ऽ
म	–	प	र	–	म	म	प	प	प	प	–
गा	ऽ	अ	गर	ऽ	क	या	ऽ	म	त	में	ऽ
–	–	प	प	म	प	ध	प	म	ग॒	र	–
ऽ	ऽ	तो	हम	ऽ	भी	क	ह	दें	गे	हम	ऽ
र	र	र	र	–	ग॒	म	ग॒	र	स	स	–
लु	ट	ग	ए	ऽ	श	रा	ऽ	फ	त	में	ऽ
–	–										
ऽ	ऽ										

तीनों अंतरे इसी स्वरलिपि के अनुरूप ही बजेंगे। अंतरे की आखिरी पंक्ति स्थाई की प्रथम पंक्ति है इसलिए पूरे स्थाई को दोहराया जाएगा।

चप्पा-चप्पा चरखा चले

फिल्म - माचिस

ताल - कहरवा

स्थाई

चप्पा-चप्पा चरखा चले-2, होए चप्पा-चप्पा चरखा चले,
ओनी पोनी यारियां तेरी, पोनी बोनी बेरियों तले,
चप्पा-चप्पा चरखा चले,
यारा वे यारा वे यारा
वे अणियां परदेशिया,
चप्पा-चप्पा चरखा चले.......

पहला अंतरा

ऐ गोरी जो चकोरी को, कटारी से खिलाती थी,
जुम्मे के जुम्मे जो, सुरमा लगाती थी,
सच्ची मुंडेर के तले, चप्पा-चप्पा चरखा चले....

दूसरा अंतरा

अरे झूठी-मूठी मोने, रसोई में पुकारा था,
लोहे के चिमटे से, लिपटे तो मारा था,
ओ बीबा तेरा चूल्हा चले, चप्पा-चप्पा चरखा चले.....

तीसरा अंतरा

चुन्नी लेके सोती थी, रुमाल रखती थी,
पानी में जलता, चिराग रखती थी,
बीबा तेरी याद न टले, पीली-पीली मेंहदी जले,
चप्पा-चप्पा चरखा चले......

स्वर लिपि

स्थाई

प	ध	प	म	प	प	ध	प	प	–	–	–	–	–	–	–
च	प्पा	च	प्पा	च	र	खा	च	ले	ऽ	ऽ	ऽ	ऽ	ऽ	ऽ	ऽ
प	ध	प	म	प	प	ध	प	प	–	–	–	–	–	सां	सां
च	प्पा	च	प्पा	च	र	खा	च	ले	ऽ	ऽ	ऽ	ऽ	ऽ	हो	ए
प	ध	प	म	प	प	ध	प	प	–	–	–	–	–	–	–
च	प्पा	च	प्पा	च	र	खा	च	ले	ऽ	ऽ	ऽ	ऽ		ऽ	ऽ
प	सां	सां	सां	सां	सां	सां	नि	ध	नी	–	–	–	–	–	–
ओ	नी	पो	नी	या	रि	यां	ते	री	ऽ	ऽ	ऽ	ऽ	ऽ	ऽ	ऽ
नि	रें	रें	नि	नि	ध	ध	प	ध	नि	–	–	–	–	–	–

पो	नी	पो	नी	बे	रि	यों	त	ले	ऽ	ऽ	ऽ	ऽ	ऽ	ऽ	ऽ
प	ध	प	म	प	प	ध	प	प	–	–	–	–	–	–	–
च	प्पा	च	प्पा	च	र	खा	च	ले	ऽ	ऽ	ऽ	ऽ	ऽ	ऽ	ऽ
प	ध	प	म	प	प	ध	प	प	–	–	–	सां	–	रें	गं
च	प्पा	च	प्पा	च	र	खा	च	ले	ऽ	ऽ	ऽ	या	रा	वे	ऽ
–	–	–	–	रें	रें	पं	–	रे	रें	पं	–	–	–	–	–
ऽ	ऽ	ऽ	ऽ	या	रा	वे	या	रा	वे	ऽ	ऽ	ऽ	ऽ	ऽ	ऽ

बाद की दोनों लाइनों को बजाने के लिए पोनी बोनी बेरियों तले से आखिर तक एक बार फिर से बजाएं।

अंतरा

नि	नि	सां	रें	रें	रें	गं	मं	गं	मं	गं	रें	–	–	–	–
ऐ	गो	री	जो	च	को	री	को	क	टो	री	से	खि	ला	ती	थी
नि	सां	रें	रें	रें	गं	मं	गं	मं	गं	रें	–	–	–	–	न
जु	म्मे	ऽ	के	जु	म्मे	जोऽ	सु	र	मा	ल	गा	ती	थी	ऽऽ	ऽ
रें	मं	मं	रें	रें	नि	ध	प	ध	नी	–	–	–	–	–	–
स	ऽ	च्ची	मुं	डे	र	के	त	ले	ऽ	ऽ	ऽ	ऽ	ऽ	ऽ	ऽ
प	ध	प	म	प	प	ध	प	प	–	–	–	–	–	–	–
च	प्पा	च	प्पा	च	र	खा	च	ले	ऽ	ऽ	ऽ	ऽ	ऽ	ऽ	ऽ

पहले और दूसरे अंतरे के बाद तो चप्पा चप्पा चरखा चले को तीन-चार बार बजाते हैं लेकिन तीसरे अंतरे के बाद स्थाई की पूरी स्वरलिपि बजाई जाती है। तीनों अंतरे इसी स्वरलिपि के अनुसार ही बजाये जायेंगे। इसे मध्य सप्तक में बजायेंगे तो ठीक रहेगा।

तमा-तमा लोगे

फिल्म - थानेदार

ताल - कहरवा

स्थाई

तमा-तमा लोगे,
तमा-तमा लोगे तमा
तू प्रेमी आहा, मैं प्रेमी आहा
तू रानी आहा, मैं राजा आहा
फिर क्या डैडी, क्या अम्मा
इक बस तू ही, प्यार के काबिल
सारा जहां है निकम्मा
तमा-तमा लोगे.....

पहला अंतरा

तुझे जरूरत मेरे जैसे यार की,
मुझे जरूरत तेरे जैसे यार की,
जले जो उसको और जलाओ
नाचो छमा छम-छम्मा
तमा-तमा लोगे.....

दूसरा अंतरा

दोनों मिलकर जो होता है हो गया,
मैं भी तुझमें और तू मुझमें खो गया,
देख के तुझको मैं भी पिंघलूं,
जैसे पिघलती है शम्मा
तमा-तमा लोगे....

स्वर लिपि

स्थाई

नि	नि	–	सं	नि	म	–	प	–	–	–	–	–	–	–	–
त	मा	ऽ	त	मा	लो	ऽ	गे	ऽ	ऽ	ऽ	ऽ	ऽ	ऽ	ऽ	ऽ
नि	नि	–	सं	नि	म-	प	–	म	म	–	–	–	–	–	–
त	मा	ऽ	त	मा	लोऽ	ऽ	गे	त	मा	ऽ	ऽ	ऽ	ऽ	ऽ	ऽ
गं	गं	मं	–	गंगं	मं	गं	गं	मं	–	गं	गं	मं	–	–	–
तू	प्रे	मी	ऽ	आऽ	हा	ऽ	ऽ	मैं	प्रे	मी	ऽ	आ	ऽ	हा	ऽ
गं	गं	मं	–	गं	गं	मं	मं	गं	गं	मं	–	गं	गं	मं	मं
तू	रा	नी	ऽ	आ	ऽ	हा	ऽ	ऽ	मैं	रा	जा	ऽ	आ	ऽ	हा
मं	मं	मं	–	गंगं	गं-	–	सं	गं	मं	गं	मं	गं	–	–	–
फि	र	क	या	डै	ऽ	डी	ऽ	ऽ	क	या	अ	ऽ	म्मा	ऽ	ऽ
सं	सं	गं	गं	सं	–	गं	–	–	सं	सं	गं	गं	सं	–	गं
इक	बस	तू	ऽ	ही	ऽ	प्या	ऽ	र	के	का	ऽ	बि	ऽ	ऽ	ल
गं	–	गं	–	गं	–	गं	गंमं	मं	गं	गं	–	मं	–	–	नि
सा	ऽ	रा	ऽ	ज	हां	ऽ	है	ऽ	नि	क	ऽ	म्मा	ऽ	ऽ	ऽ
नि	नि	–	सं	नि	म	–	प	–	–	–	–	–	–	–	–
त	मा	ऽ	त	मा	लो	ऽ	गे	ऽ	ऽ	ऽ	ऽ	ऽ	ऽ	ऽ	ऽ
नि	नि	–	सं	नि	म-	प	–	म	म	–	–	–	–	–	–
त	मा	ऽ	त	मा	लोऽ	गे	ऽ	त	मा	ऽ	ऽ	त	ऽ	मा	ऽ

पहला अंतरा

गं-	गं	मं	मं	मं	मं	मं	मं	मं	गं	–	मं	मं	–	–	–

तुझे	ज	रू	र	त	मे	रे	जै	से	या	ऽ	र	की	ऽ	ऽ	ऽ
गं-	गं	मं	मं	मं	मं	मं	मं	मं	गं	–	मं	–	–	–	–
मुझे	ज	रू	र	त	ते	रे	जै	से	या	ऽऽ	र	की	ऽ	ऽ	ऽ
गं	गं	गं	सं	मं	–	मं	–	मं	गं	गं	–	सं	मं	–	मं
ज	ले	जो	ऽ	उ	स	को	ऽ	औ	ऽ	र	ज	ला	ऽ	ओ	ऽ
गं	–	गं	गं	गं	–	धं	मं	पं	पं	पं	पं	–	–	–	स
ना	ऽ	चो	ऽ	छ	मा	ऽछ	म	छऽ	म्मा	ऽऽ	ऽ	ऽऽ	ऽऽ	ऽऽ	ऽऽ

आखिर में तमा-तमा लोगे, तमा-तमा स्थाई के आधार पर बजाएंगे तथा दूसरा अंतरा भी इसी स्वरलिपि के अनुसार बजाया जाएगा लेकिन आखिर में आधा या पूरा स्थाई बजेगा।

माई नि माई मुंडेर पे तेरी

फिल्म - हम आपके हैं कौन

ताल - कहरवा

स्थाई

माई नि माई मुंडेर पे तेरी बोल रहा है कागा
जोगन हो गई तेरी दुलारी मन जोगी संग लागा
चन म्हाइया-चन म्हाइया मेरे ढोल सिपहिया

पहला अंतरा

चांद की तरह चमक रही थी उस जोगी की काया
मेरे द्वारे आकर उसने प्यार का अलख जगाया
अपने तन पे भस्म रमा के, सारी रैन वो जागा
जोगन हो गई.....
सुन हीरिये-नच हीरिये नच के धूम मचा

दूसरा अंतरा

मन्नत मांगी थी तूने इक रोज मैं जाऊं बियाही
उस जोगी के संग मेरी तू कर दे अब कुड़माई
इन हाथों में लगा दे मेंहदी, बांध शगुन का धागा
जोगन हो गई.....

स्वरलिपि

म्यूजिक

ऩ स   रग रस रग रस   र – ऩ स   रग रस रग रस

स – – – –

स्थाई

स	रेग	गर	रस	स	रग	गर	रस	स	रग	गर	रस	स	र	–	स
मा	ईनि	माऽ	ईमु	डे	रपे	तेऽ	रीऽ	बो	लर	हाऽ	हैऽ	का	गा	ऽ	ऽ
स	रग	गर	रस	स	रग	गर	रस	म	म	ग	गर	स	स		
जो	गन	होऽ	गई	ते	रीदु	लाऽ	रीऽ	मन	जो	गी	संग	ला	गा		

इन दो पंक्तियों के पश्चात् उपरोक्त म्यूजिक एक बार बजाकर इस तीसरी पंक्ति को दो बार बजाएंगे और फिर स्थाई के आखिर में भी दो बार ऊपर वाला म्यूजिक बजाएंगे–

प	प	धप	पम	म	म	पम	मग	र	रग	मग	रस	स	स	–	–
चन	म्हाइ	याऽ	ऽऽ	चन	म्हाइ	याऽ	ऽऽ	मे	रेऽ	ढोऽ	लसि	पाहि	या	ऽ	ऽ

अंतरा

प	पप	–म	मग	पप	पप	पम	मग	प	प	पम	मग	ग–	म	–	–
चां	दकी	ऽत	रह	चम	कर	हीऽ	थीऽ	उस	जोऽ	गीऽ	कीऽ	काऽ	या	ऽ	ऽ
म	म	मग	गर	म	म	मग	गर	म	म	मग	मग	स	स	–	–
मे	रे	द्वाऽ	रेऽ	आ	कर	उस	नेऽ	प्या	रका	अल		खज	गा	याऽ	ऽ

स्थाई की पहली लाइन के आधार पर अंतरे की की तीसरी लाइन बजेगी इसलिए स्थाई की प्रारंभ की दो पंक्तियों को दोहरएंगे और एक बार म्यूजिक बजाएंगे। लेकिन स्थाई की तीसरी लाइन को नहीं बजाएंगे और दूसरा अंतरा भी इसी तरह बजेगा।

परदेसी–परदेसी जाना नहीं

फिल्म – राजा हिंदुस्तानी

ताल – कहरवा

स्थाई

मैं ये नहीं कहती के प्यार मत करना

किसी मुसाफिर का मगर एतबार मत करना

परदेसी–परदेसी जाना नहीं

मुझे छोड़ के मुझे छोड़ के

परदेसी मेरे यारा वादा निभाना

मुझे याद रखना कहीं भूल न जाना

पहला अंतरा

मैंने तुमको चाहा तुमसे प्यार किया

सब कुछ तुमपे यार अपना वार दिया

बन गई जोगन मैंने प्रीत का जोग लिया
ना सोचा न समझा दिल का रोग लिया
परदेसी मेरे यारा लौट के आना
मुझे याद रखना कहीं भूल न जाना

दूसरा अंतरा

हर पल मेरी याद तुम्हें तड़फाएगी
मैं जागूँगा नींद तुम्हें ना आएगी
छोड़ के ऐसे हाल में जो तुम जाओगे
सच कहता हूँ जान बहुत पछताओगे
परदेसी मेरे यारा मुझे न रूलाना
मुझे याद रखना कहीं भूल न जाना
परदेसी–परदेसी जाना नहीं
मुझे छोड़ के मुझे छोड़ के

स्वर लिपि

स्थाई

			ग	ग	पप	प	प–	ध	–	–	प	गप	प	प	–प
			मैं	ये	ऽन	हीं	कह	ती	ऽ	ऽ	के	प्या	ऽ	ऽ	ऽर
ध	प	ग	ग	ग	–	–	–	प	प	–	प	ध	प	ग	ग
म	त	क	र	ना	ऽ	ऽ	ऽ	कि	सी	ऽ	मु	सा	ऽ	फिर	ऽ
ग	–	ग	–	ग	ग	–	ग	रे–	रे	–	स	स	स	–	
का	ऽ	ए	ऽ	त	बा	ऽ	र	मऽ	त	ऽ	क	र	ना	ऽ	
ग–	–	रे	स	ग–	–	रे	स	सरे	स	ध़	–	–	–		
पर	ऽ	दे	सी	पर	ऽ	दे	सी	जा	ना	न	हीं	ऽ	ऽ		
ध	ध	सरे	ग	रे	–	–	–	–	ग	ग	रेस	स	–	–	प
ऽ	मुझे	ऽछो	ड़	के	ऽ	ऽ	ऽ	ऽ	मुझे	ऽछो	ऽड़	के	ऽ	ऽ	पर
प	प	प	प	प	ध	–	–	–	प	धप	गरे	ग	–	–	
दे	सी	मे	रे	या	रा	ऽ	ऽ	ऽ	वा	ऽदा	नि	भा	ना	ऽ	ऽ
ग	गप	–प	प	प	ध	प	ध	नि–	ऽ	ध	प	गप	गरे	स	
ऽ	मुझे	ऽया	ऽद	रख	ना	क	हीं	भूऽ	ऽ	ल	ना	जा	ऽ	नाऽ	

अंतरा

ग	गरे	ग–	स	गग	रे–	स	स	रेग	रे	–	–	–	–	–	
मैं	नेऽ	तुम	को	चा	हा	तुम	से	प्या	रकि	या	ऽ	ऽ	ऽ	ऽ	ऽ
म	म	म	प	प	प–	र	स	स	रेग	रे	स	–	–	–	–

सब कुछ तुम पे या ऽर अप ना वा रदि या ऽ ऽ ऽ ऽ ऽ

अंतरे की दो लाइनों की स्वरलिपि के अनुसार तीसरी और चौथी लाइनें बजाई जायेंगी तथा अंतरे की पांचवी और छठी लाइनें स्थाई की पांचवी और छठी लाइनों के अनुसार बजेंगी। दूसरे अंतरे को भी इसी स्वर लिपि पर इसी तरह बजाया जायेगा। लेकिन ध्यान रखना होगा कि दूसरे अंतरे की सातवीं और आठवीं लाइनें वास्तव में स्थाई की तीसरी और चौथी लाइनें हैं इसलिए उनको दोहराया जायेगा।

सागर किनारे

फिल्म – सागर

ताल – कहरवा

सागर किनारे, दिल ये पुकारे
तू जो नहीं, तो मेरा कोई नहीं है
सागर किनारे....

पहला अंतरा

जागे नजारे, जागी हवाएँ, जब प्यार जागा
जागी फिजाएं, पर भर को,
दिल की दुनिया सोई नहीं है
सागर किनारे....

दूसरा अंतरा

लहरों पे नाचें, किरणों की परियां
मैं खोई जैसे, सागर में नदिया,
तू है अकेली तो, खोई नहीं है
सागर किनारे...

स्वर लिपि

स्थाई

			ग	म	रे	रे	ग	ग	म	–	ध	–	–	–	–
			सा	ऽ	ग	र	कि	ना	ऽ	रे	ऽ	ऽ	ऽ	ऽ	ऽ
–	–	–	ध	नि̲	ध	प	ध	ध	–	सं	नि̲	–	–	–	–
ऽ	ऽ	ऽ	दि	ल	ये	ऽ	पु	का	ऽ	रे	ऽ	ऽ	ऽ	ऽ	ऽ
–	–	–	ध	नी̲	ध	प	ध	ग	–	प	–	सं	–	नि	–
ऽ	ऽ	ऽ	तू	ऽ	जो	ऽ	न	हीं	ऽ	तो	ऽ	मे	ऽ	रा	ऽ
ध	–	प	ध	नी̲	ध	प	प	ध	प	म	–	ग	म	रे	ग

ऽ	ऽ	ऽ	को	ऽ	ई	ऽ	न	हीं	ऽ	है	ऽ	ऽ	ऽ	ऽ	ऽ
स	–	–	ग	म	रे	रे	ग	म	–	ध	–	–	–	–	–
ऽ	ऽ	ऽ	सा	ऽ	ग	र	कि	ना	ऽ	रे	ऽ	ऽ	ऽ	ऽ	ऽ

अंतरा

–	–	–	सां	–	सं	–	मं	रें	–	–	मं	रें	सं	नि̲	–
ऽ	ऽ	ऽ	जा	ऽ	गे	ऽ	न	जा	ऽ	ऽ	ऽ	रे	ऽ	ऽ	ऽ
नि̲	–	सं	रें–	सं	–	–	–	सं	–	–	–	–	–	–	–
जा	ऽ	गी	ऽऽ	ह	वा	ऽ	ऽ	ऽ	एं	ऽ	ऽ	ऽ	ऽ	ऽ	ऽ
सं	–	सं	मं	रें	–	–	मं	रें	सं	नि	सं	नि̲	–	–	–
ज	ब	प्या	र	जा	ऽ	ऽ	ऽ	गा	ऽ	ऽ	ऽ	ऽ	ऽ	ऽ	ऽ
नि̲	–	सं	रें–	सं	–	–	–	–	सं	–	–	–	–	–	–
जा	ऽ	गी	ऽऽ	फि	जां	ऽ	ऽ	ऽ	एं	ऽ	ऽ	ऽ	ऽ	ऽ	ऽ
रें	सं	सं	नि̲	नि̲	ध	प	प	प	–	प	प	म	प	ध	सां
प	ल	भ	र	को	ऽ	दि	ल	की	ऽ	दु	नि	या	ऽ	ऽ	ऽ
नि̲	ध	प	ध	प	म	–	म	–	ग	म	रे	ग	स	–	–
सो	ऽ	ई	ऽ	न	हीं	ऽ	है	ऽ	ओ	ऽ	ऽ	ऽ	ऽ	ऽ	ऽ
ग	म	ग	रे	ग	म	–	ध	–	–	–	–	–	–	–	–
सा	ऽ	ग	र	कि	ना	ऽ	रे	ऽ	ऽ	ऽ	ऽ	ऽ	ऽ	ऽ	ऽ

अन्य सभी शेष अंतरों को भी इसी प्रकार बजाया जाएगा।

सोना कितना सोना है

फिल्म – हीरो नम्बर वन

ताल – कहरवा

स्थाई

सोना कितना सोना है, सोने जैसा तेरा मन
सुन जरा सुन क्या कहती है दीवाने दिल की धड़कन
तू मेरा, तू मेरा, तू मेरा, तू मेरा, तू मेरा हीरो नम्बर वन

पहला अंतरा

हीरो तू मेरा हीरो है विलेन जैसा काम न कर
सपनों की इस रानी को, ऐसे तू बदनाम न कर
दीवाने यार, कहता है प्यार, अच्छा नहीं दीवानापन

दूसरा अंतरा

अंदर कितनी गरमी है, बाहर कितनी सर्दी है

तूने बेदर्दी मेरी हालत कैसी कर दी है

दिल में बसा ले, अपना बना ले, यूं ना बढ़ा मेरी उलझन

सोना कितना सोना है, सोने जैसा तेरा मन

सुन जरा सुन क्या कहती है दीवाने दिल की धड़कन

मैं तेरा, मैं तेरा, मैं तेरा, मैं तेरा, मैं तेरा हीरो नम्बर वन

स्वर लिपि

स्थाई

रे रे रे रेग म मग म गरे रे रे रे रेग मग गरे रेरे –
सो ना कित नाऽ सो नाऽ है ऽऽ सो ने जै साऽ तेऽ राऽ म न ऽऽ
सुन जरा सुन... इसी स्वरलिपि में दोहरएंगे।
स सस रे रेरे स सस नि़ नि़नि़ नि़ नि़नि़ स रे स स स –
तू मेरा तू मेरा तू मेरा तू मेरा तू मेरा ही रो नम्‍ बर वन ऽ

अंतरा

रे रे रे रेग मग गरे रेस सनि नि नि सरे रे रे स स स
ही रो तू मेरा ही रोऽ हैऽ ऽऽ विले न जैऽ सा का ऽ म ना
स – – –
कर ऽ ऽ ऽ
दूसरी लइनों को भी इसी स्वर लिपि के अनुसार बजाएंगे।
प प प म म म म ग ग ग म ग मग गरे रे रे
दी वा नेया ऽर कह ता है प्या ऽर अच छा नहीं ऽदी वाऽ नाऽ पन

जिएं तो जिएं कैसे

फिल्म – साजन

ताल – कहरवा

स्थाई

जिएं तो जिएं कैसे, बिन आपके...रिपीट

लगता नहीं दिल कहीं बिन आपके

जिएं तो जिएं....

पहला अंतरा

कैसे कहूं बिना तेरे, जिंदगी ये क्या होगी,

जैसे कोई सजा, कोई बददुआ होगी,

मैंने किया है ये फैसला, जीना नहीं है तेरे बिना

जिएं तो जिएं....

दूसरा अंतरा

मुझे कोई दे दे जहर, हंस के मैं पी लूंगी,

हर दर्द सह लूंगी, हर हाल में जी लूंगी,

दर्दे जुदाई सह न सकूंगी, तेरे बिना मैं रह न सकूंगी,

जिएं तो जिएं.....

तीसरा अंतरा

देखकर मुझे तेरा, पलकें झुका देना..रिपीट

याद बहुत आए, तेरा मुस्कुरा देना...रिपीट

कैसे भुलाऊं वो मीठी रातें, वो मुलाकातें

जिएं तो जिएं..

स्वरलिपि

स्थाई

			ग	म	–	प	–	प	ध	नी	प	ध	–	सं	नि
			जि	एं	ऽ	तो	ऽ	जि	एं	ऽ	ऽ	ऽ	ऽ	कै	ऽ
ध	ध	–	–	–	–	–	प-	म	–	म	म	ध	–	प	प
ऽ	से	ऽ	ऽ	ऽ	ऽ	ऽ	ऽ	ऽ	ऽ	बि	न	आ	ऽ	प	के
–	–	–	–	–	–	–	–	–	–	ध	रें	रें	–	रेंरें	रें
ऽ	ऽ	ऽ	ऽ	ऽ	ऽ	ऽ	ऽ	ऽ	ऽ	ल	ग	ता	ऽ	नऽ	हीं
–	–	–	–	मं	ग	रें	रें	–	–	–	–	–	–	–	–
ऽ	ऽ	ऽ	ऽ	दि	ल	क	हीं	ऽ	ऽ	ऽ	ऽ	ऽ	ऽ	ऽ	ऽ
सां	ध	ध	ध	रें	–	सं	सं	–	–	नि	ध	ध	प	प	ग
ऽ	ऽ	बि	न	आ	ऽ	प	के	ऽ	ऽ	ऽ	ऽ	ऽ	ऽ	ऽ	ऽ
ग	–	ग	म	–	प	–	प	ध	नी	प	ध	–	सं	नि	ध
ऽ	ऽ	जि	एं	ऽ	तो	ऽ	जि	एं	ऽ	ऽ	ऽ	ऽ	कै	ऽ	सेऽ

अंतरा

			नि	ऽ	नि	सां	सां	–	–	–	नि	नि	–	सं	सं
			कै	ऽ	से	क	हूं	ऽ	ऽ	ऽ	बि	ना	ऽ	ते	रे
–	–	–	–	नि	–	सां	नि	ध	प	ध	–	नी	–	ध	–
ऽ	ऽ	ऽ	ऽ	जिं	ऽ	द	गी	ऽ	ये	क्या	ऽ	हो	ऽ	गी	ऽ
–	–	–	प	–	ध-	प	–	–	ग	ध	नी	नी	ध	ध	–
ऽ	ऽ	ऽ	जै	ऽ	सेऽ	को	ऽ	ऽ	ई	ऽ	ऽ	स	जा	ऽ	ऽ
–	–	–	म	–	प	प	–	प	म	म	–	–	–	–	–

ऽ	ऽ	ऽ	ब	ऽ	हु	आ	ऽ	हो	ऽ	गी	ऽ	ऽ	ऽ	ऽ	ऽ
–	–	–	गं	–	–	रें	–	गं	सां	–	–	–	प	ध	ध
ऽ	ऽ	ऽ	मैं	ऽ	ऽ	ने	ऽ	कि	या	ऽ	ऽ	ऽ	है	ऽ	ऽ
प	–	–	गं	–	रें	–	गं	सां	सं	–	–	–	–	–	–
ऽ	ऽ	ऽ	ये	ऽ	फै	ऽ	स	ला	ऽ	ऽ	ऽ	ऽ	ऽ	ऽ	ऽ
–	–	–	नि	सं	रें	–	सं	नि	ध	नि	–	ध	–	प	–
ऽ	ऽ	ऽ	जी	ऽ	ना	ऽ	न	हीं	ऽ	ऽ	ऽ	है	ऽ	ऽ	ऽ
–	–	–	नि	सां	रें	–	नि	सां	–	–	–	प	ध	प	म
ऽ	ऽ	ऽ	ते	ऽ	रे	ऽ	बि	ना	ऽ	ऽ	ऽ	ऽ	ऽ	ऽ	ऽ

मेंहदी लगा के रखना

फिल्म - दिलवाले दुल्हनियां ले जाएंगे

ताल - कहरवा

मेंहदी लगा के रखना, डोली सजा के रखना,
लेने तुझे ओ गोरी, आएंगे तेरे सजना।
सेहरा सजा के रखना, चेहरा छुपाके रखना,
ये दिल की बात अपने, दिल में दबा के रखना,
लेने तुझे ओ गोरी.....
उड़-उड़ के तेरी जुल्फें, करती हैं क्या इशारे,
दिल थाम के खड़े हैं, आशिक सभी कुंवारे,
छुप जाएं सारी कुड़ियां, घर में शरम के मारे,
गांव में आ गए हैं, पागल शहर के सारे,
नजरें झुका के रखना, दामन बचा के रखना,
लेने तुझे ओ गोरी....
मैं इक जवान लड़का, तु इक हसीन लड़की,
ये दिल मचल गया तो, मेरा कसूर क्या है,
रखना था दिल पे काबू, ये हुस्न तो है जादू,
जादू ये चल गया तो, मेरा कसूर क्या है,
रस्ता हमारा तकना, दरवाजा खुला रखना,
लेने तुझे ओ गोरी....
कुछ और अब ना कहना, कुछ और अब ना करना,

ये दिल की बात अपने, दिल में दबा के रखना,

मेंहदी लगा के रखना....

स्वरलिपि

स्थाई

		प़	–	ग॒	–	ग॒	ग॒	रे	स	ग॒	रे	रे	–	–	–
		मे	हं	दी	ऽ	ल	गा	ऽ	के	र	ख	ना	ऽ	ऽ	ऽ
–	–	प़	–	रे	–	रे	स	नि़	नि़	रे	स	स	–	–	–
ऽ	ऽ	डो	ऽ	ली	ऽ	स	जा	ऽ	के	र	ख	ना	ऽ	ऽ	ऽ
–	–	प	–	प	–	प	प	–	प	धप	म	–	–	–	–
ऽ	ऽ	ले	ऽ	ने	ऽ	तु	झे	ऽ	ओ	गो	ऽ	री	ऽ	ऽ	ऽ
–	–	रे	–	म	–	म	म	ग॒	रे	रे	स	स	–	–	–
ऽ	ऽ	आ	ऽ	एं	ऽ	गे	ते	ऽ	ते	स	ज	ना	ऽ	ऽ	ऽ

अंतरा

		स	स	स	स	स	स	स	स	स	स	प	प	प	प
		उ	ड़	उ	ड़	के	ते	ऽ	री	जु	ल	फें	ऽ	ऽ	ऽ
प	प	स	स	स	स	स	स	स	स	स	स	प	प	प	प
ऽ	ऽ	क	र	ती	ऽ	हैं	क्या	ऽ	इ	शा	ऽ	रे	ऽ	ऽ	ऽ
प	प	प	प	ध	नि	धप	ध॒	प	प	ध॒	ग॒	म	म	म	म
ऽ	ऽ	दि	ल	था	ऽ	म	के	ऽ	ख	ड़े	ऽ	हैं	ऽ	ऽ	ऽ
म	म	रे	–	रे	रे	म	ग॒	रे	रे	रे	स	स	–	–	–
ऽ	ऽ	आ	ऽ	शि	क	म	भी	ऽ	कुं	वा	ऽ	रे	ऽ	ऽ	ऽ

ये तेरी आंखें झुकी-झुकी

फिल्म - फरेब

ताल - कहरवा

ये तेरी आंखें झुकी-झुकी, ये तेरा चेहरा खिला-खिला,

बड़ी किस्मत वाला है वो, प्यार तेरा जिसे मिला।

छलकती गालों पे लाली, बड़ी तू शर्म हया वाली,

होंठ तेरे पूजा के फूल, फूल की नाजुक तू डाली

किसी के प्यारे प्यारे बाल, किसी की प्यारी-प्यारी चाल

तू सर से पांव तलक सुन्द, तू है कुदरत का कोई कमाल

ये तेरी आंखें.....

स्वर लिपि

स्थाई

			स	स	स	सरे	नि॒	नि॒	स	स	रेग॒	रेग	रेस		
			ये	ते	ऽ	रीऽ	ऽ	आं	ऽ	खें	ऽऽ	झुकी	ऽझु		
स	–	–	स	स	स	स	रे	नि॒	नि॒	स	स	रेग	रेस	स	स
की	ऽ	ऽ	ये	ते	ऽ	रा	ऽ	चे	ह	रा	ऽ	खि	ला	ऽ	खि
स	–	–	रे	रे	रे	रे	रे	रे	रे	रे	रे	रे	रे	रे	रे
ल	ऽ	ऽ	ब	ड़ी	ऽ	कि	स्र	म	त	वा	ऽ	ला	ऽ	है	ऽ
ग	–	–	–	रे	–	–	–	स	–	–	स	स	स	स	रे
वो	ऽ	ऽ	ऽ	ऽ	ऽ	ऽ	ऽ	ऽ	ऽ	ऽ	प्या	ऽ	र	ते	ऽ
नि॒	स	नि॒	रे	रे	रे	स	स	स	–	–					
रा	ऽ	ऽ	ऽ	जि	से	ऽ	मि	ला	ऽ	ऽ					

अंतरा

			प	प	प	प	–	म	म	पम	–	ग॒रे	ग॒रे	रे	रे
			छ	ल	क	ती	ऽ	गा	ऽ	लो	ऽ	पे	ऽ	ला	ऽ
स	–	–	प	प	प	प	–	ग॒	ग॒	ग॒	ग॒	ग	रे	रे	स
ली	–	–	ब	ड़ी	ऽ	तू	ऽ	श	र	म	ह	या	ऽ	वा	ऽ
स-	–	म	म	म	म	म	म	म	म	म	म	म	म	म	म
ली	ऽ	ऽ	हो	ऽ	ठ	ते	ऽ	रे	ऽ	पू	ऽ	जा	ऽ	के	ऽ
म	म	म	रे	रे	स	स	नि़	नि़	स	स	रे	रे	रे	रे	स
फू	ऽ	ल	फू	ऽ	ल	की	ऽ	ना	ऽ	जु	क	तू	ऽ	डा	ऽ
स	–	–													
ली	ऽ	ऽ													

इसी स्वर लिपि के अनुसार दूसरा अंतरा भी बजाया जायेगा।

मेरा पिया घर आया

फिल्म - याराना

ताल - कहरवा

लाया बारात लाया, घुंघटा उठाने आया, अपना बनाने आया हो,

चंदा भी साथ लाया, तारे भी साथ लाया, पागल बनाने आया, हो

मेरा पिया घर आया हो राम जी-2

मेरी पायल छनके छम-छम, मेरी बिंदिया चमके चम-चम,
मेरा कंगना खनके खन-खन, मेरा निकला जाए दम-दम,
दीवानी मैं दीवानी, शर्म को छोड़ दूंगी,
मैं अब नाचूंगी इतना, के घुंघरू तोड़ दूंगी,
नजर का वार होगा, मेरा दिलदार होगा,
मेरी आंखों के आगे, मेरा दिलदार होगा,
मेरा कंगना खनके खन-खन, मेरा निकला जाए दम-दम
लाया बारात लाया........

मेरा ढलका जाए आंचल, मेरा बिखरा जाए काजल,
मुझे लगता है ये पल-पल, हो जाऊंगी मैं पागल,
कभी रूठूंगी उससे, कभी होगी शरारत,
कभी कोई गुस्सा-वुस्सा, कभी होगी मौहब्बत,
धड़कता है दिल मेरा, ना जाने क्या करुं मैं,
उधर दीवाना है दिल, ना जाने क्यूं डरूं मैं,
मेरा ढलका जाए आंचल, मेरा बिखरा जाए काजल,
लाया बारात लाया.....

स्वर लिपि

स्थाई

	सं	सं	नि̱	नि̱	ध	धप	प	–	नि̱	नि̱	ध	ध	प	पम	म
	ला	या	बा	रा	ऽत	लाऽ	या	ऽ	घुंघ	टा	उ	ठा	ने	आऽ	या
–	ध	ध	पप	प	ग	ग	म	प	–	–	–	–	सं	सं	नि
ऽ	अप	ना	ब	ना	ने	आ	या	हो	ऽ	ऽ	ऽ	ऽ	चं	दा	भी
नि̱	ध	धप	प	–	नि̱	नि̱	ध	ध	प	पम	म	–	ध	ध	प
सा	ऽथ	लाऽ	या	ऽ	ता	रे	भी	सा	ऽथ	लाऽ	या	ऽ	पा	गल	ब
म	ग	ग	म	प	–	–	–	–	–	स	रे	ग	ग	म	ग
ना	ने	आ	या	हो	ऽ	ऽ	ऽ	ऽ	ऽ	मे	रा	पि	या	घ	र
रे	स	स	नि̱	नि̱	नि̱	रे	रे	रे	रे	स	रे	ग	ग	म	ग
आ	ऽ	या	ऽ	हो	रा	ऽ	म	जी	ऽ	मे	रा	पि	या	घ	र
र	स	स	नि̱	नि̱	रे	रे	स	स	–						
आ	ऽ	या	ऽ	हो	रा	ऽ	म	जी	ऽ						

अंतरा

			प	ध॒	प	प	प	ध॒	प	प	प	ग	ग	प	प
			री	पा	ऽ	यल	ऽ	छन	ऽ	के	ऽ	छम	ऽ	छम	ऽ
प	प	प	प	ध॒	प	प	प	नि॒	ध	प	प	ग	ग	प	प
ऽ	ऽ	मे	री	बिं	दि	या	ऽ	चम	ऽ	के	ऽ	चम	ऽ	चम	ऽ
प	प	रे	रे	रे	रे	रे	रे	रे	रे	रे	रे	स	रे	स	नि़
ऽ	ऽ	मे	री	कं	ग	ना	ऽ	ऽ	खन	ऽ	के	खन	ऽ	खन	ऽ
–	–	नि॒	नि॒	स	स	ग	ग	ग	रे	स	स	स	स	स	स
ऽ	ऽ	मे	रा	नि	क	ला	ऽ	ऽ	जा	ऽ	ए	दम	ऽ	दम	ऽ
स	स	नि़	नि़	स	स	स	स	–	–स	नि़	नि़	स	स	स	स
ऽ	ऽदी	वा	नी	मैं	ऽदी	वा	नी	ऽ	–श	रम	को	छो	ऽड़	दूं	गी
–	–स	नि॒	नि॒	रे	रे	रे	म	–	रेरे	रे	रे	नि़	सस	स	स
ऽ	ऽमैं	अब	ना	चुं	गी	इत	ना	ऽ	ऽके	घुंघ	रु	तो	ऽड़	दूं	गी
–	–स	ग	प	ध	पप	प	प	–	–प	ग	प	ध॒	पप	प	प
ऽ	ऽन	जर	का	वा	डर	हो	गा	ऽ	ऽजि	गर	के	पा	डर	हो	गा
–	–प	ग	प	ध॒	पप	प	प	–	–प	ग	पप	ध॒	पप	प	प
ऽ	–मे	री	आं	खों	ऽके	आ	गे	ऽ	ऽमे	रा	दिल	दा	डर	हो	गा
–	–														
ऽ	ऽ														

ऐ मेरी जोहरा जबीं

फिल्म - वक्त

ऐ मेरी जोहरा जबीं, तुझे मालूम नहीं,
तू अभी तक है हंसी और मैं जवां
तुझपे कुर्बान मेरी जान मेरी जान
ऐ मेरी जोहरा.......
ये शोखियां ये बांकपन जो तुझमें है, कहीं नहीं
दिलों को जीतने का फन जो तुझमें है, कहीं नहीं,
मैं तेरी, मैं तेरी आंखों में पा गया दो जहां,
ऐ मेरा जोहरा.....
तू मीठे बोल जानेमन जो मुस्कुरा के बोल दे,
तो धड़कनों में आज भी शराबी रंग घोल दे
मैं तेरा, मैं तेरा आशिके जा फिदा
ऐ मेरी जोहरा.....

स्वर लिपि

स्थाई

		प़	प़	प़	ध॒	स	स	नि़रे	स	–	
		ऐ	मे	री	ई	जो	ह	रा	ज	बीं	ऽ
–	–	प़	प़	प़	ध॒	स	स	नि़रे	स	–	
ऽ	ऽ	तु	झे	मा	ऽ	लू	ऽ	म	न	हीं	ऽ
–	–	प़	प़	प़	ध॒	स	स	नि़रे	स	–	
ऽ	ऽ	तू	अ	भी	ऽ	त	क	है	ह	सीं	ऽ
ग॒	–	रे	नि़	–	स	ग	–	–	–	–	–
औ	ऽ	र	मैं	ऽ	ज	वां	ऽ	ऽ	ऽ	ऽ	ऽ
–	–	ग॒	ग॒	ग॒	म	प	–	म	गरे	–	
ऽ	ऽ	तुझ	पे	कु	र	बा	ऽ	न	मे	री	ऽ
ग॒	रे	सरे	नि़	–	स	–	–	–	–	–	
जा	ऽ	न	मे	री	ऽ	जां	ऽ	ऽ	ऽ	ऽ	ऽ

अंतरा

		स	ग॒	–	म	प	प	म	म	नि	प
		ये	शो	ऽ	खि	यां	ऽ	ये	बां	ऽ	क
ग॒	ग॒	ग॒	ग॒	ग॒	ग॒	ग॒	ग॒	ग	रे	स	ग॒
पन	ऽ	ऽ	ऽ	ऽ	ऽ	ऽ	ऽ	जो	तु	झ	में
रे	रे	रे	रे	रे	रे	रे	रे	स	नि़	–	रे
है	ऽ	ऽ	ऽ	ऽ	ऽ	ऽ	ऽ	क	हीं	ऽ	न
स	स	स	स	स	स	स	स				
हीं	ऽ	ऽ	ऽ	ऽ	ऽ	ऽ	ऽ				

दिलों को जीतने का फन.... लाइन को बजाने के लिए इसी स्वर लिपि को दोहराएंगे।

		सं	निसं	–	–	–	सं	निसं	–		
		मैं	ते	री	ऽ	ऽ	ऽ	मैं	ते	री	ऽ
नि॒	–	प	म	ग	–	म	–	ग॒	रे	रे	रे
आं	ऽ	ऽ	खों	में	ऽ	पा	ऽ	ऽ	ग	या	ऽ
ग॒	रे	स	स	–	–	–	–				
दो	ऽ	ऽ	ज	हां	ऽ	ऽ	ऽ				

नजर के सामने जिगर के पास

फिल्म – आशिकी

ताल – कहरवा

स्थाई

नजर के सामने जिगर के पास
कोई रहता है, वो हो तुम...
नजर के समाने जिगर के पास
कोई रहता है, वो हो तुम...
नजर के सामने जिगर के पास

पहला अंतरा

बेताबी क्या होती है पूछो मेरे दिल से
तन्हा-तन्हा लौटा हूं मैं तो भरी महफिल से
मर न जाऊं कहीं हो के तुमसे जुदा
नजर के समाने जिगर के पास
कोई रहता है, वो हो तुम...
नजर के सामने जिगर के पास

दूसरा अंतरा

तन्हाई जीने न दे, बेचैनी तड़फाए
तुमको मैं ना देखूं तो दिल मेरा घबराए
अब मुझे छोड़ के दूर जाना नहीं
नजर के समाने जिगर के पास
कोई रहता है, वो हो तुम...
नजर के सामने जिगर के पास-2
कोई रहता है, वो हो तुम-2

स्वर लिपि

स्थाई

				म	प	प	<u>ग</u>	म	–	–	ध	प	ध	सां	ध
				न	ज	र	के	सा	ऽ	ऽ	म	ने	ऽ	ऽ	ऽ
प	–	–	–	म	प	प	<u>ग</u>	म	–	–	–	–	–	–	–
ऽ	ऽ	ऽ	ऽ	जि	ग	र	के	पा	ऽ	ऽ	स	ऽ	ऽ	ऽ	–

दो बार

–	–	–	–	ध	–	ध	<u>नी</u>	–	–	–	प	ध–	सां	ध	प
ऽ	ऽ	ऽ	ऽ	को	ऽ	ई	र	ऽ	ह	ऽ	ता	ऽऽ	ऽ	है	ऽ
–	–	<u>ग</u>	–	मम	म	–	ग	म	म	म	ग	म	म	म	म

ऽ ऽ वो ऽ होऽ तु म ऽ ऽ ऽ ऽ ऽ ऽ ऽ ऽ ऽ

पहली लाइन 'नजर के सामने जिगर के पास' दो बार बजाने के पश्चात दूसरी लाइन बजेगी और इसके बाद पहली लाइन एक बार फिर बजायी जाएगी।

अंतरा

म	ध	प	प	–	नि	ध	ध	प	ध	म–	ध	–	ध	प	नी
बे	ता	ऽ	बी	ऽ	क्या	हो	ती	है	ऽऽ	ऽ	पू	छो	ऽ	मे	ऽ
नी	–	ध	–	ध	–	प	ध	म	–	ध	–	ध	नी	–	नी
रे	ऽ	दि	ल	से	ऽ	ऽ	ऽ	ऽ	ऽ	त	न्हा	ऽ	त	न	हा
–	ध	–	ध	–	प	ध	म	–	ध	–	धम	नी	–	–	–
ऽ	लौ	ऽ	टा	ऽ	हूं	ऽ	ऽ	ऽ	मैं	तो	भऽ	री	ऽ	म	ह
ध	–	ध	–	–	–	–	–	नि	निसं	नि	रें	रें	रें	रें	सं
फिर	ल	से	ऽ	ऽ	ऽ	ऽ	ऽ	म	रना	जा	ऽ	ऊं	ऽ	क	हीं
प	–	प	सां	सां	–	–	–	सां	सां	–	ध	ध	सं	धध	पप
ऽ	ऽ	ऽ	क	हीं	ऽ	ऽ	ऽ	हो	के	ऽ	तुम	सेऽ	जुदाऽ	ऽऽ	ऽ

इस गाने का अंतरा बजाने के लिए पहले स्थाई की दोनों लाइनें एक बार बजाकर यह स्वर लिपि बजाई जाएगी। और अंत में स्थाई को पूर्ण रूप में बजाया जाएगा।

कुछ न कहो, कुछ भी न कहा

फिल्म – 1942 ए लव स्टोरी

ताल – दादरा

स्थाई

कुछ न कहो, कुछ भी न कहो,
क्या कहना है, क्या सुनना है

पहला अंतरा

मुझको पता है, तुमको पता है
समय का ये पल, थम-सा गया है
और इस पल में, कोई नहीं है
बस एक मैं हूं, बस एक तुम हो

दूसरा अंतरा

खोई सब पहचाने, खोए सारे अपने
समय की छलनी से, गिर-गिर के खोए सारे सपने

और इस पल में, कोई नहीं है

बस एक मैं हूं, बस एक तुम हो

तीसरा अंतरा

हमने जब देखे थे, सुंदर से कोमल सपने

फूल-सितारे-पर्वत-बादल, सब लगते हैं अपने

और इस पल में, कोई नहीं है

बस एक मैं हूं, बस एक तुम हो

स्वरलिपि

स्थाई

धध	सां	-म	ग	-	-	-	-	-	-	-	धध
कुछ	ना	ऽक	हो	ऽ	ऽ	ऽ	ऽ	ऽ	ऽ	ऽ	कुछ
ध	सां	-ग	म	-	-	-	-	-	-	-	-
भी	ना	ऽक	हो	ऽ	ऽ	ऽ	ऽ	ऽ	ऽ	ऽ	ऽ
मम	म	पध	नी	-	-	-	-	-	-	-	-
क्या	ऽ	कह	ना	है	ऽ	ऽ	ऽ	ऽ	ऽ	ऽ	ऽ
नि	नि	सांनि	प-	ध	-	-	-				
क्या	ऽ	सुन	नाऽ	है	ऽ	ऽ	ऽ				

पहली पंक्ति को इसके पश्चात् एक बार दोहराएं।

अंतरा

संसं	सं	ऽरें	नि	नि	-	-	-	-	-	ध	प
मुझ	को	ऽप	ता	है	ऽ	ऽ	ऽ	ऽ	ऽ	ऽ	ऽ
रेंरें	रें	गरें	सं	नि	सं	-	-	-	-	-	-
तुम	को	ऽप	ता	ऽऽ	है	ऽ	ऽ	ऽ	ऽ	ऽ	ऽ
सांसां	गं	रें	गं	रेंरें	-	-	-	-	-	-	-
सम	य	का	ये	पल	ऽ	ऽ	ऽ	ऽ	ऽ	ऽ	ऽ
गंगं	रें	-	गं	मं	-	-	-	-	-	-	-
थम	सा	ऽग	या	है	ऽ	ऽ	ऽ	ऽ	ऽ	ऽ	ऽ
मंमं	मं	-	-	पं	गंगं	गं	-	-	-	रेंसं	रेंसं
और	ऽ	इ	ऽ	स	पल	में	ऽ	ऽ	ऽ	ऽ	ऽ
रेंगं	रेंगं	-रें	सं	नि	सं	-	-	-	-	-	-
कोऽ	ईऽ	ऽन	हीं	है	ऽ	ऽ	ऽ	ऽ	ऽ	ऽ	ऽ
धध	सं	ऽध	म	ग	-	-	-	-	-	-	-
बस	ए	ऽक	मैं	हूं	ऽ	ऽ	ऽ	ऽ	ऽ	ऽ	ऽ
पध	पध	-प	मग	म-	-	-	-	-	-	-	-
बस	एऽ	ऽक	तुम	होऽ	ऽ	ऽ	ऽ	ऽ	ऽ	ऽ	ऽ

इस अंतरे के पश्चात् पूरा स्थाई बजाया जायेगा। तीनों अंतरे इसी स्वर लिपि पर इसी प्रकार बजाये जाएंगे।

जादू तेरी नजर...

फिल्म - डर

ताल - कहरवा

स्थाई

जादू तेरी नजर, खूशबू तेरा बदन,
तू हां कर या ना कर, तू हां कर या ना कर,
तू है मेरी किरन, तू है मेरी किरन।
जादू तेरी नजर....

पहला अंतरा

मेरे ख्वाबों की तस्वीर है तू,
बेखबर मेरी तकदीर है तू।
तू किसी और की हो ना जाना,
कुछ भी कर जाऊंगा मैं दीवाना।
तू हां कर या ना कर, तू हों कर या ना कर,
जादू तेरी नजर.....

दूसरा अंतरा

फासले और कम हो रहे हैं,
दूर से पास हम हो रहे हैं।
मांग लूंगा तुझे आसमां से,
छीन लूंगा तुझे इस जहां से।
तू हां कर या ना कर, तू हां कर या ना कर,
जादू तेरी नजर....

स्वर लिपि

स्थाई

स	प	प	प	प	प	म	पम	ग	रे	–	–	–
जा	दू	ऽ	ऽ	ऽ	ऽ	ते	रीऽ	न	जर	ऽ	ऽ	ऽ

–	–	–	नि	म	म	म	म	म	ग	मग	रे	स	–	–	–	
ऽ	ऽ	ऽ	खुश	बू	ऽ	ऽ	ऽ	ऽ	ते	ऽरा	ब	दन	ऽ	ऽ	ऽ	
नि	–	–	प़	ऽनिऽ	ग-	रे	–	–	–	–	नि	रे	सस	–	–	
ऽ	ऽ	ऽ	तू	ऽहांऽ	कर	ऽ	ऽ	ऽ	ऽ	या	ना	ऽकर	ऽऽ	ऽ		
–	–	–	प़	नि	ग	र	नि	नि	रे	स	सस	ध	–	–	निध	
ऽ	ऽ	ऽ	तू	हांऽ	कर	ऽ	या	ना	ऽ	कर	तूहै	मे	ऽ	ऽ	रीकि	
प	–	–	सस	ध	–	–	निध	प	–							
रन	ऽ	ऽ	तूहै	मे	ऽ	ऽ	रीकि	रन	ऽ							

अंतरा

		ग	म	ग	–	नि	स	नि	–	स	नि	ध	स	–	–
		मे	रे	ख्वा	ऽ	बों	की	त	स्व	वी	ऽर	है	तू	ऽ	ऽ
–	–	स	स	ध	ध	नि	ध	प	–		ग	म	ग	–	–
ऽ	ऽ	बे	ख	बर	ऽ	मे	री	त	क	दी	ऽर	ह	तू	ऽ	ऽ
–	–	प	नि	ध	–	प	म	प	–	म	ग	म	प	–	–
ऽ	ऽ	तू	कि	सी	ऽ	औ	ऽर	की	ऽ	हो	ना	जा	ना	ऽ	ऽ
–	–	प	म	ग	–	म	ग	रे	–	स	नि	रे	स	स	–
ऽ	ऽ	कुछ	भी	कर	जा	ऊं	गा	ऽ	मैं	दी	वा	ऽ	ना	ऽ	ऩ
नि	प़	–													
ऽ	ऽ	ऽ													

'तू हाँ कर.....' के लिए अंतरे के आखिर में स्थाई की दूसरी और तीसरी लाइनों को बजाएंगे तथा दूसरा अंतरा भी इसी तरह बजेगा।

इक प्यार का नगमा है

फिल्म - शोर

ताल - कहरवा

इक प्यार का नगमा है,
मौजों की रवानी है,
जिन्दगी और कुछ भी नहीं, तेरी मेरी कहानी है...
कुछ पाकर खोना है,
कुछ खोकर पाना है,
जीवन का मतलब तो,
आना और जाना है,
दो पल के जीवन से,
इक उम्र चुरानी है,

जिन्दगी और कुछ भी नहीं..,
तेरी मेरी कहानी है,
इक प्यार का नगमा है....
तू धार है नदिया की,
मैं तेरा किनारा हूं,
तू मेरा सहारा है,
मैं तेरा सहारा हूं,
आंखों में समन्दर है,
आशाओं का पानी है,
जिन्दगी और कुछ भी नहीं,
तेरी मेरी कहानी है,
इक प्यार का नगमा है....

स्वरलिपि

स्थाई

सा	रे	ग	–	–	म	प	–	म	–	ग	–	–	–	–	–
इ	क	प्या	ऽ	र	का	न	ग	मा	ऽ	है	ऽ	ऽ	ऽ	ऽ	ऽ
सा	रे	ग	–	–	म	प	–	म	–	ग	–	–	–	–	–
मौ	ऽ	जों	ऽ	की	ऽ	र	वा	ऽ	नी	ऽ	है	ऽ	ऽ	ऽ	ऽ
ग	म	प	नी	नी	–	–	–	ध	ध	प	म	प	ध	ध	–
जि	न्द	गी	ऽ	औ	ऽ	ऽ	र	कु	छ	भी	न	हीं	ऽ	ऽ	ऽ
म	ग	रे	–	–	प	–	प	म	प	म	ग	–	–	–	–
ते	री	मे	ऽऽ	री	ऽ	क	हा	ऽ	नी	ऽ	है	ऽ	ऽ	ऽ	ऽ

अंतरा

प	प	सां	–	–	सां	सां	रे	सां	नी	नी	–	–	–	–	–
तू	ऽ	धा	ऽ	र	है	न	दि	या	ऽ	की	ऽ	ऽ	ऽ	ऽ	ऽ
प	प	सां	–	सां	सां	सां	गं	रें	सां	नी	–	–	–	–	–
मैं	ऽ	ते	ऽ	रा	कि	ना	ऽ	रा	ऽ	हूं	ऽ	ऽ	ऽ	ऽ	ऽ
प	–	ध	नि	–	–	–	सां	नी	प	ध	–	–	–	–	–
तू	ऽ	मे	ऽ	रा	ऽ	स	हा	ऽ	रा	ऽ	है	ऽ	ऽ	ऽ	ऽ
धऽ	सां	सां	नि	–	ध	प	ध	प	ग	–	–	–	–	–	–
मैंऽ	ऽ	ते	ऽ	रा	ऽ	स	हा	ऽ	रा	ऽ	हूं	ऽ	ऽ	ऽ	ऽ
सा	रे	रे	ग	ग	म	प	म	म	ग	–	–	–	–	–	–
आं	ऽ	खों	ऽ	में	ऽ	स	मं	ऽ	द	र	है	ऽ	ऽ	ऽ	ऽ
सा	रे	गा	–	गा	म	प	म	म	ग	–	–	–	–	–	–

आ	ऽ	शा	ऽ	ओं	ऽ	का	पा	ऽ	नी	ऽ	है	ऽ	ऽ	ऽ	ऽ
ग	म	प-	–	नी	–	–	–	ध	प	म	प	ध	–	–	–
जि	न्द	गीऽ	ऽ	औ	ऽ	ऽ	र	कु	छ	भी	न	हीं	ऽ	ऽ	ऽ
म	ग	रे-	–	प	–	प	म	ध	प	म	ग	–	–	–	–
ते	री	मेंऽ	ऽ	री	क	हा	ऽ	नी	ऽ	है	ऽ	ऽ	ऽ	ऽ	ऽ

इसी प्रकार अगले शेष अंतरे को भी इसी स्वरलिपि पर बजाया जायेगा।

दिल ऐसा किसी ने मेरा तोड़ा

फिल्म – अमानुष

ताल – कहरवा

दिल ऐसा किसी ने मेरा तोड़ा
बरबादी की तरफ ऐसा मोड़ा...
एक भले मानुष को,
अमानुष बना के छोड़ा...2
दिल ऐसा किसी ने मेरा तोड़ा....
सागर कितना मेरे पास है,
मेरे जीवन में फिर भी प्यास है।
है प्यास बड़ी, जीवन थोड़ा,
अमानुष बनाके छोड़ा,
दिल ऐसा किसी....
कहते हैं ये दुनिया के रास्ते,
कोई मंजिल नहीं तेरे वास्ते,
नाकामियों से नाता मेरा जोड़ा,
अमानुष बनाके छोड़ा,
दिल ऐसा किसी....
डूबा सूरज फिर से निकले,
रहता नहीं है अंधेरा।
मेरा सूरज ऐसा रूठा,
देखा न मैंने सवेरा।
उजालों ने साथ मेरा छोड़ा,

अमानुष बनाके छोड़ा,
दिल ऐसा किसी....

स्वरलिपि

स्थाई

		सा सा रेग, –	–ग रे सा, –
		दि ल ऐ ऽऽ	ऽऽ सा ऽ ऽ
-- –सा रेग –	ग ग सा सा	– – सा –	रे सा नि --
ऽऽ ऽ कि सी	ऽऽ नेऽ मे रा	ऽऽ तो ऽ ड़ा	ऽ ऽ ऽ ऽ
सा सा सा प	प म म ग	ग रें सा सा	– सा – –
ऽ बर बाऽ दी	की तऽ र फ	ऽ ऐ ऽ सा	मो ऽ ड़ा ऽ
सा – सा –	सा रे ग ग	सा सा ग ग	ग रें– सा –
ऽ ऽ दि ल	ऐ ऽ ऽ ऽ	ऽ सा कि सी	ने मेऽ ऽरा ऽ
ग रे सा नि़	नि़ सा सा सा	प प म मग	ग ग रें स
तो ऽ ऽऽ ड़ा	ऽऽ ऽ बर बा	दी की तऽ र	फऽ ऽ ऽऐ सा
सा सा – –	ग प –प प	प – प –	– – – –
मो ऽ ड़ा ऽ	– – – –	एऽ ऽक भ ले	ऽ मा ऽ ऽ
प प प सा	– – – –	प प– नि धप	पम म मग रेस
नु ष को ऽ	– – – –	अ माऽ ऽ ऽनु	षऽ ब ना कर
सा – सा –	सा सा नि –	– – – –	– – – –
छो ऽ ड़ा ऽ	ऽ ऽ – दिल	ऐ सा किसी ने	... ...

अंतरा

			नि – सां
			सा ऽ ग
सां सां सां सां	सां रें गं रें	सां सां नि नि	नि ध प ध
र कि त ना	ऽ मे रे पा	ऽऽ ऽ स है	ऽ मे रे ऽ
ध ध ध ध	ध नि सां नि	ध प – प	प – – –
जी ऽ वन ऽ	में ऽ फि र	ऽ भी ऽऽ ऽ	प्या ऽऽ स है
'सागर कितना मेरे...	....	प्यास है' इसे दोहराएं।	
प नि ध प	म ग ग रे	सा रे रे रे	रे रे रे गग

प्या	ऽ	स	ब	ड़ी	जीऽ	ऽऽ	व	ऽन	थो	ऽ	ड़ा	ऽऽ	–	ऽ	ऽऽ
म	–	म–	म–	म	मग	रेग	ग	रे	सा	सा	–	सा	–	नि	–
मा	ऽ	ऽनु	ऽष	ब	नाऽ	ऽऽ	ऽ	क	र	छो	ऽ	ड़ा	ऽ	ऽ	ऽ

अन्य सभी अंतरों को भी इसी स्वरलिपि पर इसी प्रकार गाया और बजाया जायेगा।

चाहूंगा मैं तुझे सांझ सवेरे

फिल्म – दोस्ती

ताल – कहरवा

चाहूंगा मैं तुझे सांझ सवेरे,
फिर भी कभी अब नाम को तेरे,
आवाज मैं न दूंगा–2
चाहूंगा मैं तुझे....
देख मुझे सब है पता,
सुनता है तू मन की सदा–2
मितवा– मेरे यार,
तुझको बार–बार,
आवाज मैं न दूंगा–2
चाहूंगा मैं तुझे...
दर्द भी तू चैन भी तू,
दरस भी तू, नैन भी तू–2
मितवा– मेरे यार,
तुझको बार–बार,
आवाज मैं न दूंगा–2
चाहूंगा मैं तुझे....

स्वरलिपि

स्थाई

म	प	ध	सां	सां	–	सां	ध	ध	सां	रेंगं	रें	सां	ध	ध	ध
चा	ऽ	हूं	गा	मैं	ऽ	तु	झे	सां	ऽऽ	ऽ	झ	स	वे	ऽरे	ऽ

म	प	ध	सां	सां	–	सां	ध	ध	रें	सं	ध	ध	ध	ध	–
फि	र	भी	क	भी	ऽ	अ	ब	ना	ऽ	म	को	ते	रे	आ	ऽ
प	ध	ध	म	प	सां	नि	ध	पम	म	म	ग	रे	–	वा	ऽ
वा	ज	मैं	ऽ	ऽ	ऽऽ	न	दूं	ऽ	ऽ	ऽ	गां	ऽ	ऽ	ऽ	ऽ
ध	ध	प	ध	ध	ध	म	प	नि	ध	प	म	ग	–	–	–
आ	ऽ	वा	ऽ	ऽ	ऽ	ज	मैं	ऽ	न	दूं	ऽ	ऽ	ऽ	गा	ऽ

अंतरा

प	ध	ध	ध	प	ध	प	म	प	ध	ध	ध	प	ध	प	म
दे	ऽ	ख	मु	झे	ऽ	ऽ	ऽ	स	ब	है	प	ता	ऽ	ऽ	ऽ
प	नी	नी	ध	नी	–	ध	प	ध	सां	सां	नी	सां	–	–	–
सु	न	ता	है	तू	ऽ	ऽ	ऽ	म	न	की	स	दा	ऽ	ऽ	ऽ
सां	रें	गं	–	–	–	रें	सां	रें	मं	गं	गं	गं	गं	रें	गं
मि	त	वा	ऽ	ऽ	ऽ	ऽ	ऽ	मे	रे	या	ऽ	ऽ	र	तु	झ
रें	सां	सां	–	सां	सां	ध	ध	ध	–	प	ध	–	–	म	प
को	ऽ	बा	ऽ	र	बा	ऽ	र	आ	ऽ	वा	ऽ	ऽ	ऽ	ज	मैं
ध	म	म	म	मग	रे–	ध	ध	धप	ध	म	प	सां	नि	धप	मम
ऽ	न	दूं	ऽ	ऽऽ	गाऽ	ऽ	आ	ऽ	वा	ऽऽ	ज	मैंऽ	ऽऽ	ऽन	दूं

दूसरे अंतरे को भी इसी प्रकार बजाएंगे।

मैंने पूछा चाँद से कि देखा है कहीं

फिल्म – अब्दुला

ताल – कहरवा

मैंने पूछा चांद से कि देखा है कहीं
मेरे यार सा हसीं,
चांद ने कहा चांदनी की कसम
नहीं नहीं नहीं,
मैंने पूछा....
मैंने ये हिजाब तेरा ढूंढा,
हर जगह शबाब तेरा ढूंढा,

कलियों से मिसाल तेरी पूछी,
फूलों में हिजाब तेरा ढूंढ़ा,
मैंने पूछा बाग से फलक हो या जमीं,
ऐसा फूल है कहीं,
बाग ने कहा हर कली की कसम,
नहीं नहीं नहीं,
मैंने पूछा....
हो चाल है के मौज की रवानी,
जुल्फ है कि रात की कहानी,
होंठ हैं कि आईने कवंल के,
आंख है कि मयकदों की रानी
मैंने पूछा जाम से फलक हो या जमीं,
ऐसी मय है कहीं,
जाम ने कहा मयकशी की कसम,
नहीं नहीं नहीं
मैंने पूछा...
खूबसूरती जो तूने पाई,
लूट गई खुदा की बस खुदाई,
मीर की गजल कहूं तुझे मैं,
या कहूं खयाम की रुबाई,
मैं जो पूछूं शायरों से
ऐसा दिलनशी कोई शेर है कहीं,
शायर ने कहा शायरी की कसम,
नहीं नहीं नहीं,
मैंने पूछा...

स्वरलिपि

स्थाई

म	–	म	म	–	म	–	म	म	म	म	प	ग	–	ग	म
मैं	ऽ	ने	पू	ऽ	छा	चां	ऽ	द	से	ऽ	कि	दे	ऽ	खा	हैऽ

ध प – म	– प ग –	– म – ध	प – – –
क हीं ऽ ऽ	मे ऽ रे ऽ	या र सा ऽ	ह सीं ऽऽ ऽऽ
नी – नि ध	– प ध –	– प – प	ध –– म –ग
चां ऽ द ने	ऽ क हा ऽ	ऽ चां ऽ द	नी ऽऽ की ऽक
प – – –	–सं ध – –	– सं ध –	– ग म –
स म ऽऽ ऽऽ	ऽन हीं ऽऽ ऽ	न हीं ऽऽ ऽ	न हीं ऽऽ ऽऽ

अंतरा

सं रें सं नी	नी सं नी ध	– म ग –	प –– म ––
मैं ऽ ने ये	ऽ हि जा ऽ	ब ते ऽ रा	ढूं ऽऽ ढ़ा ऽऽ
नी – नी ध	– प ध –	ध प – म	–– –– – ––
ह र जग ह	श बा ऽ ब	ते ऽ रा ढूं	ऽऽ ऽऽ ढ़ा ऽऽ
सं रें सं नी	नी सं नी ध	– म ग –	प –– म ––
क लि यों से	ऽ मि सा ऽ	ल ते ऽ री	पू ऽऽ छी ऽ
नी – नी ध	– प ध –	ध प – म	–– –– – ––
फू ऽ लों में	ऽ हि जा ऽ	ब ते ऽ रा	ढूं ऽऽ ढ़ा ऽऽ
म – म म	– म – म	म म म प	ग – ग म
मैं ऽ ने पू	ऽ छा बा ऽ	ग से ऽ फ	ल क हो याऽ
ध प – म	– प ग –	– म – ध	प – – –
ज मीं ऽऽ ऐ	ऽ सा फूऽ ल	है ऽ क हीं	ऽ ऽ ऽ ऽ
नी – नि ध	– प ध –	– प – प	ध –– म –ग
बा ऽग नेऽ क	हा ऽऽ ह र	क ली ऽऽ की	ऽक सम ऽ ऽऽ
सं ध – –	– – सं ध	– – – –	गम – – गम
न हीं ऽऽ ऽऽ	न हीं ऽऽ ऽऽ	न हीं ऽऽ ऽऽ	ऽऽ ऽऽ ऽऽ ऽऽ

अन्य सभी शेष अंतरे भी इसी स्वरलिपि के अनुसार गाये और बजाये जाएंगे।

आने से उसके आए बहार

फिल्म – जीन की राह

ताल – कहरवा

आने से उसके आए बहार,
जाने से उसके जाए बहार
बड़ी मस्तानी है, मेरी महबूबा,
मेरी जिन्दगानी है मेरी महबूबा।
गुनगुनाए ऐसे जैसे बजते हों घुंघरू कहीं पे,
आके पर्वतों से ऐसे जैसे गिरता हो झरना जमीं पे,
झरनों की मौज है वो,
मौजों की रवानी है मेरी महबूबा, महबूबा मौजों की रवानी है
बन संवर के निकले,
आए सावन का जब-जब महीना,
हर कोई ये समझे, होगी वो कोई चंचल हसीना,
पूछो तो कौन है वो, रुत ये सुहानी है,
मेरी महबूबा, मेरी जिन्दगानी है...
कभी रोक लेती है वो राह में,
कभी रूठ जाती है वो चाह में,
कहीं पे वो बरखा है कहीं पे बहार,
सुनो मेहरबानों से किस्सा-ए-यार,
बड़ी मस्तानी है... मेरी जिन्दगानी है...
इस घटा को मैं तो,
उसकी आंखों का काजल कहूंगा,
इस हवा को मैं तो, उसका लहराता आंचल कहूंगा,
कलियों का बचपन है, फूलों की जवानी है,
मेरी महबूबा, मेरी जिन्दगानी है...
बीत जाते हैं दिन,
कट जाती है आंखों में रातें,
हम न जाने क्या-क्या,
करते रहते हैं आपस में बातें,
मैं थोड़ा दीवाना, थोड़ी सी दिवानी है, मेरी महबूबा...
सामने में सबके,
नाम उसका नहीं ले सकूंगा-2

वो शरम के मारे,
रूठ जाए तो मैं क्या करूंगा, हूरों की मलिका है,
परियों की रानी है मेरी महबूबा,
मेरी जिन्दगानी है...बड़ी मस्तानी है मेरी महबूबा।

स्वरलिपि

स्थाई

मसां	सां	सां	सां	सां	–	–	–	–	स	रें	ग	ग	–	–	–
आऽ	ने	से	उ	स	के	ऽ	आ	ऽ	ए	ब	हा	ऽ	ऽ	र	ऽ
नी	–	नी	ध	नी	नी	–	नि	–	नि	–	सं	सां	ध	प	म
जा	ऽ	ने	ऽ	से	उ	स	के	ऽ	जा	ऽ	ए	ब	हा	ऽऽ	र
म	म	प	ध	नी	नी	ध	प	धध	धध	धप	म	ग	ग	ग	ग
ब	ड़ी	म	स	ता	ऽऽ	नी	ऽहै	ऽऽ	ऽअ	मे	री	म	हऽ	बू	बा
म	म	प	ध	सं-	नि-	ध-	प	ध	ध	ध	ध	प	म	ग	ग
मे	री	जि	न्द	गा	ऽऽ	ऽऽ	नी	ऽहै	ऽऽ	ऽऽ	मे	री	म	ह	बू
ग	–	–	–												
बा	ऽ	ऽ	ऽ												

अंतरा

गं	–	–	सं	गं	–	–	सं	नि	ध	नि	सां	नि	–	ध	–
गु	न	ऽ	ऽ	गु	ना	ऽ	ऽ	ए	ऐ	ऽ	ऽ	ऽ	ऽ	से	ऽऽ
प	–	प	प	ध	–	प	–	म	म	प	–	म	ग	म	म
जै	से	ब	ज	ते	ऽ	हों	ऽ	घुं	घ	रूऽ	क	हीं	ऽपे	ऽऽ	ऽऽ
गं	–	–	सं	गं	–	–	सं	नि	ध	नि	सां	नि	–	ध	–
आ	ऽ	ऽ	के	प	ऽ	ऽ	र्ब	तों	ऽ	ऽ	ऽ	से	ऽ	ऽ	ऽ
प	–	प	प	ध–	–	प	–	म	म	प	–	म	–	ग	ग
जै	से	गि	र	ता	ऽ	हो	ऽ	झ	र	ना	ऽ	ज	मीं	ऽ	पे
ध	–	ध	सां	नि	सां	ध	–	–	–	–	नि	–नि	रें	सं	रें
झ	र	नों	ऽ	ऽ	ऽ	की	ऽ	ऽ	ऽ	मौ	ऽ	ज	है	वो	ऽऽ
म	म	प	ध	नी	–	ध	प	ध	–	–	–	प	–	ध	प
मौ	जों	की	र	वा	ऽ	नी	ऽ	है	ऽ	ऽ	ऽ	ऽ	ऽ	ऽ	ऽ

ध	प	म	ग		ग	ग	ग	–		–	–	–	–		–	–	–	–
मे	री	म	ह		ऽ	बू	बा	ऽ		ऽ	ऽ	ऽ	ऽ		ऽ	ऽ	ऽ	ऽ

अन्य सभी शेष अंतरों को भी इसी प्रकार इसी स्वरलिपि पर गायेंगे और बजाएंगे।

चिन्गारी कोई भड़के

फिल्म – अमर प्रेम

ताल – कहरवा

चिन्गारी कोई भड़के,
तो सावन उसे बुझाए,
सावन जो अगन लगाए,
उसे कौन बुझाए,
चिन्गारी कोई......
हमसे मत पूछो कैसे,
मंदिर टूटा सपनों का,
लोगों की बात नहीं है,
ये किस्सा है अपनों का,
कोई दुश्मन ठेस लगाए,
तो मीत जिया बहलाए,
मन मीत जो घाव लगाए,
उसे कौन मिटाए–2
चिन्गारी कोई...
माना तूफां के आगे,
नहीं चलता जोर किसी का,
मौजों का दोष नहीं है,
ये दोष है और किसी का,
मंझधार में नैया डोले,
तो माझी पार लगाए,
माझी जो नाव डुबोए,
उसे कौन बचाए,
चिन्गारी कोई....

स्वरलिपि

स्थाई

– – सा –	सा – रे सा	– सा रे स	स स प –
ऽ ऽ चिं ऽ	गा ऽ री ऽ	ऽ को ई ऽ	भ ड़ के ऽ
– – म –	म ग – म	म ग ग ध	प ग प ग
ऽ ऽ ऽ ऽ	तो सा ऽऽ व	न उ से ऽ	बु झा ऽ ए
ग रे– रे –	रे रे ग –	ग ग म ग	रे – प –
ऽ ऽऽ सा ऽ	व न जो ऽ	अ ग न ल	गा ऽ ए ऽ
– – ध प	म ग पम मग	ग ग रे रे	– – – –
ऽ ऽ उ से	कौ ऽ ऽन ऽऽ	बु झा ऽ ए	ऽ ऽ ऽ ऽ
ध ध प म	ग पम म म	ग ग रे –	– – –
हो उ से कौ	ऽ ऽन बु झा	ऽ ए ऽ ऽ	ऽ ऽ ऽ

अंतरा

– – – प–	प – ध प	– प– धप प	– प – –
ऽ ऽ ऽ मा	ऽ ना ऽ तू	ऽ फां ऽ के	ऽ आ ऽ गे
– – – धप	म म म –	– ग – प	म म – म
ऽ ऽ ऽ नहीं	च ल ता ऽ	ऽ जो ऽ र	कि सी ऽ का
– म – म	– प ध प	गध प म –	म – ग रे
ऽ मौ ऽ जों	ऽ का ऽ दो	ऽ ष न हींऽ	है ऽ ऽ ऽ
– रे रे –	गप म – ग	रे – रे –	– – रे रे
ऽ ये दो ऽ	ऽष है ऽ कि	सी ऽ का ऽ	ऽ ऽ म झ
रे – ग रें	रे – ग रे	रे – प –	म – म –
धा ऽ र में	नै ऽ या ऽ	डो ऽ ले ऽ	ऽ ऽ तो ऽ
ग – म –	ग – ध– प	ग म ग रे	स – स –
मा ऽ झी ऽ	पा ऽ ऽर ल	गा ऽ ए ऽ	ऽ ऽ म ऽ
स – रे –	रे – ग रे	रे – म –	– – ध प
झी ऽ जो ऽ	ना ऽ व डु	बो ऽ ए ऽ	ऽ ऽ उ से
म ग पम म	म ग ग रे	– – – –	– –
कौ ऽ ऽन ब	चा ऽ ए ऽ	ऽ ऽ ऽ ऽ	ऽ ऽ

इसी स्वरलिपि के अनुसार अन्य सभी शेष अंतरों को भी इसी प्रकार बजाएंगे।

तेरे मेरे मिलन की ये रैना

फिल्म - अभिमान

ताल - रूपक

तेरे मेरे मिलन की ये रैना-2
नया कोई गुल खिलाएगी-2
तभी तो चंचल हैं तेरे नैना,
देखो ना, देखो ना,
तेरे मेरे मिलन की ये रैना...
नन्हा सा गुल खिलेगा अंगना,
सूनी बहियां सजेगी सजना,
जैसे खेले चन्दा बादल में,
खेलेगा वो मेरे आंचल में,
चन्दनिया गुन-गुनगुनाएगी-2
तभी तो चंचल हैं तेरे नैना,
देखो ना - देखो ना,
तेरे मेरे मिलन की ये रैना...
तुझे थामे कई हाथों से,
मिलूंगा मद भरी रातों में,
जगाकर अनसूनी सी धड़कन,
बलमुवां भर दूंगी तेरा मन,
नई अदा से सताएगी-2
तभी तो चंचल हैं तेरे नैना,
देखो ना, देखो ना,
तेरे मेरे मिलन की ये रैना...

स्वरलिपि

स्थाई

ग	म	प	प	–	प	ध	प	सं	नि	ध	प	म	ग
ते	रे	ऽ	मे	ऽ	रे	ऽ	मि	ल	न	की	ऽ	ये	ऽ
म	प	–	–	–	–	–	नी	नी	–	नी	नी	सां	–
रै	ना	ऽ	ऽ	ऽ	ऽ	ऽ	न	या	ऽ	को	ई	गु	ल
नि	सां	रें	नी	ध	ध	प	म	प	प	प	–	प	ध
खि	ला	ऽ	ए	ऽ	गी	ऽ	त	भी	तो	चं	ऽ	च	ल
प	सं	नि	ध	प	म	ग	म	म	प	–	–	–	–
हैं	ते	रे	नै	ऽ	ना	ऽ	दे	खो	ऽ	ना	ऽ	ऽ	ऽ
म	म	नि	ध	प	म	ग	म	म	प	प	–	प	ध
दे	खो	ऽ	ना	ऽ	ऽ	ऽ	ते	रे	ऽ	मे	ऽ	रे	ऽ
प	सं	नि	ध	प	म	ग	म	प	–	–	–	–	–
मि	ल	न	की	ऽ	ये	ऽ	रै	ना	ऽ	ऽ	ऽ	ऽ	ऽ

अंतरा

प	प	–	म	ग	रे	ग	ग	म	प	–	म	ग	म
न	न्हा	ऽ	सा	ऽ	ऽ	गु	ल	खि	ले	ऽ	गा	अं	ग
ध	–	–	–	–	–	–	ध	ध	–	–	–	–	–
ना	ऽ	ऽ	ऽ	ऽ	ऽ	ऽ	सू	नी	ऽ	ब	हिं	या	ऽ
नी	नी	–	ध	प	म	ध	प	प	–	–	–	–	–
स	जे	ऽ	गी	ऽ	ऽ	स	ज	ना	ऽ	ऽ	ऽ	ऽ	ऽ
प	प	–	म	ग	रे	ग	ग	म	प	–	म	ग	म
जै	से	ऽ	खे	ऽ	ले	ऽ	चं	दा	ऽ	बा	ऽ	द	ल
ध	–	–	–	–	–	–	ध	ध	–	–	–	–	–
में	ऽ	ऽ	ऽ	ऽ	ऽ	ऽ	खे	ले	ऽ	गा	ऽ	वो	ऽ
नी	नी	–	ध	प	म	ध	प	प	–	–	–	–	–
ते	रे	ऽ	आं	ऽ	ऽ	चं	ल	में	ऽ	ऽ	ऽ	ऽ	ऽ
नी	नी	नी	–	–	सां	सां	नि	सां	रें	नी	–	ध	प
चं	द	नि	यां	ऽ	गु	न	गु	ना	ऽ	ए	ऽ	गी	ऽ
म	म	प	प	–	प	ध	प	सां	नि	ध	प	म	ग
त	भी	तो	चं	ऽ	च	ल	हैं	ते	रे	नै	ऽ	ना	ऽ

म	म	प	–	–	–	–	म	म	नी	ध	प	म	ग
दे	खो	ऽ	ना	ऽ	ऽ	ऽ	दे	खो	ऽ	ना	ऽ	ऽ	ऽ
म	म	प	प	–	प	ध	प	सां	नि	ध	प	म	ग
ते	रे	ऽ	मे	ऽ	रे	ऽ	मि	ल	न	की	ऽ	ये	ऽ

इसी प्रकार शेष अंतरे भी गाए और बजाए जाएंगे।

खाई के पान बनारस वाला

फिल्म – डॉन

ताल – कहरवा

अरे भंग का रंग जमा हो चकाचक,
फिर क्यों पान चबाए
अरे ऐसा झटका लगे जिया पे,
पुनर जन्म होई जाए
ओ खाई के पान बनारस वाला-2
खुल जाए बन्द अकल का ताला
फिर तो अईसा करे कमाल
सीधी कर दे सबकी चाल,
ओ छोरा गंगा किनाने वाला-2
अरे राम दुहाई कैसे
चक्कर में पड़ गया भाई
हाय-हाय-हाय, कहां टांग फंसाई
मैं तो सूली पे चढ़ गया-हाय-हाय
कैसा सीधा-साधा
मैं कैसा भोला-भाला
मैं कैसा भोला-भाला-हां-हां
अरे कैसा भोला-भाला
मैं कैसा सीधा-साधा
जाने कौन घड़ी में पड़ गया
पढ़े लिखों से पाला

मीठी छुरी से-मीठी
मीठी छुरी से हुआ हलाल
अरे छोरा गंगा किनारे वाला-2
ओ खाई के पान बनारस वाला-2
एक कन्या कुंवारी
हमरी सूरत पे मर गई-हाय-हाय
एक मीठी कटारी
हमरे दिल में उतर गई-हाय-हाय
कैसी गोरी-गोरी
वो तीखी-तीखी छोरी-वाह-वाह
अरे कैसी गोरी-गोरी
कर गई हमरे दिल की चोरी
मिली छोरी तो
मिली छोरी तो हुआ निहाल
छोरा गंगा किनारे वाला-2
ओ खाई के पान बनारस वाला

स्वरलिपि

स्थाई

म - म -	प नी नी नी	सां - सां सां	सां - सां सां
भंऽ ग का रं	ऽ ग ज मा	ऽ हो च का	ऽ च क ऽ
नि नि सां नि	ध प प म	म प - -	- - - -
फि र क यों	ऽ पा ऽ न	च बा ऽ ऽ	ऽ ऽ ऽ यऽ
प - प -	प प प -	म प - प	म ग ग -
ऐ ऽ सा ऽ	झ ट का ऽ	ल गे ऽ जि	या ऽ पे ऽ
ग ग ग म	ध ध प म	म - - -	- - - -
पु न र ज	न म हो ई	जा ऽ ऽ ऽ	य ऽ ऽ ऽ
	म - म -	म प - नी	नी प प म
	ख ई के ऽ	पा ऽ न ब	ना ऽ र स
म - म -	म - म -	म प - नी	नी प प म

वा ऽ ला ऽ	खु ली जा ऽ	बं ऽ द अ	क ल का ऽ
म – म –	सां सां सां ऽ	नि सां सां –	सां सां – नि
ता ऽ ला ऽ	फि र तो ऽ	ऐ ऽ सा ऽ	क रे ऽ क
नि सां सां सां	सां – सां –	प सां सां नी	नि प प म
मा ऽ ऽ ल	सी ऽ धी ऽ	क र दे ऽ	स ब की ऽ
म प – प	प प – म	ग ग – म	प प ध प
चा ऽ ऽ ल	ओ छो ऽ रा	ऽ गं ऽ गा	कि ना ऽ रे
म म – म	नी नी – नी	म ग – म	प प ध प
ऽ वा ऽ ला	ओ छो ऽ रा	ऽ गं ऽ गा	कि ना ऽ रे
म म – म			
ऽ वा ऽ ला	खाई के पान बनारस वाला पुनः गायेंगे।		

अंतरा

ग – म– म	म – नी –	– – – –	– – प म
रा ऽ ऽम दू	हा ऽ ई ऽ	ऽ ऽ ऽ ऽ	ऽ ऽ कै से
ग – म– म	प प ध प	म म – म	– – – –
च ऽ क क	र में प ड़	ग या भा ऽ	ई ऽ ऽ ऽ
प म – म	प म – म	सां म – म	– – प म
हा ऽ ऽ य	हा ऽ ऽ य	हा ऽ ऽ य	ऽ ऽ क हां
ग ग –म म	म – नी –	– – – –	– – प म
टां ऽ ऽग फं	सा ऽ ई ऽ	ऽ ऽ ऽ ऽ	ऽ ऽ मैं तो
ग – म– प	प ध प म	म स – –	म स – –
सू ऽ लीऽ पे	च ढ़ ग या	हा य ऽ ऽ	हा य ऽ ऽ
प – नी –	प – प –	प – प –	– – – –
कै ऽ सा ऽ	सी ऽ धा ऽ	सा ऽ धा ऽ	ऽ ऽ ऽ ऽ
प प – नी–	प प प प	– – सां –	सां – प –
मैं कै ऽ साऽ	भो ला भा ला	ऽ ऽ हां ऽ	ऽ ऽ ऽ ऽ
प – प नी–	प – प प	प – प –	प प प प
जा ऽ ने ऽ	कौ ऽ न घ	ड़ी ऽ में ऽ	प ड़ ग या
प प – नी–	प – प –	प – प –	सां – सां –

प	ढ़े	ऽ	लि	खों	ऽ	से	ऽ	पा	ऽ	ला	ऽ	मी	ऽ	ठी	ऽ
नी	–	–	सां	–	–	–	–	सां	–	–	–	नि	–	सा	–
छु	ऽ	ऽ	री	ऽ	ऽ	से	ऽ	मी	ऽ	ठी	ऽ	छु	ऽ	री	ऽ
ग-	सां	–	नि	नि	प	नि	प	नी	–	–	–	–	प	म	ग
ऽऽ	से	ऽ	हु	आ	ऽ	ह	ला	ऽ	ऽ	ऽ	ऽ	ऽ	छो	रा	गं
म	–	प	प	ध	प	म	म	–	म	–	–	–	–	–	–
गा	ऽ	कि	ना	ऽ	रे	ऽ	वा	ऽ	ला	ऽ	ऽ	ऽ	ऽ	ऽ	ऽ

इसी प्रकार अन्य शेष अंतरों को भी बजाएंगे।

मेरे अंगने में तुम्हारा क्या काम है

फिल्म - लावारिस

ताल - दादरा

मेरे अंगने में तुम्हारा क्या काम है
जो है नाम वाला
अरे जो है नाम वाला
वही तो बदनाम है।
अरे जिसकी बीवी लम्बी
उसका भी बड़ा नाम है-2
कोठे से लगा दो
सीढ़ी का क्या काम है।
मेरे अंगने में...
जिसकी बीवी मोटी
उसका भी बड़ा नाम है-2
जिसकी बीवी मोटी
हां मोटी-मोटी हां मोटी-2
बिस्तर पर लिटा दो
गद्दे का क्या काम है
मेरे अंगने में....
जिसकी बीवी काली

उसका भी बड़ा नाम है
आंखों में लगा लो
सुरमे का क्या काम है।
मेरे अंगने में.....
अरे जिसकी बीवी
गोरी-गोरी-गोरी
अरे जिसकी बीवी गोरी
उसका भी बड़ा नाम है
कमरे में बिठा लो
बिजली का क्या काम है।
मेरे अंगने में....
जिसकी बीवी छोटी
उसका भी बड़ा नाम है
जिसकी बीवी छोटी
छोटी-छोटी, अरे नाटी-नाटी
जिसकी बीवी छोटी
उसका भी बड़ा नाम है
गोद में बिठा लो
बच्चे का क्या काम है।
मेरे अंगने में.....

स्वरलिपि

स्थाई

स रे रे	ग रे स	सा – सा	सा रे स
मे रे अं	ग ने ऽ	में ऽ तु	म्हा रा क्या
नि़ सा –	रे ग –	स रे रे	ग रे स
ऽ का ऽ	म है ऽ	मे रे अं	ग ने ऽ
सा – म	ग रे स	नि़ स –	स स –
में ऽ तु	म्हा रा क्या	ऽ का ऽ	म है ऽ
स रे रे	– ग रे	स स –	स स रे

जो है ना	ऽ म वा	ऽ ला ऽ	व ही तो
स नि़ स	– रे ग	रे रे रे	ग रे स
ब द ना	ऽ म है	मे रे अं	ग ने ऽ
स – म	ग रे स	नि़ स –	स स –
में ऽ तु	म्हा रा क्या	ऽ का ऽ	म है ऽ

अंतरा

सस स –	ग म –	प – प	– गग ग
जिस की ऽ	बी वी ऽ	लं ऽ बी	ऽ उस का
म ग म	– ग –	रे स –	– स रे
भी ब ड़ा	ऽ ना ऽ	म है ऽ	ऽ को ठे
– रे –	ग रे स	स – –	स स रे
ऽ से ऽ	ल गा ऽ	दो ऽ ऽ	सी ढ़ी का
– स नि़	– स –	रे ग –	– रे रे
ऽ क्या ऽ	ऽ का ऽ	म है ऽ	ऽ मे रे
रे ग रे	स स –		
अं ग ने	ऽ में ऽ		

अन्य सभी शेष अंतरों को भी इसी प्रकार गाया-बजाया जाएगा।

बीती न बितायी रैना

फिल्म – परिचय

ताल – कहरवा

बीती न बितायी रैना
बिरहा की जाई रैना
भीगी हुई अंखियों ने
लाख बुलाई रैना
बीती न बितायी रैना....
बीती हुई बतियों को
कोई दोहराए
भूले हुए नामों से

कोई तो बुलाए
चांद हो हो....
चांद की बिंदी वाली
बिंदी वाली रतियां
जागी हुई अंखियों में
रात न आयी रैना
बीती न बिताई.....
युग आते हैं
और युग जायें
छोटी-छोटी यादों
के पल नहीं जायें
झूठ से काली लागें
लागें, काली रतियां
रूठी हुई अंखियों ने
लाख मनायी रैना
बीती न बितायी रैना....

स्वरलिपि

स्थाई

											प	पम	ग	–	म
											बी	तीऽ	ना	ऽ	बि
ग	–	ग	स	–	स	ग	–	–	–	–	म॑	म॑	रे	–	ग
ता	ऽ	ई	ऽ	ऽ	रै	ऽ	ना	ऽ	ऽ	ऽ	वि	र	हा	ऽ	कि
रे	–	रे	गरे	–	स	ग	–	–	–	–	स	म	म	–	म
जा	ऽ	ई	ऽऽ	ऽ	रै	ऽ	ना	ऽ	ऽ	ऽ	भी	गी	हु	ऽ	ई
गम	–ग	म	गम	गम	प	म	ग	–	–	–	गम	गनि	निध	–	प
अंऽ	ऽऽ	खि	ऽऽ	योंऽ	ऽ	ने	ऽ	ऽ	ऽ	ऽ	ला	ऽऽ	खऽ	ऽ	बु
प	–	प	पध	मग	रे	गम	प	म	ग	प	प	पम	ग	–	मध
ला	ऽ	ई	ऽऽ	ऽऽ	रै	ऽऽ	ना	ऽ	ऽ	ऽ	बि	तीऽ	ना	ऽ	बिऽ
म	ग	ग	ग	–	स	ग	–								
ता	ऽ	यी	ऽ	ऽ	रै	ना	ऽ								

अंतरा

		सं	नी प – प
		बी	ती हु ऽ ई
प – प –	ध म ग –	– – – ग	प पध नी ध
ब ऽ ति ऽ	यों ऽ से ऽ	ऽ ऽ ऽ को	ई दोऽ ऽ ह
ध – – –	– – नी नीध	प – – सं	नी प – धनि
रा ऽ ऽ ऽ	ऐ ऽ ऽ ऽऽ	ऽ ऽ ऽ भू	ले हू ऽ एऽ
प पध नि ध	– प –प –	प ग – ग	प ध नी ध
ना ऽऽ ऽ ऽ	मो ऽ से ऽ	ऽ ऽ ऽ को	ई तो ऽ बु
प – – –	– धनि ध प	– – ग प	– – – –
ला ऽ ऽ ऽ	ए ऽऽ ऽ ऽ	ऽ ऽ ऽ चां	ऽ द ऽ कि
म – प –	– मं प –	– – र ग	– म ध प
बि न्दी ऽ वा	ऽ ली ऽ ऽ	ऽ ऽ बि न्दी	वा ऽ ऽ ली
स – म –	ग रे स –	– – स म	– म म –
र ऽ ति ऽ	या ऽ ऽ ऽ	ऽ ऽ ऽ जा	ऽ गी हु ऽई
म मध प ध	– म ग –	– – – गम	गनि धध – प
अं ऽऽ खि ऽ	यों ऽ में ऽ	ऽ ऽ ऽ राऽ	ऽऽ तऽ ऽ ना
प – प पध	मग रे गम प	म ग – प	पग ग – मध
आ ऽ ई ऽऽ	ऽऽ रै ऽऽ ना	ऽ ऽ ऽ बी	ती ना ऽ बीऽ

इसी तरह से शेष अंतरों को भी इसी स्वरलिपि के अनुसार बजाएंगे।

हाय-हाय ये मजबूरी

फिल्म – रोटी कपड़ा और मकान

ताल – कहरवा

हाय-हाय ये मजबूरी
ये मौसम और ये दूरी
मुझे पल-पल है तड़फाए
तेरी दो टकिया की नौकरी
मेरा लाखों का सावन जाए

हाय-हाय ये.....
कितने सावन बीत गए
बैठी हूं आस लगाए
जिस सावन में मिले सजनवां
वो सावन कब आए-3
मधुर मिल का यह सावन
हाथों से निकला जाए
तेरी दो टकिया की नौकरी
मेरा लाखों का सावन जाए
हाय-हाय ये.....
प्रेम का ऐसा बन्धन है
जो बंधकर फिर न टूटे
नौकरी का है क्या भरोसा
आज मिले कल छूटे
अम्बर पर है रचा स्वयंबर
फिर भी तू घबराए
तेरी दो टकिया की नौकरी
मेरा लाखों का सावन जाए
हाय-हाय ये.....

स्वरलिपि

स्थाई

ध	-	ध	-	प	-	प	-	म	-	म	-	ध	ध	ध	ध
हाय	हाय	ये	ऽ	म	ज	बू	ऽ	री	ऽ	ऽ	ऽ	ये	ऽ	मो	ऽऽ
ध	-	प	-	प	-	म	-	-	-	-	-	स	स	स	रे
स	म	औ	र	ये	ऽ	दू	ऽ	री	ऽ	ऽ	ऽ	मु	झे	प	ल
रे	म	म	-	म	प	प	नी	-	-	-	-	सं	सं	सं	-
प	ल	है	ऽ	त	ड़	पा	ऽ	ए	ऽ	ऽ	ऽ	ते	री	दो	ऽ
रे	मं	मं	-	-	-	गं	गं	-	रें	-	-	सं	सं	-	सं
ट	कि	या	ऽ	की	ऽ	नौ	ऽ	क	री	ऽ	ऽ	कि	मे	रा	ला

रें गं रें सां	नि – – ध	– प – म	ग म ग प
ऽ खें ऽऽ का	सा ऽ व न	जा ऽ ए ऽ	ऽ ऽ ऽ ऽ

अंतरा

सं रें रें –	सां नि नि –	सां नि ध– ध	– – – म
कि त ने ऽ	सा ऽ व न	बी ऽ ऽत ग	ए ऽ बै ऽ
– म – ध	– रें सां–सं	नि – – –	– – – –
ऽ ठी ऽ हूं	ऽ आ ऽऽ स	ल गा ऽ ए	ऽ ऽ ऽ ऽ
सं गं – –	– – – –	गं मं – गं	रें – – –
जि स सा ऽ	व न में ऽ	मि ले ऽ स	ज न वां ऽ
रें – गं रें	सं नि सं नि	– ध – –	– – नि ध
वो ऽ सा ऽ	व न क ब	आ ऽ ए ऽ	ऽ ऽ क ब
ध प प –	– – नि ध	प म म –	– – – –
आ ऽ ए ऽ	व न क ब	आ ऽ ए ऽ	ऽ ऽ ऽ ऽ
सं – सं –	रें मं – –	गं – गं रें	रें– सां – –
म धु र मि	ल न का ऽ	ये ऽ सा ऽ	व न हां ऽ
सं – रें –	सं नि – –	प नी नी ध	– – सं –
थों ऽ से ऽ	नि क ला ऽ	जा ऽ ए ऽ	ऽ ऽ ते री
सं – रें गं	– – – –	रें – रें सं	– सं सं –
दो ऽ ट कि	या ऽ की ऽ	नौ ऽ क री	ऽ कि मे रा
सं – रें– गं	रें सां नि –	– ध – ध	प म प ध
ला ऽ खों ऽऽ	का सा ऽ व	न जा ऽ ए	ऽ ऽ ऽ ऽ

अन्य सभी शेष अंतरे भी इसी प्रकार गाए-बजाए जाएंगे।

मेरे नैना सावन भादों

फिल्म – महबूबा

ताल – कहरवा

मेरे नैना सावन भादों
फिर भी मेरा मन प्यासा
फिर भी मेरा मन प्यासा।

ऐ दिल दीवाने
खेल है क्या जाने
दर्द भरा ये गीत कहां से
इन होंठों पर आए
दूर कहीं ले जाए
भूल गया क्या
भूल के भी है
मुझको याद जरा सा
फिर भी मेरा मन प्यासा...
ओ - मेरे नैना, सावन भादों....
बात पुरानी है
एक कहानी है
अब सोचूं तुम्हें
याद नहीं है
अब सोचूं, नहीं भूले
वो सावन के झूले
रुत आए, रुत जाए देकर
झूठा एक दिलासा
फिर भी मेरा मन प्यासा...
ओ - मेरे नैना, सावन भादों......

स्वरलिपि

स्थाई

प-	धसंध	सं		सं	सं	सं	-	ध	रें	सं	ध	प	प	ध	-
मेऽ	रेऽ	ऽ	नै	ऽ	ना	ऽ	ऽ	ऽ	सा	ऽ	व	न	भा	ऽ	दों
प	प	ध	ध	प	प	म-	गरें	ग	म	-	-	ग	म	ग	रें
ऽ	फि	र	भी	मे	रा	ऽम	नऽ	प्या	सा	ऽ	ऽ	ऽ	आ	आ	आ
स	रे	-	प	ध	नि	ध	ध-	म	ग	म	ग	स	-	स	-
फि	र	ऽ	भी	मे	रा	ऽ	ऽम	न	प्या	ऽ	सा	ऽ	ऽ	ऽ	ऽ

मेंडोलिन	वाद्य वायलिन		
ग -ग – –	ग प ग ग	ग स नि ध	प ग रे स

अंतरा

स रे ग प-	ध प ग रे	ग रे स –	– – – –
ए ऽ दि लऽ	दी ऽ वा ऽ	ने ऽ ऽ ऽ	ऽ ऽ ऽ ऽ
स रें ग प	ध प ग ध	– प प प़	ध प़ ग स
खे ल है क	या ऽ ऽ जा	ऽ ने ऽ ऽ	ऽ ऽ ऽ ऽ
ग प प प	ध नि ध प	ग प प प	ध नि ध प
द ऽ र्द भ	रा ऽये ऽ ऽ	गी ऽ त क	हां ऽ ऽसे ऽ
प ग प प	ध सं सं रें	सं रें गं –	– – रें गं
ऽ इन ऽ हों	ऽ ठों ऽ पे	ऽ आ ए ऽऽ	ऽ ऽ ऽ ऽ
गं गं रें सं	ध म म म	– ध ध म	म म म –
ऽ ऽ दू ऽ	र क हीं ऽ	ऽ ले ऽ जा	ऽ ए ऽ ऽ
प प ध सं	ध सं सं सं	सं सं रें सं-	ध प ध प-
ऽ भू ऽल ग	या ऽ क या	ऽ ऽ भू लऽ	के भी ऽ हैऽ
प ध ध प	प ग ग रे	ग म – –	– – ग रे
मु झ को ऽ	या ऽ ऽद ज	रा सा ऽ ऽ	ऽ ऽ ऽ ऽ
स रे ग प	ध ध नि ध	ध ग रे ग	रें स स स
ऽ फि र भी	ऽ मे रा ऽ	ऽ म न प्या	ऽ ऽ ऽ सा

इसी स्वरलिपि के अनुसार शेष अंतरों को भी बजाया जाएगा।

झूठ बोले कौवा काटे

फिल्म – बॉबी

झूठ बोले कौवा काटे
काले कौवे से डरियो।
मैं मायके चली जाऊंगी
तुम देखते रहियो।।
झूठ बोले कौवा.....
तू मैके चली जाएगी

मैं डंडा लेकर आऊंगा।
तू डंडा लेकर आएगा
मैं कुंए में गिर जाऊंगी।
मैं रस्सी से खिंचवाऊंगा।
मैं पेड़ पे चढ़ जाऊंगी।
मैं आरी से कटवाऊंगा।
प्यार करे, आरी चलवाए
ऐसे आशिक से डरियो।
मैं मायके चली जाऊंगी
तुम देखते रहियो।
तू मैके चली जाएगी
मैं दूजा ब्याह रचाऊंगा।
तू दूजा ब्याह रचाएगा
हाय मेरी सौतन लाएगा...
मैं मायके नहीं जाऊंगी रे,
मायके नहीं जाऊंगी
अरे तेरे सदके जाऊंगी रे
मायके नहीं जाऊंगी
मैं सातों वचन निभाऊंगी
अरे मायके नहीं जाऊंगी
मैं मायके नहीं जाऊंगी रे
मायके नहीं जाऊंगी
झूठ बोले कौवा काटे
काले कौवे से डरियो
मैं तेरी सौतन लाऊंगा
तू देखती रहियो।

स्वरलिपि

स्थाई

प -सांसां सां	प प प प	ध प म म	- - ग म

झू -ठ बो ले	- कौ वा का	- टे - -	- - का ले
प ध प प	नि ध प प	धप मप सा सा	रेग गम ग रे
कौ वे- से ड	रि यो ---	मैं मा य के	- च ली -
रे म म प	म प ग रे	ग ग ग रे	रे सा सा सां
जा ऊं गी तु	म दे - ख	ते र हि यो	- - मैं -

अंतरा

प ध प प	ग ग -प ध	प ध सां सां	सां सां रे सांऽ
तू - - मै	के - च ली	जा - - ए	- गी मैं ऽ
नि नि ध ध	प ध ध प	प सां डं डा	ले कर आ ऊं
गा मैं नि नि	ध धप ध ध	प प -प ध	धग ग प धध
ध सां सां सां	सां रे नि नि	ध ध प ध	ध प प सारें
डं डा ले क	र आ ऊं -	गा तू -	डं डा ले कर
नि नि ध ध	प ध ध प	प सां नि नि	ध ध प -
आ ए गा मैं	कुं ए में गि	र जा ऊं -	गी मैं - -
ध ध प प	सां नि - नि	ध ध प ध	ध प प सां
कुं ए में गि	र जा ऊं गी	मैं र स्र सी	से खिं च -
ध ध प ध	ध प प आ	री से क ट	वा ऊं गा ऽ
वा ऊं गा मैं	पे ड़ पे च	ढ़ जा ऊं -	गी मैं नि नि
प सां सां सां	प प प प	प ध प म	म प्या र क
रे आ री च	ल वा ये म	ग म प ध	प प नि ध
ध प प ध	प म प सा	- - ऐ -	से आ शि क
से - - ड	रि यो - -	- - - -	- - - -

('मैं मायके चली' -पहले की तरह। 'तू मायके चली जाएगी-मैं दूजा ब्याह' वाला अंतरा 'मेरी सौतन लायेगा' तक पहले की तरह बजेगा)

ग रे ग -रे	ग रे सा ध	सा सा रे ग	ग मैं मायके-
- न हीं जा	ऊं गी अ रे	रे रे ग म	ग - रे सा
सा सा सा ग	ग मा य के	न हीं जा ऊं	गी अ रे -

('तेरे सदके..... मैं मायके नहीं जाऊंगी' तक पहले की तरह बजाइये)

बाहर से कोई अंदर न आ सके

फिल्म - बॉबी

ताल - कहरवा

बाहर से कोई अंदर न आ सके
अंदर से कोई बाहर न जा सके
सोचो कभी ऐसा हो तो क्या हो-2
हम तुम एक कमरे में बन्द हों
और चाबी खो जाए
तेरे नैनों की भूल-भुलैया में
बॉबी खो जाए
हम तुम एक कमरे में बन्द हों
और चाबी खो जाए
बस्ती से दूर, पर्वतों के पीछे
मस्ती में चूर, घने पेड़ों के नीचे
अनदेखी, अनजानी-सी जगह हो
बस एक हम हों, दूजी हवा हो
सोचो कभी ऐसा हो तो, क्या हो-2
हम तुम एक जंगल से गुजरें
और शेर आ जाए
शेर से मैं कहूं, तुमको छोड़ दे
और मुझे खा जाए
हम तुम एक....
ऐसे क्यों खोए हुए हो
जागे हो कि सोए हुए हो
क्या होगा कल किसको खबर है
थोड़ा-सा मेरे दिल में डर है
सोचो कभी ऐसा हो तो क्या हो-2
हम तुम यूं ही हंस खेल रहे हों
और आंख भर आए
तेरे सर की कसम तेरे गम से

बॉबी मर जाए।
हम तुम एक कमरे में बन्द हों
तेरे नैनों की भूल-भुलैया में
बॉबी खो जाए।

स्वरलिपि

स्थाई

म प ध म	म प प –	ग म म म	– रें रें सां
बा हर से को	ई अं द र	ऽन आ स के	ऽ ऽ ऽ ऽ
म प ध –	म म प –	प– ग म म	म– रें रें सां
अं न्द र से	को ई बा ह	रऽ न जा स	केऽ ऽ ऽ ऽ
म सां सां नि	ध ध प म	प प ध –	– – – –
सो चो क भी	ऐ सा हो तो	क या ऽहो ऽ	ऽ ऽ ऽ ऽ
म नी नी ध	प प ध प	म – म –	– – – –
सो चो क भी	ऐ सा हो तो	क या ऽ हो	ऽ ऽ ऽ ऽ
म – प –	– – – –	स म प म	स म प म
ह म तु म	ऽ ऽ ऽ ऽ	ऽ ऽ ऽ ऽ	ऽ ऽ ऽ ऽ
स म प म	स म प प	मम प – –	म ग म ग
ऽ ऽ ऽ ऽ	ऽ ऽ इ क	क म रेऽ ऽ	में बंऽ द हों
रें – – –	– – – –	– – – –	म म ग ग
ऽ ऽ ऽ ऽ	ऽ ऽ ऽ ऽ	ऽ ऽ ऽ ऽ	औ रऽ चा बी
रे सा सा –	सां – – –	– – – –	– – म– प–
खो ऽ जा ऽ	ये ऽ ऽ ऽ	ऽ ऽ ऽ ऽ	ऽ ऽ हम तुम
म प ध –	नी – ध प	ध प म म	प ध प म
ते रे न य	नों ऽ की भू	ऽ ल भु लै	ऽ या ऽ में
ग रे ध म	ग रे – –	– – – –	– – ग ग
ऽ ऽ बा बी	खो ऽ जा ऽ	ये ऽ ऽ ऽ	ऽ ऽ ऽ ऽ
म – म– प–			
ऽ ऽ हम तुम			

अंतरा

म	म	प	–	ध	ध	नी	–नी	नि	सं	रें	सं	नि	ध	प	म
ब	स	ती	ऽ	से	दू	ऽ	ऽर	प	र्व	तों	के	पी	ऽ	छे	ऽ
म	म	प	–	ध	ध	नी	–नी	सं	सं	नि	–रें	सां	नि	ध	प
म	स	ती	ऽ	में	चू	ऽ	ऽर	घ	ने	पे	ऽड़ों	के	नी	ऽ	चे
म	म	प	–	ध	ध	नी	–नी	नि	सं	रें	सं	नि	ध	प	म
अ	न	दे	ऽ	खी	ऽ	अ	न	जा	नी	सी	ज	ग	ह	हो	ऽ
म	म	प	–	ध	ध	नी	–नी	सं	सं	नि	–रें	सां	नि	ध	प
ब	स	ए	ऽ	क	हम	हों	ऽ	दू	ऽ	जी	ऽ	ह	वा	ऽ	हो

'सोचो कभी ऐसा हो तो क्या हो को एक बार दोहराएंगे। इसी प्रकार दूसरे अंतरों को भी बजाएंगे।

वक्त ने किया क्या हंसी सितम

फिल्म – कागज के फूल

ताल – दादरा

वक्त ने किया
क्या हंसी सितम
तुम रहे न तुम
हम रहे न हम–2
वक्त ने किया.....
बेकरार दिल
इस तरह मिले
जिस तरह कभी
हम जुदा न थे–2
तुम भी खो गए
हम भी खो गए
एक राह पर
चलके दो कदम
वक्त ने किया...
जाएंगे कहां
सूझता नहीं

चल पड़े मगर
रास्ता नहीं–2
क्या तलाश है
कुछ पता नहीं
बुन रहे हैं ख्वाब
दम बदम–2
वक्त ने किया...

स्वरलिपि

स्थाई

स – –	ग – म	म – –	– – –
व ऽ क	त ने ऽ	कि या ऽ	ऽ ऽ ऽ
म ध प	म प म	ग – –	– – –
क या हं	सीं ऽ ऽ	सि त म	ऽ ऽ ऽ
ग – म	ग प –	प – –	– – –
तु म र	हे ऽ ना	तु म ऽ	ऽ ऽ ऽ
नि – ध	प ध प	म म –	ग – स
ह म र	हे ऽ ऽ	ना ह म	ऽ ऽ ऽ

अंतरा

म – प	प ध ध	ध – –	– – –
बे ऽ क	रा ऽ र	दि ल ऽ	ऽ ऽ ऽ
ध प ध	ध नि ध	नि – –	– – –
इ स त	र ह मि	ले ऽ ऽ	ऽ ऽ ऽ
ध – नि	नि सं सं	सं – –	– – –
जि स त	र ह क	भी ऽ ऽ	ऽ ऽ ऽ
गं – रें	सं रें सं	सं – –	ध – –
ह म ऽ	जु दा ऽ	न थे ऽ	ऽ ऽ ऽ
रें – सं	रें – ध	नि – –	– – –
तु म ऽ	भी खो ऽ	ग ए ऽ	ऽ ऽ ऽ

सं - नि	सं - प	ध - -	- - -
ह म ऽ	भी खो ऽ	ग ए ऽ	ऽ ऽ ऽ
ग - -	प म प	प प -	- - -
ए ऽ क	रा ऽ ह	प र ऽ	ऽ ऽ ऽ
नि - ध	प ध प	म - -	- ग स
च ल ऽ	के दो ऽ	ऽ क द	म ऽ ऽ

अन्य अंतरे भी इसी स्वरलिपि पर इसी प्रकार बजाए जाएंगे।

इक लड़की को देखा तो

फिल्म - 1942 ए लव स्टोरी

ताल - कहरवा

इक लड़की को देखा
तो ऐसा लगा
जैसे खिलता गुलाब
जैसे शायर का ख्वाब
जैसे उजली किरन
जैसे बन में हिरन
जैस चांदनी रात
जैसे नरमी की बात
जैसे मंदिर में हो
एक जलता दिया
इक लड़की को-2
इक लड़की को देखा
तो ऐसा लगा....
जैसे सुबहों का रूप
जैसे सर्दी की धूप
जैसे बीन की तान
जैसे रंगों की जान
जैसे बल खाए बेल

जैसे लहरों का खेल
जैसे खुशबू लिए
आए ठंडी हवा
हो-इक लड़की....
इक लड़की को देखा
तो ऐसा लगा
जैसे नाचता मोर
जैसे रेशम की डोर
जैसे परियों का राग
जैसे सन्दल की आग
जैसे सोलह सिंगार
जैसे रस की फुहार
जैसे आहिस्ता-आहिस्ता,
बढ़ता नशा
हो- इक लड़की को...

स्वरलिपि

स्थाई

सां – – –	– – सां नि	निनिसां – रें	नि – सां –
हो ऽ ऽ ऽ	ऽ ऽ इ क	लड़ की ऽ को	दे ऽ खा ऽ
रें सां – रें	गं नि सां –	– – – –	– सां – नि
तो ऐ ऽ सा	ऽ ल गा ऽ	ऽ ऽ ऽ ऽ	ऽ हो इ क
निनिसां – रें	नि नि सां –	रे नि – सां	रें नि सां –
लड़ की ऽ को	दे ऽ खा ऽ	तो ऐ ऽ सा	ऽ ल गा ऽ
सां सां – नि	नि धप नि ध	– – – नि	– सं – –
जै से ऽ खि	ल ताऽ गु ला	ऽ ऽ ब जै	ऽ से ऽ ऽ
– – नि –	– ध प नि	ध – – ध	नि – सां –
ऽ ऽ शा ऽ	ऽ य र का	ख्वा ऽ ऽ ब	जै ऽ से ऽ
– – – नि	नि – ध प	नि ध – –	– नि – सां
ऽ ऽ ऽ उ	ज ऽ ली ऽ	कि र न ऽ	ऽ जै ऽ से

–	–	–	नि	नि	–	ध	प	नि	ध	–	–	–	प	–	म
ऽ	ऽ	ऽ	व	न	ऽ	में	ऽ	हि	र	न	ऽ	ऽ	जै	ऽ	से
–	–	–	म	–	ध	सां	–	ध	प	–	–	–	प	–	प
ऽ	ऽ	ऽ	चां	ऽ	द	नी	ऽ	की	रा	ऽ	ऽ	त	जै	ऽ	से
म	–	–	म	ध	सां	–	नि	प	–	–	–	प	–	प	–
ऽ	ऽ	ऽ	न	र	मी	ऽ	की	बा	ऽ	ऽ	त	जै	ऽ	से	ऽ
–	–	–	नि–	सां	सां	गं	रें	–	–	–	रें	–	रें	प	प
ऽ	ऽ	ऽ	मऽ	न्दि	र	में	हो	ऽ	ऽ	ऽ	ए	ऽ	क	ऽ	ऽ
–	–	प	नी	सां	–	गं	रें	–	–	–	–	–	–	–	सां
ऽ	ऽ	ज	ल	ता	ऽ	दि	या	ऽ	ऽ	ऽ	ऽ	ऽ	ऽ	ऽ	हो

अन्य शेष अंतरों को भी इसी प्रकार गाया-बजाया जाएगा।

कजरा मुहब्बत वाला

फिल्म - किस्मत

कजरा मुहब्बत वाला
अंखियों में ऐसा डाला
कजरे ने ले ली मेरी जान
हाय रे मैं तेरे कुरबान
दुनिया है मेरे पीछे
लेकिन मैं तेरे पीछे
अपना बना ले मेरी जान
हाय रे मैं तेरे कुरबान, कजरा...
आई हो कहां से गोरी
आंखों में प्यार लेके
चढ़ती जवानी के ये
पहली बहार लेके
दिल्ली शहर का सारा
मीना बाजार लेके
झुमका बरेली वाला
कानों में ऐसा डाला

झुमके ने लेली मेरी जान
हाय रे मैं तेरे कुरबान...
मोटर न बंगला मांगू
झुमका न हार मांगू
दिल को जलाने वाले
दिल का क़रार मांगू
सैंया बेदर्दी मेरे
थोड़ा सा प्यार मांगू
किस्मत बना दे मेरी
दुनिया बसा दे मेरी
कर ले सगाई मेरी जान
हाय रे मैं तेरे कुरबान...
अपना बना ले गोरी
आएंगे काम तेरे
अपना ये जीवन सारा
लिख देंगे नाम तेरे
कुरता ये जाली वाला
उस पर मोतियन की माला
कुरते ने ले ली मेरी जान
हाय रे मैं तेरे कुरबान....

स्वरलिपि

स्थाई

म	प	प	प	म	ग	ग	म	म	म	म	म	म	म	–	–
क	ज	रा	ऽ	मु	ऽ	ह	ब	ब	त	वा	ऽ	ला	ऽ	ऽ'	ऽ
म	प	प	प	म	ग	ग	म	म	म	म	म	म	म	–	–
अं	खि	यों	ऽ	में	ऽ	ऐ	ऽ	सा	डा	ऽ	ला	ऽ	ऽ	ऽ	ऽ
स	म	म	म	म	म	म	म	ग	–	म	प	म	ग	म	ग
क	ज	रे	ऽ	ने	ऽ	ले	ली	ऽ	ऽ	मे	री	जा	ऽ	ऽ	न
नी	–	–	ध	–	प	ध	–	–	–	प	म	ग	म	ध	पम

हा ऽ ऽ य	रे ऽ मैं ऽ	ते रे ऽ ऽ	कु र बा ऽन
म प प –	म ग ग म	म म म म	म म म –
दु नि या ऽ	है ऽ मे ऽ	रे ऽ पी ऽ	छे ऽ ऽ ऽ
म प प प	म ग ग म	म म म म	म म म –
ले ऽ कि न	मैं ऽ ते ऽ	रे ऽ पी ऽ	छे – – –
स म म म	म म म म	ग – म प	म ग म ग
अ प ना ऽ	ब ऽ ना ऽ	ले ऽ ऽ मे	री जा ऽ ऽन

अंतरा

म सं सं सं	सं सं नि सं	रें गं रें सं	सं – – –
आ इ हो ऽ	क ऽ हां ऽ	से ऽ गो ऽ	री ऽ ऽ ऽ
प नी नी –	प म प –	– नी प म	म – – –
आं ऽ खों ऽ	में ऽ प्या ऽ	ऽ र ले ऽ	के ऽ ऽ ऽ
म सं – –	– – नि सां	रें गं रें सं	सं – – –
चढ़ ती ऽ ज	ऽ वा ऽ नी	ऽ की ऽ ए	ऽ ऽ ऽ ऽ
प नी नी –	प म प –	– नी प म	म – – –
प ह ली ऽ	ब ऽ हा ऽ	ऽ र ले ऽ	के ऽ ऽ ऽ
नी – नी –	नी ध प ध	प सां नि –	नी ध प म
दि ऽ ल्ली ऽ	श ऽ ह र	का ऽ सा रा	ऽ ऽ ऽ ऽ
म प प –	म ग म –	– प म ग	ग ग ग ग
मी ऽ ना ऽ	बा ऽ जा ऽ	ऽ र ले ऽ	के ऽ ऽ ऽ
म प प –	म ग ग म	म म म म	म म – –
कु र्ता ऽ ये	ऽ जा ली ऽ	वा ऽ ला ऽ	ऽ ऽ ऽ ऽ
म प प –	म ग ग म	म – म –	म – – –
उ स प र	मो मि य न	की ऽ मा ऽ	ला ऽ ऽ ऽ
स म म म	म म म म	ग – म प	म ग म ग
कु र तेऽ ने	ऽले ऽ ली ऽ	ऽमे ऽ री जा	ऽ ऽऽ नऽ ऽऽ
नी – – ध	– प ध –	– – प म	ग म ध पम
हा ऽ ऽ य	मैं ते ऽ रे	ऽ ऽकुऽर बा	ऽऽ ऽन ऽ ऽऽ

अन्य सभी अंतरों को भी इसी प्रकार बजाएंगे।

जिंदगी इक सफर है सुहाना

फिल्म - अंदाज

ताल - कहरवा

जिन्दगी इक सफर है सुहाना
यहां कल क्या हो किसने जाना
जिन्दगी इक सफर है....
चांद तारों से चलना है आगे
आसमानों से बढ़ना है आगे
पीछे रह जाएगा ये जमाना
यहां कल क्या हो किसने जाना
जिन्दगी इक सफर है.....
हंसते गाते जहां से गुजर
दुनिया की तू परवा न कर
मुस्कुराते हुए दिन बिताना
यहां कल क्या हो किसने जाना
जिन्दगी इक सफर है....
मौत आनी है आएगी इक दिन
जान जानी है जाएगी इक दिन
ऐसी बातों से क्या घबराना
यहां कल क्या हो किसने जाना
जिन्दगी इक सफर है....

स्वरलिपि

स्थाई

ध प म -	ध प म -	म प ध नि	- - - -
जि न्द गी ऽ	इ क स फ	र है सु हा	ना ऽ ऽ ऽ
ध नि सां -	नि ध नी -	ध प ग म	- - - -
य हां क ल	क्या ऽ हो ऽ	कि स ने जा	ना ऽ ऽ ऽ

अंतरा

सं मं - सं	सं रें सं नि	सं रें सं नि	सां - - -
चां द ता ऽ	रों ऽ से ऽ	च ल ना है	आ गे ऽ ऽ
सं मं - सं	सं रें सं नि	सं रें सं नि	सं - - -
आ स मा ऽ	नो ऽ से ऽ	ब ढ़ ना है	आ गे ऽ ऽ
ध प म -	ध प म -	म प ध नि	- - - -
पी छे र ह	जा ये गा ऽ	ये ज मा ना	ऽ ऽ ऽ ऽ
ध नि सं -	नि ध नि -	ध प ग म	- - - -
य हां क ल	क या ऽ हो	ऽ कि स ने	जा ना ऽऽ ऽ

इसी प्रकार से शेष अंतरो को भी बजाएंगे।

ओ साथी रे तेरे बिना भी

फिल्म - मुकदर का सिकन्दर

ताल - कहरवा

ओ साथी रे तेरे बिना भी क्या जीना-2
फूलों में कलियों में, सपनों की गलियों में
तेरे बिना कुछ कहीं ना, तेरे बिना भी क्या जीना
ओ साथी रे, तेरे बिना भी क्या जीना।
जाने कैसे अनजाने ही
आन बसा कोई प्यासे मन में
अपना सबकुछ खो बैठे हम
पागल मन के पागलपन में
दिल के ये अफसाने, मैं जानू तू जाने
और ये जाने कोई ना
तेरे बिना भी क्या जीना
ओ साथी रे, तेरे बिना भी क्या जीना
हर धड़कन में प्यास है तेरी
सांसों में तेरी खुशबू है
इस धरती से उस अम्बर तक

मेरी नजर में तू ही तू है
प्यार यह छूटे ना तू मुझसे रूठे ना
साथ ये छूटे कभी ना
तेरे बिना भी क्या जीना
ओ साथी रे, तेरे बिना भी क्या जीना
तुझ बिन जोगन, मेरी रातें
तुझ बिन मेरे दिल बंजारे
मेरा जीवन जलती धूनी
बुझे-बुझे मेरे सपने सारे
तेरे बिना मेरी मेरे बिना तेरी
यह जिन्दगी-जिन्दगी ना
तेरे बिना भी क्या जीना
ओ साथी रे, तेरे बिना भी क्या जीना

स्वरलिपि

स्थाई

				रे	म	प	ध	–	–	–	–	–	–	प	म
ना	ऽ	ऽ	ऽ	ओ	सा	थी	रे	ऽ	ऽ	ऽ	ऽ	ऽ	ऽ	ऽ	ऽ
प	प	प	म	प	ध	–	म	–	म	रे	–	–	–	–	–
ते	रे	बि	ना	भी	क्या	ऽ	जी	ऽ	ना	ऽ	ऽ	ऽ	ऽ	ऽ	ऽ
प	प	प	म	प	ध	–	म	–	–	–	–	–	–	–	–
ते	रे	बि	ना	भी	क्या	ऽ	जी	ऽ	ना	ऽ	ऽ	ऽ	ऽ	ऽ	ऽ
म	सं	सं	सं	सं	रें	सां	नी	–	नी	–	सां	–	सां	–	सां
ऽ	फू	लों	में	क	लिऽ	यों	ऽ	में	ऽ	स	प	नो	ऽ	की	ऽ
सं	रें	–	सं	–	नि	रें	रें	सं	नि	–	ध	प	म	प	–
ग	लिऽ	यों	ऽ	में	ऽ	ते	रे	बि	ना	ऽ	कु	छ	क	हीं	ऽ
ध	–	–	–	–	–	–	प	प	प	म	प	ध	–	म	--
ना	ऽ	ऽ	ऽ	ऽ	ऽ	ऽ	ते	रे	बि	ना	भी	क्या	ऽ	जी	ऽ

अंतरा

म	–	म	म	म	प	म	ग	म	–	म	म	म	प	म	ग

जा	ऽ	ने	ये	कै	ऽ	से	ऽ	अ	न	जा	ऽ	ने	ऽ	ही	ऽ
प	–	प	प	प	–	म	प	–	ध	–	पम	म	–	–	–
आ	ऽ	न	ब	सा	ऽ	को	ई	ऽ	प्या	ऽ	से	ऽ	म	न	में
म	–	म	म	म	प	म	ग	म	–	म	म	म	प	म	ग
अ	प	ना	ऽ	स	ब	कु	छ	ऽ	खो	ऽ	बै	ऽ	ठे	ह	म
प	–	प	प	प	–	म	प	–	ध	–	पम	म	–	–	–
पा	ऽ	ग	ल	म	न	के	ऽ	पा	ऽ	ग	लऽ	प	न	में	ऽ
सां	सां	सां	सां	रे	सां	नि	सां	सां	सां	सां	रें	सां	नि	–	–
ऽ	दि	ल	के	ऽ	अ	फ	सा	ऽ	ने	मैं	जा	नू	तू	जा	ने
ध	रें	सं	–	ध	–	प	–	म	प	–	ध	–	–	–	–
औ	ऽ	र	ए	जा	ऽ	ने	ऽ	को	ई	ऽ	ना	ऽ	ऽ	ऽ	ऽ
प	म	प	प	प	म	प	ध	ध	–	म	म	रें	–	–	–
ऽ	ऽ	ते	रे	बि	ना	भी	क	या	ऽ	जी	ऽ	ना	ऽ	ऽ	ऽ
–	–	प	प	प	म	प	ध	ध	ध-म	–		म	–	–	–
ऽ	ऽ	ते	रे	बि	ना	भी	क	या	ऽऽ	जी	ऽ	ना	ऽ	ऽ	ऽ

इसी स्वरलिपि के अनुसार अन्य अंतरों को भी बजाएंगे।

पर्दे में रहने दो

फिल्म - शिकार

ताल - कहरवा

पर्दे में रहने दो
परदा न उठाओ
परदा जो उठ गया
तो भेद खुल जाएगा
अल्लाह मेरी तौबा
अल्लाह मेरी तौबा–2
पर्दे में रहने दो.....
मेरे पर्दे में लाख जलवे हैं
कैसे मुझसे नजर मिलाओगे

जब जरा भी नकाब उठाऊंगी
याद रखना कि जल ही जाओगे
पर्दे में रहने दो...
हुस्न जब बेनकाब होता है
वो समां लाजवाब होता है
खुद को खुद की खबर नहीं रहती
होश वाला भी होश खोता है
पर्दे में रहने दो....
हाय, जिसने मुझे बनाया है
वो भी मुझको समझ न पाया है।
मुझको सजदे किए हैं इंसा ने
इन फरिश्तों ने सर झुकाया है।
पर्दे में रहने दो
परदा न उठाओ
परदा जो उठ गया तो....

स्वरलिपि

स्थाई

प	ध	नी	–	नी	–	ध	–	प	–	नी	–	–	–	–	–
प	र	दे	ऽऽ	में	ऽऽ	र	ह	ने	ऽ	दो	ऽ	ऽ	ऽ	ऽ	ऽ
प	ध	नी	ध	सां	नि	ध	–	ध	–	प	–	–	–	–	–
प	र	दा	ऽ	ना	ऽ	उ	ऽ	ठा	ऽ	वो	ऽ	ऽ	ऽ	ऽ	ऽ
प	प	प	सां	सां	नि	नि	रें	रें	सं	सं	गं	गं–	रें	सं	नि–
प	र	दा	ऽ	जो	ऽ	उ	ठ	ग	ऽ	या	ऽ	तो	ऽ	भे	ऽद
सं	रें	–	सां	–	–	नि	ध	नी	–	–	–	–	–	नि	–
खु	ल	ऽ	जा	ऽ	ऽ	ए	ऽ	गा	ऽ	ऽ	ऽ	ऽ	ऽ	अ	ऽ
नि	–	–	–	–	–	–	–	नि	ध	नि	सां	–	–	ध	–
ल्ला	ऽ	ऽ	ह	मे	ऽ	री	ऽ	तौ	ऽ	बा	ऽ	ऽ	ऽ	अ	ऽ
नि	सां	नि	सां	ध	नि	ध	नि	प	–	प	–	प	–	–	2
ल्ला	ऽ	ऽ	ह	मे	ऽ	री	ऽ	तौ	ऽ	बा	ऽ	ऽ	ऽ	ऽ	ऽ

अंतरा

मं	–	मं	मंमं	गं	मं	गं	मं	गं	मं	गं	गं	रें	रेंगरें	रेंगरें	–
मे	रे	ऽ	पर	दे	में	ला	ऽ	ख	ज	ल	वे	हैं	ऽऽ	ऽऽ	ऽ
मं	–	मं	मंम	गं	मं	गं	मं	गं	मं	मं	मं	गं	मं-	गं-	रें
कै	ऽ	से	ऽ	मु	झ	से	ऽ	न	ज	र	मि	ला	ऽऽ	वोऽ	गे
गं	गं	–	गंगं	रें	–	रें	सां	–	–	सां	नि	–	ध	–	नी
ज	ब	ज	रा	भी	ऽ	न	का	ऽ	ब	उ	ठा	ऽ	ऊं	ऽ	गी
प	–	नी	नी	नी	नि	सां	सां	रें	–	–	–	–	–	–	–
या	ऽ	द	र	ख	ना	ऽ	की	ऽ	ऽ	ऽ	ऽ	ऽ	ऽ	ऽ	ऽ
प	–	नी	नी	नी	नि	सां	सां	रें	–	–	–	सां	नि	सां	नि
या	ऽ	द	र	ख	ना	ऽ	की	ऽ	ज	ल	ही	ऽ	जा	ऽऽ	वो
ध	नि	ध	प	नि	ध	नि	सां	ध	प	ध	नि	ध	प	ध	प
ऽ	ऽ	गे	ऽ	ओ	ऽ	ऽ	ऽ	ऽ	ऽ	ऽ	ऽ	ऽऽ	ऽऽ	ऽऽ	ऽ

इसी तरह से अन्य शेष अंतरों को भी गाया-बजाया जाएगा। छः मात्राएं छोड़कर आरंभ करेंगे।

कौन है जो सपनों में आया

फिल्म – झुक गया आसमान

ताल – दादरा

कौन है जो सपनों में आया
कौन है जो दिल में समाया
लो झुक गया आसमां भी
इश्क मेरा रंग लाया
ओ प्रिया-2
जिन्दगी के हर इक मोड़ पे मैं
गीत गाता चला जा रहा हूं-2
बेखुदी का ये आलम न पूछो
मंजिलों से बढ़ा जा रहा हूं-2
कौन है जो सपनों में आया....
जिस्म को मौत, आती है लेकिन

रूह को मौत, आती नहीं है
इश्क रोशन है, रोशन रहेगा
रोशनी इसकी जाती नहीं है–2
कौन है जो सपनों में आया....

स्वरलिपि

स्थाई

सं ग –	प नी –	ध – प	ध – म
कौ न है	जो स प	नों ऽ में	आ या ऽ
– – –	ध – प	म प –	ग – म
ऽ ऽ ऽ	कौ न है	जो दि ल	में ऽ स
प प –	– – –	स ग ग	– प नी
मा या ऽ	ऽ ऽ ऽ	लो झु क	ऽ ग या
ध – प	ध – म	– – –	– ध –प
आ ऽ स	मा ऽ भी	ऽ ऽ ऽ	ऽ इ श्क
ग म म	ग – रे	स स –	– – प
ऽ मे रा	रं ऽ ग	ला या ऽ	ऽ ऽ हो
सं सं –	नी – –	ध – –	पध पम प
प्रि या ऽ	ऽ ऽ ऽ	ऽ ऽ ऽ	ऽऽ ऽऽ ऽ–2

अंतरा

	म –	म सां –	सां – नि–
	जि ऽ	द गी ऽ	के ऽ हर
धप नी –	ध प म	म – –	– म –
इक मो ऽ	ड़ पे ऽ	ऽ ऽ ऽ	ऽ गी ऽ
प ध –	नी – –	प ध –	नी – –
त गा ऽ	ता ऽ ऽ	च ला ऽ	जा ऽ ऽ
प ध –	नी – –	– – –	– म –
र हा ऽ	हूं ऽ ऽ	ऽ ऽ ऽ	ऽ बे ऽ
म सां –	सां – –	नि ध प	नी – –
खु दी ऽ	का ऽ ऽ	ये आ ऽ	ल म ऽ

ध प – | म – – | – – – | – म –
न पू ऽ | छो ऽ ऽ | ऽ ऽ ऽ | ऽ मं ऽ
प ध – | नी – प | ध – नी | – – प
जि लों ऽ | से ऽ ब | ढ़ा ऽ जा | ऽ ऽ र
ध – नी | – – – | – – – | – सं –
हा ऽ हूं | ऽ ऽ ऽ | ऽ ऽ ऽ | ऽ मं ऽ
रें सां – | ध – – | म ध – | म – –
जि लों ऽ | से ऽ ऽ | ब ढ़ा ऽ | जा ऽ ऽ
रे ग – | स – – | – – – | – स- ग
र हा ऽ | हूं ऽ ऽ | ऽ ऽ ऽ | ऽ कौन है

अन्य शेष अंतरे भी इसी स्वरलिपि के अनुसार गाए-बजाए जाएंगे।

दिल के अरमां

फिल्म – निकाह

ताल – कहरवा

दिल के अरमां
आंसुओं में बह गए-2
हम वफा करके
भी तनहा रह गए
दिल के अरमां.....
जिन्दगी एक प्यास
बनकर रह गयी-2
प्यार के किस्से
अधूरे रह गए-2
हम वफा करके
भी तनहा रह गए
दिल के अरमां.....
शायद उनका आखिरी
हो ये सितम-2

हर सितम ये
सोचकर हम सह गए-2
खुद को भी हमने
मिटा डाला मगर-2
फासले जो दरमियां
थे रह गए-2
हम वफा करके
भी तनहा रह गए
दिल के अरमां...

स्वरलिपि

स्थाई

X म म प	ध ध नी -	ध - - म	प - म ग
ऽ दि ल के	अ र मा ऽ	आं ऽ ऽ सु	ओं ऽ में ऽ
म म - म	म - - -	- सां सां सां	सां - सां सां
ब ह ऽ ग	ए ऽ ऽ ऽ	ऽ ह म व	फा ऽ क र
सां रें सां रें	नि ध ध प	प ध नि ध	प - म ग
के ऽ ऽ भी	त न हा ऽ	र ह ऽ ग	ए ऽ ऽ ऽ
रे म म प	ध ध नी -	ध - - -	प - म ग
ऽ दि ल के	अ र मा ऽ	आं ऽ ऽ सु	ओं ऽ में ऽ

अंतरा

X सां - सां	रें मं मं मं	गं - - रें	सां रे सां नि
ऽ जिं ऽ द	गी ऽ इ क	प्या ऽ ऽ स	ब न क र
- सां सां रें	सां - - -	- सां - सां	रें मं मं मं
ऽ र ह ग	यी ऽ ऽ ऽ	ऽ जिं ऽ द	गी ऽ इ क
गं - - रें	सं रें सां नि	- सां सां रें	सां नि ध प
प्या ऽ ऽ स	ब न क र	ऽ र ह ग	यी ऽ ऽ ऽ
म म - प	ध - नी -	ध - - म	प - म ग
ऽ प्या ऽ र	के ऽ कि ऽ	स्से ऽ ऽ अ	धू ऽ रे ऽ

इसी प्रकार से शेष अंतरों को भी गाया-बजाया जाएगा।

पल-पल दिल के पास

फिल्म - ब्लैक मेल

ताल - कहरवा

पल-पल दिल के पास तुम रहती हो।
जीवन मीठी प्यास ये कहती हो।
पल-पल दिल के पास तुम रहती हो....
हर शाम आंखों पर तेरा आंचल लहराए।
हर रात यादों की, बारात ले आए।
मैं सांस लेता हूं, तेरी खुशबू आती है
इक महका-महका सा, पैगाम लाती है।
मेरे दिल की धड़कन भी, तेरे गीत गाती है।
पल-पल दिल के.........
कल तुझको देखा था, मैंने अपने आंगन में।
जैसे कह रही थीं, तुम मुझे बांध लो बंधन में।
ये कैसा रिश्ता है, ये कैसे सपने हैं
बेगाने होकर भी, क्यों लगते अपने हैं।
मैं सोच में रहता हूं, डर-डर के कहता हूं
पल-पल दिल के...........

स्वरलिपि

स्थाई

ध़ - - -	नि़ - - -	सा - - -	- ग रे -
पल ऽ ऽ ऽ	पल ऽ ऽ ऽ	दिल ऽ ऽ ऽ	ऽ के ऽ ऽ
रे - - -	- - - -	- - ध़ -	- ग रे -
पा ऽ ऽ ऽ	ऽ ऽ ऽ ऽ	ऽ ऽ ऽ ऽस	- - तुमऽ
ध़ नि़ नि़ सा	सा - - -	- - - -	- - - -
र ह ती ऽ	हो ऽ ऽ ऽ	ऽ ऽ ऽ ऽ	ऽ ऽ - -
ग - - -	म - - -	प - - -	- ध प -
जी ऽ ऽ ऽ	वन ऽ ऽ ऽ	मी ऽ ऽ ऽ	ऽ ठी ऽ ऽ

प – – –	– – – –	– – रे –	– ध प –
प्या ऽ ऽ ऽ	ऽ ऽ ऽ ऽ	ऽ ऽ ऽ ऽ	ऽ ऽस एऽ ऽ
रे ग ग म	ग – – –	– – – –	– – – –
क ह ती ऽ	हो ऽ ऽ ऽ	ऽ ऽ ऽ ऽ	ऽ ऽ ऽ ऽ

पल–पल दिल के... ... ...

अंतरा

	– – ध़ प	ध़ – – ध़	ध़ – ध़ –
	ऽ ऽ ह र	शा ऽ ऽ म	आं ऽ खों ऽ
ध़ – – –	– – ध़ ग	ग रे रे सा	सा नि़ नि़ ध़
पर ऽ ऽ ऽ	ऽ ऽ ते रा	आं ऽ च ल	ल ह रा ऽ
नि़ध़ प – –	– – प़ प़	प – – प	प – प ध़
एऽ ऽ ऽ ऽ	ऽ ऽ ह र	रा ऽ ऽ त	या ऽ दों ऽ
धप म – –	– – म ग	ग रे – रे	रे म म ग
कीऽ ऽ ऽ ऽ	ऽ ऽ बा ऽ	रा ऽ ऽ त	ले ऽ आ ऽ
ग – – –	– – ग रे	रे ग – रे	रे सा सा –
ए ऽ ऽ ऽ	ऽ ऽ मैं ऽ	सां ऽ ऽ स	ले ऽ ता ऽ
सा प़ – –	– – ग ग	रे ग ग रे	रे सा सा –
हूं ऽ ऽ ऽ	– – ते री	खु श बू ऽ	आ ऽ ती ऽ
सा प़ – –	– – ग ग	रे ग ग रे	रे सा सा –
है ऽ ऽ ऽ	– – इ क	म ह का ऽ	म ह का ऽ
सा प़ – –	– – ग ग	रे ग – रे	रे सा सा –
सा ऽ ऽ ऽ	– – पै ऽ	गा ऽ ऽ म	ला ऽ ती ऽ
सा – – –	– – प़ प़	प प प –	प प प ध
है ऽ ऽ ऽ	– – मे रे	दि ल की ऽ	ध ड़ क न
धप म – –	– – म ग	ग रे – रे	रे म म ग
भीऽ ऽ ऽ ऽ	ऽ ऽ ऽ ऽ	गी ऽ ऽ त	गा ऽ ती ऽ
ग – – –	रेग रे – –		
है ऽ ऽ ऽ	ऽऽ ऽ ऽ ऽ	पल–पल दिल के	...

इसी प्रकार शेष अंतरों को भी बजाएंगे।

साजन-साजन पुकारूं

फ़िल्म - साजन

ताल - कहरवा

साजन-साजन पुकारूं, गलियों में
कभी फूलों में ढूंढूं, कभी कलियों में।
साजन-साजन.....
ऐसा रूठा है बेदर्दी, कहा ना माने।
मेरे जी की, मेरी जां, की कदर ना जाने।
मैं उसी जुल्मी के, नैना मस्ताने...
कभी फूलों में ढूंढूं, कभी कलियो में।
साजन-साजन....
बुलबुल समझे फूलों का, है ये दिल मस्ताना।
भंवरे समझे, कलियों से, है मेरा याराना।
मैं तो अपना रूठा, साजन दीवाना
कभी फूलों में ढूंढूं, कभी कलियों में।
साजन-साजन....

स्वरलिपि

स्थाई

सा सा ग –	म प नि̲ ध	प म ग रे–	ग ग रे सा
सा जन सा ऽ	ज न पु का	ऽ ऽ रूं ऽऽ	ऽ ग लि यों
सा – नि नि	– नि नि सां	सं सं नि̲ धप	– ध प धनि̲
में – क भी	ऽ फू लों में	ढूं ढूं क भी	ऽ क लि यों
ध प म			
में ऽ ऽ	साजन... ...		

अंतरा

ग ग म प	म ग रे सा	सा ग ग म	प प– – –
ऐ से रू ठा	है ऽ बे द	र दी क हा	ना ऽऽ मा ऽने

म ध (पूर्ववत)	प – म ग	– – म –	ध ध ध –
मे ऽ रे ऽ	दि ल कीऽ	मे ऽ रे ऽ	जां ऽ कीऽ
ग ग – ग	मप प – म	ग ग– म ––	प – प –
क द र ना	ऽऽ जा ऽ ने	ऽ मैंऽ उ स	जु ल मी ऽ
प प ध पम	प म प ध	पम नि नि –	नि – नि –
के नै ऽ नाऽ	म स ता ऽ	नेऽ क भी ऽ	फू ऽ लों ऽ
सं नि – ध	प – प ध	प धनिध प	मग स – स–
में ढूं ढूं क	भी ऽ ग लि	यों ऽऽ मे ऽ	ऽऽ सा ऽ जन

इसी स्वरलिपि के अनुसार दूसरे अंतरे को भी बजाया जाएगा।

यूं ही महके प्रीत पिया की

फिल्म – रजनीगंधा

ताल – कहरवा

यूं ही महके प्रीत पिया की
मेरे अनुरागी मन में,
रजनी गंधा फूल तुम्हारे
महके यूं ही जीवन में।
रजनी गंधा फूल......
अधिकार ए जब से साजन का
हर धड़कन पर माना मैंने,
मैं जब से उनके साथ बंधी,
ये भेद तभी जाना मैंने।
कितना सुख है, बंधन में।
रजनी गंधा फूल....
हर पल मेरी इन आखों में,
बसे रहते हैं सपने उनके।
मन कहता है मैं रंगों की,
इक प्यार भरी बदली बनके,
बरसूं उनके आंगन में।

रजनी गंधा फूल.....

स्वरलिपि

स्थाई

नि नि - नि	नि धप म़प़ध	- ध ध ध	- नि निध प़
यूं हीऽ म ह	केऽ ऽऽ प्री ऽ	त पि या ऽ	ऽ की ऽऽ ऽ
- प़ प़ प़	प प धपसा	सा - सा सा	सा - - -
ऽ मे रे ऽ	अ नु रा ऽ	गी ऽ म न	में ऽ ऽ ऽ
सा सा प म	म - रे नि	म ग ग -	ग ग - ग
र ज नी ऽ	गं ऽ धा ऽ	फू ऽ ऽल तु	म्हा ऽ रे ऽ
- ग ग ग	-रे - सा प़	सा - सा सा	सा - ग रेसा
ऽ ऽ ऽ ऽ	यूं ही महके	प्री त पि या	की मेरे....।

अंतरा

सा सा ग -	- ग ग ग	सा ध़ - सा	म - म ग
अ धि का ऽ	ऽ र ए ज	ब से ऽ ऽ	सा ऽ ज न
म - - म	म - रे रे	म म ग म	प ग ग रे
का ऽ ऽ ह	र ध ड़ क	न प र मा	ऽ ना ऽ मैं
ग - ग रे	ग सा - प	सा - सा सा	ग - रे ग
ने ऽ ऽ अ	धि का ऽ र	मैं ऽ ऽ ऽ	ऽ ऽ ऽ ऽ
ग ग रे ग	नि ध प म	ग ग ग ग	ग ग सा ध
ज ब से ऽ	ऽ ऽ उ न	के ऽ ऽ सा	थ बं धी ये
ग ग रे ग	- - - रे	रे रे ऽ रे	रे सा प -
भे ऽ ऽ द	त भी ऽ जा	ना ऽ मैं ऽ	ने ऽ ऽ ऽ
सा सा सा सा	नी़ नी़ प़ प़	रे सा सा सा	- - - -
कि त ना ऽ	सु ख है ऽ	बं ऽ ध न	में ऽ ऽ ऽ

अन्य अंतरों को भी इसी प्रकार बजाया जाएगा।

गोरी तेरा गांव बड़ा प्यारा

फिल्म - चितचोर

ताल - कहरवा

गोरी तेरा गांव बड़ा प्यारा
मैं तो गया मारा, आके यहां रे!-2
उस पर रूप तेरा सादा,
चंद्रमा ज्यों आधा, आधा जवां रे!-2
गोरी तेरा गांव.....
जी करता है मोर के पांव में,
पायलिया पहना दूं,
कुहूं-कुहूं गाती कोयलिया को
फूलों का गहना दूं।
यहीं घर अपना बनाने को पंछी
करे देखो तिनके जमा रे,
गोरी तेरा गांव....
रंग-बिरंगे फूल खिले हैं,
लोग भी फूलों जैसे
आ जाए इक बार यहां जो
जाएगा फिर कैसे।
झर-झर झरते हुए झरने मन,
को लगे हरने ऐसा कहां रे
गोरी तेरा गांव....

स्वरलिपि

स्थाई

सा ग सा नि	सा - ग म	प - प म	- ग सा नि
गो री ते रा	गां ऽ व ब	ड़ा ऽ प् या	ऽ रा ऽ ऽ
सा - ग -	म प - प	म - ग सा	नि - सा ग
मैं ऽ तो ऽ	ग या ऽ ऽ	मा ऽ ऽ रा	ऽ ऽ आ के
सा - - -	सा ग - सा	सा - सा -	सा ग सा नि
य हां ऽ रे	ऽ ऽ ऽ ऽ	ऽ ऽ ऽ ऽ	उ स प र
सा - ग म	प - प म	- ग सा -	ग म प -

रू ऽ प ते	रा ऽ सा ऽ	दा ऽ चं ऽ	द्र मा ज्योंऽ
म – ग सा	नि – सा ग	म ग सा सा	सा – – –
आ ऽ ऽधा ऽ	ऽ आ धा ऽ	ज वां ऽ रे	ऽ ऽ ऽ ऽ
सा ग – सा	सा – सा –	– सा सा –	ऽ य हां ऽ
ऽ ऽ ऽ ऽ	ऽ ऽ ऽ ऽ	गोरी तेरा गांव	बड़ा............
सा ग – सा	सा – सा –	– – सा ग	– सा सा –
आ के ऽय हां	ऽरे ऽ ऽऽ ऽ	आ के ऽय हां	ऽ सा – रे

अंतरा

			प नि सां नि
			जी ऽ क र
सां नि ध प	प म म –	– – प नि	सां नि सां नि
ता ऽ ऽ है	ऽ ऽ ऽ ऽ	मो ऽ र के	पां वों में ऽ
– – म –	प नि नि –	– सां रें सां	नि – नि –
ऽ ऽ पा ऽ	य लि यां ऽ	ऽ पह ऽ ऽऽ	ऽ ना ऽ ऽदूं
– रें – सां	– नि – सां	रें सां नि प	नि सां नि सां
ऽ ऽ ऽ ऽ	ऽ ऽ ऽ ऽ	कु हूं कु हूं	गा ऽ ऽ ऽ
– प नि सां	नि सां नि रेंसा	नि प म –	म – प नि
ती ऽ को ऽ	य लि याऽऽऽ	ऽऽ को ऽऽ ऽ	ऽ फू ऽ लोंऽ
नि – – सां	रें सां नि नि	प प प म	म ग सा सा
का ऽ ऽ ग	ह ऽऽ नाऽ ऽ	ऽ दूं ऽऽ ऽ	ऽ य हीं घर
सा सा ग म	प – प म	– ग सा नि	– सा – ग
अ प ना ब	ना ऽ ऽ ने	ऽ ऽ को ऽ	ऽ पं ऽ छी
म – ग सा	नि – सा –	ग – सा सा	– ग – –
क रे दे ऽ	ऽ खो ऽ ऽ	ति न ऽ के	ऽ ज मा रे
सा – ग –	सा सा – सा	–	
तिन ऽ के ऽ	ज मा ऽ रे	ऽ गोरी तेरा गांव बड़ा.....	

दूसरे अंतरों को भी इसी तरह बजाएंगे।

तू जो मेरे सुर में

फिल्म - चितचोर

ताल - कहरवा

तू जो मेरे सुर में,
सुर मिला ले
संग गा ले
तो जिंदगी हो जाए सफल।
तू जो मेरे मन,
का घर बना ले,
मन लगा ले तो,
बन्दगी हो जाए सफल।
चांदनी रातों में
हाथ लिए हाथों में
डूबे रहें एक-दूसरे
की रस भरी बातों में।
तू जो मुस्कुरा ले,
गुनगुना ले तो,
जिंदगी हो जाए सफल।
ध नि ग रे गरे सा रे ग म ग म ग रे रे गरे नि ध प
म प रे ग ध प ग म ग रे ध नि ग रे ग ग म
क्यों हम बहारों से
खुशियां उधार लें
क्यों न मिलके हम,
खुद ही जीवन संवार लें।
तू जो मेरे पथ में दीप बालें
हों उजाले तो,
जिंदगी हो जाए सफल।

स्वरलिपि

स्थाई

म म ग रे   नि़ सा ग ग   म - - ध   ध प धनि धप

तू ऽ जो ऽ	मे रे सु र	में ऽ ऽ सु	र मि लाऽ ऽऽ
म ग ग ध	– प धनि धप	म ग प प	– ध निध पम
ले ऽ ऽ सं	ऽ ग गाऽ ऽऽ	ले ऽ तो जिं	ऽ द गीऽ ऽऽ
म ग – रे	ग प ध प	म ग गरे ग–	नि स ग ग
ऽ हो ऽ जा	ऽ ए ऽ स	फ ल तूऽ जोऽ	मे रे म न
म – – सनि	ध नि सारे गरे	म सा म– गरे	नि सा ग– ग–
का ऽ ऽ ऽऽ	ऽ ऽ ऽऽ ऽऽ	ऽ ऽ तूऽ जोऽ	मे रे मऽ नऽ
म – – ध	ध प धनि धप	म ग ग ध–	प प– धनि धप
का ऽ ऽ घ	र ब नाऽ ऽऽ	ले ऽ ऽ मन	ऽ लऽ गाऽ ऽऽ
म ग प प	– ध निध पम	ग ग– ग रे	ग प ध– प
ले ऽ तो बं	ऽ द गीऽ ऽऽ	ऽ होऽ ऽ जा	ऽ ए ऽऽ स
म ग गरे ग–	नि स ग– ग–	म – – –	ग – सा –
फ ल तूऽ जोऽ	मे रे सुऽ रऽ	में ऽ ऽ ऽ	ऽ ऽ ऽ ऽ

अंतरा

म – – ध	– नि सां रें	सां – सां –	सां सां रें गरें
ऽ ऽ ऽ चां	ऽ द नी ऽ	रा ऽ तों ऽ	में ओ ऽ ऽऽ
संनि ध – ध	– सां रेंगं रेंसां	रें – रें –	रें रेंगं रेंसां रेंसां
ऽऽ ऽ ऽ हां	ऽ थ लिऽ एऽ	हां ऽ थों ऽ	में ओऽऽऽ ऽऽ
गरें सां – ध	सां संमं गंगं रें	गं – – रें	सां सारें सारें सां
ऽऽ ऽ ऽ डू	ऽ बेऽ ऽऽ ऽर	हे ऽ ऽ इ	क दूऽ ऽऽ स
निध प – प	ध प सारें गरें	सां – सां –	सां – पम धप
रेऽ की ऽ र	स भ रीऽ ऽऽ	बा ऽ तों ऽ	में ऽ ओऽ ऽऽ
म – म– गरे	नि सा ग– ग–	म – – ध	ध प– धनि धप
ऽ ऽ तूऽ जो	मे रे संऽ गऽ	में ऽ ऽ मु	ऽ स्कु राऽ ऽऽ
म ग ग– ध–	ध प– धनि धप	म ग प प	– ध निध पम
ले ऽ ऽऽ गुन	ऽ गुऽ नाऽ ऽऽ	ले ऽ तो जिं	ऽ द गीऽ ऽऽ
ग ग– ग रे	ग प ध प	म ग गरे ग–	नि स ग ग–
ऽ होऽ ऽ जा	ऽ ए ऽ स	फ ल तूऽ जोऽ	मे रे सु रऽ

अन्य सभी अंतरों को भी इसी स्वरलिपि के अनुसार बजाएंगे।

आप जैसा कोई मेरी जिन्दगी

फिल्म - कुर्बानी

ताल - कहरवा

आप जैसा कोई मेरी जिंदगी में आए,
तो बात बन जाए, हां बात बन जाए।
आप जैसा कोई.....
फूल को बहार, बहार को चमन
दिल को दिल, बदन को बदन
हर किसी को चाहिए, तन का मिलन
काश! मुझ पर ऐसा, दिल आपका भी आए
तो बात बन जाए, हां हां हां बात बन जाए
आप जैसा कोई....
मैं इंसान हूं, फरिश्ता नहीं
डर है बहक न जाऊं कहीं
तनहा दिल न संभलेगा, प्यार बिना ये भटकेगा
आप सा कहां है दिल, आपको ही पाए
तो बात बन जाए, हां-हां-हां बात बन जाए।
आप जैसा कोई....

स्वरलिपि

स्थाई

रे	रे	म	–	प	प	प	प	रे	–	म	–	प	प	–	–
आ	प	जै	सा	को	ई	मे	री	जिं	ऽ	द	गी	में	आ	ए	ऽ
–	–	प	प	प	<u>नी</u>	–	सां	सां	–	–	–	–	–	–	–
ऽ	ऽ	तो	बा	त	ब	न	जा	ए	ऽ	ऽ	ऽ	ऽ	ऽ	ऽ	ऽ
सं	रें	सां	रें	सं	–	रें	<u>नी</u>	–	प	<u>नी</u>	–	–	–	–	–
हां	ऽ	ऽ	बा	ऽ	त	ब	न	जा	ए	ऽ	ऽ	ऽ	ऽ	ऽ	ऽ

अंतरा

प – म रे	प – – –	प प – म	रे प – –
फू लों को ब	हा ऽ ऽ र	ब हा र को	च म न ऽ
नी – – प	नी – – –	– नि सं रें	सं नि सं रें
दि ऽ ऽ ल	को दि ल ऽ	ऽ ब द न	को ब द न
म – म म	प प प –	– प प नी	म प – –
ह र कि सी	को चा हि ए	ऽ त न का	मि ल न ऽ
म – म –	म – प म	प नी – –	– – – –
का ऽ श मु	ऽ झ पे ऽ	ऐ ऽ सा ऽ	दि ल ऽ ऽ
सं सं रें –	सं – नि सं	– रें – –	– – – –
आ ऽ ऽ प	का भी आ ऽ	ए ऽ ऽ ऽ	ऽ ऽ ऽ ऽ
म प – ध	नी – सां –	– – – –	– – – –
तो बा ऽ त	ब न जा ए	ऽ ऽ ऽ ऽ	ऽ ऽ ऽ ऽ
– – – सां	रें सां रें सां	रें सां रें नी	प नी – –
ऽऽ ऽहां ऽ हां	ऽहां ऽ बा त	ब न जा ए	ऽ ऽ ऽ ऽ

इसी तरह से दूसरे अंतरों को भी बजाया जाएगा।

छूकर मेरे मन को

फिल्म – याराना

ताल – कहरवा

छूकर मेरे मन को
किया तूने क्या इशारा
बदला ये मौसम,
लगे प्यारा जग सारा
छूकर मेरे मन को.....
तू जो कहे जीवन भर
तेरे लिए मैं गाऊं–2
गीत तेरे बोलों पे,
लिखता चला जाऊं–2
मेरे गीतों में,

तुझे ढूंढे जग सारा
छूकर मेरे मन को.....
आजा तेरा आंचल मैं,
प्यार से मैं भर दूं-2
खुशियां जहां भर की,
तुझको नजर कर दूं-2
तू ही मेरा जीवन,
तू ही जीने का सहारा
छूकर मेरे मन को.....

स्वरलिपि

स्थाई

ध - ध -	ध - प म	ग ग प -	- - स रे
छू ऽ क र	ऽ ऽ मे रे	म न को ऽ	ऽ ऽ कि या
ग - ग -	ग - म प	ध - म -	- - - -
तू ऽ ने ऽ	ऽ ऽ क या	इ शा ऽ रा	ऽ ऽ ऽ ऽ
सं सं सं -	- - नि ध	नि - रें रें	- - - -
ब द ला ऽ	ऽ ऽ ये ऽ	मौ ऽ स म	ऽ ऽ ऽ ऽ
गं गं गं -	- - रें गं	मं - मं गं	रें गं ध -
ल गे प्या ऽ	रा ऽ ज ग	सा ऽ रा ऽ	ऽ ऽ ऽ ऽ
ध - ध -	ध - प म	ग ग प -	- - स रे
छू ऽ क र	ऽ ऽ मे रे	म न को ऽ	ऽ ऽ कि या
ग - ग -	ग - म प	ध - म -	- - - -
तू ऽ ने ऽ	ऽ ऽ क या	इ शा ऽ रा	ऽ ऽ ऽ ऽ

अंतरा

ध - ध नि	ध म - स	ध - - -	- - - -
तू जो क हे	जी ऽ व न	भ र ऽ ऽ	ऽ ऽ ऽ ऽ
ध सं सं सं	रें - सं रें	मं - - -	- - - -
ते रे लि ए	मैं ऽ गा ऽ	ऊं ऽ ऽ ऽ	ऽ ऽ ऽ ऽ

सं रें गं रें	नि – धनि पध	सं – – –	– – – –
ते रे लि ए	मैंऽ ऽ गा ऽऽ	ऊं ऽ ऽ ऽ	ऽ ऽ ऽ ऽ
ध ध नि ध	म – स –	ध – – –	– – – –
गी त ते रे	बो ऽ लो ऽ	पे ऽ ऽ ऽ	ऽ ऽ ऽ ऽ
ध सां सां सां	रें – सां रें	मं – – –	– – – –
लि ख ता च	ला ऽ जा ऽ	ऊं ऽ ऽ ऽ	ऽ ऽ ऽ ऽ
सं रें गं रें	नि – धनि पध	सं – – –	– – – –
लि ख ता च	ला ऽ जाऽ ऽऽ	ऊं ऽ ऽ ऽ	ऽ ऽ ऽ ऽ
सं – सं –	सं – नि ध	नि – रें –	– – – –
ते ऽ रे ऽ	ऽ ऽ गी ऽ	तों ऽ में ऽ	ऽ ऽ ऽ ऽ
गं गं गं –	गं – रें गं	मं – मं गं	रें गं ध –
तु झे ढूं ऽ	ढ़े ऽ ज ग	सा ऽ रा ऽ	ऽ ऽ ऽ ऽ

इसी प्रकार शेष अंतरों को भी गाया-बजाया जाएगा।

जिस गली में तेरा

फिल्म – कटी पतंग

ताल – दादरा

जिस गली में तेरा, घर न हो बालमा
उस गली से हमें, तो गुजरना नहीं।
जो डगर तेरे द्वारे पे जाती न हो,
उस डगर पे हमें पांव रखना नहीं।
जिन्दगी में कई, रंगरलियां सही,
हर तरफ मुस्कराती, ये कलियां सही।
खूबसूरत बहारों की, गलियां सही।
जिस चमन में तेरे, पग में कांटे चुभें
उस चमन से हमें, फूल चुनना नहीं।
जिस गली में.....
हां, ये रस्में ये, कस्में सभी तोड़के
तू चली आ चुनर, प्यार की ओढ़के।

या चला जाऊंगा, मैं ये जग छोड़के
जिस जगह याद, तेरी सताने लगे।
उस जगह एक, पल ठहरना नहीं।
जिस गली में....

स्वरलिपि

स्थाई

सां – –	नि – ध	– – –	नि नि नि
			जि स ग
नि – सा	– – सा	रे – –ग	सा सा रे
ली ऽ में	ऽ ऽ ते	रा ऽ ऽऽ	घ र न
ग – –	म म॑ म	ग – –	ग –म॑ म॑
हो ऽ ऽ	बा ऽ ल	मा ऽ ऽ	उ ऽस ग
म॑ म म	ग – ग	ग रे –	म रे रे
ली ऽ से	ऽ ऽ ह	में ऽ ऽ	तो ऽ गु
रे ग गम	ग सा सा	सारे सा नि	नि ध नि
ज र नाऽ	ऽ ऽ न	हींऽ ऽ ऽ	जो ऽ ड
नि नि सा	– – सा	रे – –ग	सा – रे
ग र ते	ऽ ऽ रे	द्वा ऽ ऽऽ	रे ऽ पे
ग – –	म म॑ म	ग – –	ग म॑ म॑
जा ऽ ऽ	ती ऽ न	हो ऽ ऽ	उ स ड
म॑ म म	ग – ग	ग रे –	म – रे
ग र पे	ऽ ऽ ह	में ऽ ऽ	पां ऽ व
रे ग गम	ग सा सा	सारे सा नि	नि ध नि
र ख ना	ऽ ऽ न	हीऽ ऽ ऽ	जि स ग
नि – सा	– – सा	रे – –ग	सा सा रे
ली ऽ में	ऽ ऽ ते	रा ऽ ऽऽ	घ र न
नि – ग	रे – सा	सा – –	– – –
हो ऽ ऽ	बा ऽ ल	मा ऽ ऽ	ऽ ऽ ऽ

अंतरा

प - ग	रे॒ सां नि॒	ध॒ प -	प - प
			जिं ऽ द
प - -	ध॒ नि॒ ध॒	प - -	प ध॒ प
गी ऽ ऽ	में ऽ क	ई ऽ ऽ	रं ऽ ग
म ग मप	- - प	प ग॒ -	प प प
र लिं यां	ऽ ऽ स	ही ऽ ऽ	ह र त
प प -	ध॒ सां प	प - -	प ध॒ प
र फ ऽ	मुस ऽ क	रा ऽ ऽ	तो ऽ ये
म ग मप	- - प	प म -	प ध॒ प
क लिं यांऽ	ऽ ऽ स	ही ऽ ऽ	खू ऽ ब
पम म -	म म॑ म	मग॒ ग॒ -	ग - म
सूऽ ऽ ऽ	र त ब	हाऽ ऽ ऽ	रों ऽ की
रे॒ रे॒ ग	रे॒ सा सा	सा - -	नि॒ - नि॒
ग लि ऽ	यां ऽ स	ही ऽ ऽ	जिस ऽ च
नि॒ नि॒ सा	- - सा	रे - -ग	सा सा रे॒
म न में	ऽ ऽ ते	रें ऽ ऽऽ	प ग में
ग॒ - -	म म॑ म	ग॒ - -	ग॒ म॑ म॑
कां ऽ ऽऽ	टे ऽ चु	भें ऽ ऽ	उ स च
म॑ म म	ग॒ - ग॒	ग॒ रे॒ -म	- म रे
म न से	ऽ ऽ ह	में ऽ ऽफू	ऽ ल ऽ
रे॒ ग॒ ग॒म	ग॒ सा सा	सारे॒ सा नि॒	नि॒ ध॒ नि॒
चु न नाऽ	ऽ ऽ न	हींऽ ऽ ऽ	जि स ग
नि॒ नि॒ सा	- - सा	रे - -ग	
ली ऽ में	ऽ ऽ ते	रा ऽ ऽऽ	

अन्य शेष अंतरों को भी इसी स्वरलिपि के अनुसार गाया-बजाया जाएगा।

इस रेशमी पाजेब की

फिल्म - लैला-मजनूं

ताल - कहरवा

इस रेशमी पाजेब की झनकार के सदके।
जिसने ये पहनाई है, उस दिलदार के सदके।
इस रेशमी पाजेब की.......
उस जुल्फ के कुरबां, लबो-रुखसार के सदके।
हर जलवा था इक शोला, हुस्नेयार के सदके।
इस रेशमी पाजेब की......
जवानी मांगती थी ये हसीं झंकार बरसों से।
तमन्ना बुन रही थी धड़कनों के हार बरसों से।
छुप-छुपके आने वाले तेरे प्यार के सदके।
इस रेशमी पाजेब की....
जवानी सो रही थी हुस्न की रंगीं पनाहों में।
चुरा लाये हम उनके नाजनीं जलवे निगाहों में।
किस्मत से जो हुआ है उस दीदार के सदके।
इस रेशमी पाजेब की....
नजर लहरा रही है जिस्म पे मस्ती सी छाई है।
दोबारा देखने के शौक ने हलचल मचाई है।
दिल को जो लग गया है उस आजार के सदके।
इस रेशमी पाजेब की.....

स्वरलिपि

स्थाई

			सा नि
			इ स
सा- सा सा सा	रे ग -ग म	प गम पग रे	सा सा सा -गप
रे ऽश मी पाऽ	जे ऽब की झन	काऽ ऽर केऽ सद	के ऽ ऽ जिस
प प -प प	निध धध प पम	पम गग मप धप	मग मप मग सानि
ने ये पह ना	ईऽ है उस दिल	दाऽ ऽर केऽ सद	के ऽऽ ऽऽ उस
	रेशमी	पाजेब..............	

(उस जुल्फ के कुरबां के सदके' यह लाइन पहली लाइन की तरह ही बजायी जाएगी।

अंतरा

			– म म म
			ऽ ज वा नी
मध –ध नि सां	सां सां नि नि	सां नि नि ध	धप पध सांनिसांनि
ध प म म	मां ऽ ऽ ग	ती ऽ थी ये	ऽ ह ऽ ऽ
म ध ध नि	सां सां सां नि	नि सां नि नि	ध ध प प
सीं झं ऽ का	ऽऽ ऽऽ ऽ र	ब र सों से	ऽ तम न् ना
ध नि ध ध	प म म –	– प – –	– – – –
बुन र हीऽ थी	धड़ कऽ ऽ नोंऽ	केऽ हाऽ ऽर बर	सों सेऽ ऽ छुप
प प – प	– प ध ध	पप मग मप निध	पम म ग प
छुप के आ नेऽ	वा लेऽ ऽऽ ऽऽ	ऽऽ ऽऽ ऽऽ ऽ	– छु प नि
प प प प	ध ध ध प	प म प म	ग ग मप धप
पम ग पम पग	सा नि छुप के	ऽआ नेऽ वा ले	तेऽ ऽरे ऽऽ प्याऽ
रे सा सा सा	रे ग ग म	प ग म म	म रे सा सा
रे श ऽ मी	पा ऽ जे ऽ	ब की झन का	ऽर केऽ सद के

शेष सभी अंतरों को भी इसी प्रकार से बजाएंगे।

दिल है कि मानता नहीं

फिल्म – दिल है कि मानता नहीं

ताल – कहरवा

दिल है कि मानता नहीं–2
मुश्किल बड़ी है, रस्में मुहब्बत
ये जानता ही नहीं, दिल है कि मानता नहीं–2
ये बेकरारी क्यूं हो रही है
ये जानता ही नहीं....
हो, दिल है कि मानता नहीं....
दिल तो ये चाहे, हर पल तुम्हें हम
बस यूं ही देखा करें, मर के भी हम ना, तुमसे जुदा हों
आओ कुछ ऐसा करें, मुझमें समा जा, आ पास आ जा
हमदम मेरे हमनशीं, दिल है कि मानता नहीं....

तेरी वफाएं, तेरी मुहब्बत, सब कुछ है मेरे लिए,
तूने दिया है, नजराना दिल का, हम तो हैं तेरे लिए,
ये बात सच है, सब जानते हैं तुमको भी है ये यकीं
दिल है कि मानता नहीं....
मुश्किल बड़ी है, रस्में मुहब्बत
ये जानता ही नहीं,
हो, दिल है कि मानता नहीं...
हम तो मुहब्बत करते हैं तुमसे
हमको बस है इतनी खबर
तन्हा हमारा, मुश्किल था जीना
तुम जो ना मिलते अगर
बेताब आंखें, कहने लगीं बस यही
दिल है कि मानता नहीं-2
ये बेकरारी क्यूं हो रही है
ये जानता ही नहीं।
दिल है कि मानता नहीं....

स्वरलिपि

स्थाई

ग-	ग	–	प	ग	–	स	स	रे	–	म	–रे	स	–	नि़	स़
दिल	ऽ	ऽ	ऽ	है	ऽ	ऽ	कि	मा	ऽ	ऽ	ऽन	ता	ऽ	न	हीं
स	–	–	–	–	–	–	–	–	–	म	ग	–	म	ग	–
ऽ	ऽ	ऽ	ऽ	ऽ	ऽ	ऽ	ऽ	ऽ	ऽ	ऽ	ऽ	ऽ	ऽ	ऽ	ऽ
ग	ग	म	म	ग	प	–	–	ध	ध	–	प	–	–	–	–
मु	श	कि	ल	ब	ड़ी	ऽ	ऽ	ऽ	है	ऽ	ऽ	ऽ	ऽ	ऽ	ऽ
प	प	प	–	ध	म	–	–	–	ग	रे	–	ग	रे	रे	ग
र	श	में	ऽ	मु	ह	ऽ	ऽ	ऽ	ब्ब	त	ऽ	ऽ	ऽ	ए	ऽ
स	–	स	स	ग	रे	म	–	रे	–	स	नि़	–	–	–	–
जा	ऽ	न	ता	ऽ	ऽ	ऽ	ऽ	ही	ऽ	न	हीं	ऽ	ऽ	ऽ	ऽ
–	–	–	–	–	–	–	–	–	–	–	ग	रेस	रेग	रेस	रेग

ऽ ऽ ऽ ऽ	ऽ ऽ ऽ ऽ	ऽ ऽ ऽ ओ	ऽऽ ऽऽ ऽऽ ऽऽ
ग – म –	ग प – –	ध ध – प	– – – –
ये ऽ बे ऽ	क रा ऽ ऽ	ऽ री ऽ ऽ	ऽ ऽ ऽ ऽ
प प प –	– ध म –	– – ग रे	ग रे – –
क् यूं ऽ हो	ऽ र ही ऽ	ऽ ऽ है ऽ	ऽ ऽ ऽ ऽ
रे ग रे –	स स ग रे	म रे – स	नि़ – – –
ए ऽ जा ऽ	न ता ऽ ऽ	ऽ ही ऽ न	ही ऽ ऽ ऽ
– – – –	– – – –	ग रे स रे	ग रे स रे
ऽ ऽ ऽ ऽ	ऽ ऽ ऽ ऽ	ओ ऽ ऽ ऽ	ओ ऽ ऽ ऽ

अंतरा

नी नी ध म	ध प – –	– म ग रे	– स – –
दिल ऽ तो ऽ	ए चा ऽ ऽ	ऽ हे ऽ ऽ	ऽ ऽ ऽ ऽ
ग ग प प	नी ध – –	– पम – –	प म – –
ह र प ल	तु म्हें ऽ ऽ	ऽ हम ऽ ऽ	ऽ ऽ ऽ ऽ
ध ध नी –	नी – – –	ध – प म	ध प़ – –
ब स यूं ऽ	ही ऽ ऽ ऽ	दे ऽ खा ऽ	क रें ऽ ऽ
नी नी ध म	ध प – –	– म ग रे	– स – –
म र के ऽ	भी हम ऽ ऽ	ऽ ना ऽ ऽ	ऽ ऽ ऽ ऽ
ग ग प –	नी ध – –	– प म –	– प म –
तु म से ऽ	जु दा ऽ ऽ	ऽ हों ऽ ऽ	ऽ ऽ ऽ ऽ
ध – नी –	नी– ध – प	म ध प –	– – – –
आ ऽ ओ ऽ	कुछ ऐ ऽ सा	ऽ क रें ऽ	ऽ ऽ ऽ ऽ
सं नि ध प	प ध प म	ध ध – –	– – – –
मु झ में ऽ	स मा ऽ ऽ	ऽ जा ऽ ऽ	ऽ ऽ ऽ ऽ
ध – नी –	सं सं रें नि	– ध प ध	प – – –
आ ऽ पा ऽ	स आ ऽ ऽ	ऽ जा ऽ ऽ	ऽ ऽ ऽ ऽ
प प नी ध	ध सं – –	– – नि नि	ध सं – –
ह म द म	मे रे ऽ ऽ	ऽ ऽ ह म	न शीं ऽ ऽ
सं – – –	सं – – –	सं – – –	– – ग –

ऽ ऽ ऽ ऽ ऽ ऽ ऽ ऽ ऽ ऽ ऽ ऽ ऽ ऽ दि ल

इसी तरह से शेष अंतरे भी गाए-बजाए जाएंगे।

घर से निकलते ही

फिल्म - पापा कहते हैं

ताल - कहरवा

घर से निकलते ही, कुछ दूर चलते ही
रस्ते में है उसका घर
कल सुबह देखा तो बाल बनाती वो
खिड़की में आई नजर
घर से निकलते ही.....
मासूम चेहरा नीची निगाहें
भोली सी लड़की, भोली अदाएं
न अप्सरा है, न वो परी है
लेकिन ये उसकी जादूगरी है
दिवाना कर दे वो
इक रंग भर दे वो
शरमा के देखे जिधर
घर से निकलते ही.....
करता हूं उसके घर के मैं फेरे
हंसने लगें हैं अब दोस्त मेरे
सच कह रहा हूं उसकी कसम है
मैं फिर भी खुश हूं बस एक गम है
जिसे प्यार करता हूं मैं जिस पे मरता हूं
उसको नहीं है खबर
घर से निकलते ही....
लड़की है जैसे, कोई पहेली
कल जो मिली मुझको, उसकी सहेली
मैंने कहा उसको जाके ये कहना

अच्छा नहीं है यूं दूर रहना
कल शाम निकले वो
घर से टहलने को,
मिलना जो चाहे अगर
घर से निकलते ही.....

स्वरलिपि

स्थाई

– – – ग	म ग रे ग	म म – ग	प म म –
ऽ ऽ ऽ घ	र से ऽ नि	क ल ऽ ऽ	ते ऽ ही ऽ
म – – ध	ध ध – सां	ध प – –	ग प म –
ऽ ऽ ऽ कु	छ दू ऽ र	च ल ऽ ऽ	ते ऽ ही ऽ
– – – सां	सां सां मं गं	सां – – –	– – प प
ऽ ऽ ऽ र	स ते ऽ में	है ऽ ऽ ऽ	ऽ उ स का
धप ध – –	सां – प –	म – – ग	म ग रे ग
घर ऽ ऽ ऽ	ओ ऽ ऽ ऽ	ऽ ऽ ऽ क	ल सु ब ह
म – – ग	प म म –	– – – ध	– ध – सां
दे ऽ ऽ ऽ	खा ऽ तो ऽ	ऽ ऽ ऽ बा	ऽ ल ऽ ब
ध प – –	ग प म –	– – – सां	सां सां मं गं
ना ऽ ऽ ऽ	ती ऽ वो ऽ	ऽ ऽ ऽ खि	ड़ की ऽ में
सां – – –	– प – प	ध– ध – –	सां – प –
आ ऽ ऽ ऽ	ऽ ई ऽ न	जर ऽ ऽ ऽ	ओ ऽ ऽ ऽ
म – –			
ऽ ऽ ऽ			

अंतरा

ध	– नी – रें	रें – रें –	गं रें – –
X X X मा	ऽ सू ऽ म	चे ऽ ह ऽ	रा ऽ ऽ ऽ
– – – ध	– नी – रें	सां – – –	रें सां – –
ऽ ऽ ऽ नी	ऽ ची ऽ नि	गा ऽ ऽ ऽ	हें ऽ ऽ ऽ
– – – ध	– नी – गं	रें – रें –	गं रें – –

ऽ	ऽ	ऽ	भो	ऽ	ली	ऽ	सी	ल	ऽ	ड़	ऽ	की	ऽ	ऽ	ऽ
–	–	–	ध	–	नी	–	रें	सां	–	–	–	रें	सां	–	–
ऽ	ऽ	ऽ	भो	ऽ	ली	ऽ	अ	दा	ऽ	ऽ	ऽ	एं	ऽ	ऽ	ऽ
–	–	–	नी	–	नी	–	नी	नी	–	–	–	सां	नि	सां	सां
ऽ	ऽ	ऽ	न	ऽ	अ	प	स	रा	ऽ	ऽ	ऽ	है	ऽ	ऽ	ऽ
–	–	–	ध	नी	सां	–	नि	ध	–	–	–	ध	–	–	–
ऽ	ऽ	ऽ	ना	ऽ	वो	ऽ	प	री	ऽ	ऽ	ऽ	है	ऽ	ऽ	ऽ
–	–	–	ध	प	ध	प	प	प	–	प	–	प	–	प	–
ऽ	ऽ	ऽ	जा	ऽ	दू	ऽ	ग	री	ऽ	ऽ	ऽ	है	ऽ	ऽ	ऽ
–	–	–	ग	म	ग	रे	ग	म	म	–	ग	प	म	म	–
ऽ	ऽ	ऽ	दी	ऽ	वा	ऽ	ना	क	र	ऽ	ऽ	दे	ऽ	वो	ऽ
–	–	–	ध	ध	ध	–	सां	ध	प	–	–	ग	प	म	–
ऽ	ऽ	ऽ	इ	क	रं	ऽ	ग	भ	र	ऽ	ऽ	दे	ऽ	वो	ऽ
–	–	–	सां	सां	सां	मं	गं	सां	–	–	–	–	प	प	प
ऽ	ऽ	ऽ	श	र	मा	ऽ	के	दे	ऽ	ऽ	ऽ	ऽ	खे	ऽ	जि
ध	ध	–	–	–	–	–	–	सां	–	–	–	प	–	–	म
ध	र	ऽ	ऽ	ऽ	ऽ	ऽ	ऽ	ओ	ऽ	ऽ	ऽ	ऽ	ऽ	ऽ	ऽ

इसी स्वरलिपि के अनुसार अन्य दूसरे अंतरो को भी बजाया जाएगा।

बड़ी ताजा खबर है

फिल्म - खूबसूरत

ताल - कहरवा

बड़ी ताजा खबर है कि तुम
खूबसूरत हो, बहुत खूबसूरत हो-2
ये बिखरी सी लटें हैं
इन्हें चेहरे पे उड़ने दो
बहुत खूबसूरत....
ये रुखसार पीले से, लगते हैं ना
उदासी की हल्दी है, हट जाएगी

तमन्ना की लाली को पकने तो दो
ये पतझड़ की छांव, छंट जाएगी
लबों पे जवां फेरो, इन्हें गीले रहने दो
बहुत खूबसूरत....
वो चेहरे जो रोशन, हैं लौ की तरह
उन्हें ढूंढने की जरूरत नहीं
मेरी आंख में झांक कर देख लो
तुम्हें आईने की जरूरत नहीं
रूठी सी, खफा सी तुम जरा तो मनाने दो
हा बहुत खूबसूरत.....

स्वरलिपि

स्थाई

			सां	ध	–	प	–	ध	–	–	ध	ध	ध	ध	प
			ब	ड़ी	ऽ	ता	ऽ	जा	ऽ	ऽ	ख	ब	र	है	ऽ
म	–	–	–	–	–	ग॒	रें	स	म	–	म	म	–	म	म
ऽ	ऽ	ऽ	ऽ	ऽ	ऽ	कि	तु	म	खू	ऽ	ब	सू	ऽ	र	त
म	–	–	–	–	म	म	म	–	ध	–	प	ध	प	म	म
हो	ऽ	ऽ	ऽ	ऽ	ब	हु	त	ऽ	खू	ऽ	ब	सू	ऽ	र	त
मप	म	ग॒	–	–	ग॒	ग॒	ग॒	प	–	प	प	धप	म	म	प
होऽ	ऽ	ऽ	ऽ	ऽ	ब	हु	त	खू	ऽ	ब	सू	ऽऽ	र	त	हो
ध	प	म	म	–	स	स	स	रे	स	–	–	रे	स	–	–
ऽ	ऽ	ऽ	ऽ	ऽ	ये	बि	ख	री	सी	ऽ	ऽ	ऽ	ऽ	ऽ	ऽ
रे	स	–	–	–	स	रे	म	रे	स	नि॒	–	रे	स	नि॒	–
ऽ	ऽ	ऽ	ऽ	ऽ	ल	टें	ऽ	हैं	ऽ	ऽ	ऽ	ऽ	ऽ	ऽ	ऽ
रे	स	नि॒	–	–	ग॒	ग॒	–	ग	प	प	प	प	–	–	–
ऽ	ऽ	ऽ	ऽ	ऽ	इ	न्हें	ऽ	चे	ह	रे	पे	ऽ	ऽ	ऽ	ऽ
प	–	–	–	–	ग॒	रे	स	म	–	ग॒	म	–	म	म	–
ऽ	ऽ	ऽ	ऽ	ऽ	उ	ड़	ने	दो	ऽ	ऽ	दो	ऽ	ब	ड़ी	ऽ
–	ध	–	प	ध	प	प	म	मप	म	ग॒	–	–	ग॒	ग॒	–

ऽ खू ऽ ब	सू ऽ र त	होऽ ऽ ऽ ऽ	ऽ ब ड़ी ऽ
– प – प	प ध प म	म पध ध प	म – – –
ऽ खू ऽ ब	सू ऽ र त	हो ऽऽ ऽ ऽ	ऽ ऽ ऽ ऽ

अंतरा

	ध	पध – प म	म प – म
	ये	रुख ऽ सा ऽ	र पी ऽ ले
– ग॒ म म	ग॒ – स रे	– – स रे	– रें रें रें
ऽ से ल ग	ते ऽ हैं ना	ऽ ऽ उ दा	ऽ सी की ह
रे रे – नि॒	स स म –	म म – –	पध धप पम मग॒
ल दी ऽ है	ह ट जा ऽ	ए गी ऽ ऽ	ऽऽ ऽऽ ऽऽ ऽऽ
स – म –	– – – ध	प ध – प–	म प – म
ऽ ऽ ऽ ऽ	ऽ ऽ ऽ त	म ऽ न्ना ऽऽ	की ला ऽ ली
– ग॒ म म	ग॒ – स रे	– – स रे	– रे – रे
ऽ को प क	ने ऽ तो दो	ऽ ऽ ये प	त झ ड़ की
– रे – नि॒	स स म –	म म – –	– – ग॒ म
ऽ छां ऽ व	छं ट जा ऽ	ए गी ऽ ऽ	ऽ ऽ ल बों
प म ग॒ –	स – ग॒ –	ग॒ म प –	म ग॒ ग॒ स
पे ज वां ऽ	फे रो ऽ ऽ	इ न्हें गी ऽ	ले र ह ने
ग॒ – म –	ग॒ म – म	म म – ध	– प ध प
दो ऽ हो ऽ	ऽ हो ऽ ब	हु त ऽ खू	ऽ ब सू ऽ
प म प म–	म ग॒ ग॒ ग॒	ग॒ प प –	प ध प प
र त हो ऽऽ	ऽ ऽ ब हु	त ऽ खू ऽ	ब सू ऽ र

इसी प्रकार से अन्य शेष अंतरों को भी गाया-बजाया जाएगा।

बहुत प्यार करते हैं तुमको

फिल्म – साजन

ताल – कहरवा

बहुत प्यार करते हैं तुमको सनम

कसम चाहे ले ले-2 खुदा की कसम
बहुत प्यार करते हैं तुमको सनम....
हमारी गज़ल है, तसब्बुर तुम्हारा-2
तुम्हारे बिना अब, न जीना गंवारा
तुम्हें यूं ही चाहेंगे-2, जब तक है दम...
बहुत प्यार करते हैं तुमको सनम....
कसम चाहे ले लो-2 खुदा की कसम
सागर की बांहों में, मौंजें है जितनी
हमको भी तुमसे, मुहब्बत है उतनी
के ये बेकरारी-2 ना अब होगी कम
बहुत प्यार करते हैं तुमको सनम
कसम चाहे ले लो-2 खुदा की कसम
हमें हर घड़ी आरजू है तुम्हारी-2
होती है कैसी सनम बेकरारी
मिलेगें जो तुमको-2 तो बताएंगे हम
बहुत प्यार करते हैं तुमको सनम
कसम चाहे ले लो-2 खुदा की कसम..

स्वरलिपि

स्थाई

स म म प	म प ध ध	ध ध प –	म ग रे –
ब हु त प्या	ऽ र क र	ऽ ऽ ते ऽ	हैं ऽ ऽ ऽ
रे ग प प	म म म –	– – – –	– – – –
तु म को ऽ	स न म ऽ	ऽ ऽ ऽ ऽ	ऽ ऽ ऽ ऽ
सं सं सं सं	नि सं सं रें	सं रें सं –	नि – ध –
क स म चा	ऽ हे ले ऽ	ऽ ऽ लो ऽ	ऽ ऽ ऽ ऽ
सं नि ध प	म प ध –	– प नी –	ध प म –
खु दा ऽ की	ऽ क स म	ऽ ऽ ऽ ऽ	ऽ ऽ ऽ ऽ
स म म प	म प ध ध	ध ध प –	म ग रे –
ब हु त प्या	ऽ र क र	ऽ ऽ ते ऽ	हैं ऽ ऽ ऽ

रे ग प प	म म म –	– – – –	– – – –
तु म को ऽ	स न म ऽ	ऽ ऽ ऽ ऽ	ऽ ऽ ऽ ऽ

अंतरा

स स मं मं	मं गं रें सं	रें – सं –	नि – नि –
ह मा ऽ री	ऽ ग़ ज़ ऽ	ऽ ऽ ल है	ऽ ऽ ऽ ऽ
नि– सं नि ध	नि – सं गं	रें गं सां –	– – – –
तस व्वु र तु	म्हा ऽ ऽ ऽ	रा ऽ ऽ ऽ	ऽ ऽ ऽ ऽ
स स मं मं	मं गं रें सं	रें – सं –	नि – नि –
तु म्हा ऽ रे	ऽ बि ना ऽ	ऽ ऽ अ ब	ना ऽ ऽ ऽ
नि– सं नि ध	नि – सं गं	रें गं सां –	– – – –
जीऽ ना ऽ गं	वा ऽ ऽ ऽ	रा ऽ ऽ ऽ	ऽ ऽ ऽ ऽ
सं सं सं सं	नि सं सं रें	सं रें सं –	नि – ध –
तु म्हे ऽ यूं	ऽ ही चा ऽ	ऽ ऽ हें ऽ	गे ऽ ऽ ऽ
सं नि ध प	म प ध –	– प नी –	ध प म –
ऽ ज ब त	क है द म	ऽ ऽ ऽ ऽ	ऽ ऽ ऽ ऽ

इसी स्वरलिपि के अनुसार अन्य अंतरों को भी बजाया जाएगा।

चूड़ी जो खनकी हाथों में

एलबम - प्यार कोई खेल नहीं

ताल - कहरवा

चूड़ी जो खनकी हाथों में-2
याद पिया की, आने लगी
हाय भीगी-2 रातों में....
ठंडी-ठंडी पवन चले
तन-मन में हाय आग लगे
तेरे प्यार की, चिन्गारी
अंग-अंग में, हाय मेरे जले
बोले जो कोयल, बागों में-2
याद पिया की आने लगी

हाय भीगी-2 रातों में...
अब के बरस, हाय ये सावन
जान न मेरी ले जाए
धक-धक मोरा, जिया करे
तन से चुनर, जब उड़ जाए
रिमझिम सी, बरसातों में
याद पिया की, आने लगी
हाय भीगी-2 रातों में....

स्वरलिपि

स्थाई

रे	-	म	-	प	प	-	-	म	-	ध	-प	-	-	-	-
चूऽ	ड़ी	ऽ	जो	ख	न	की ऽ		ऽ	हा	ऽ	थों	में	ऽ	या	द
ध	सं	-	ध	प	-	ध	प	म	रें	रें	रेंरें	म	म	पध	धसां
पि	या	ऽ	की	आ	ऽ	ने	ल	गी	ऽ	ऽ	हाय	भी	गी	भीऽ	गीऽ
ध	प	प	-	प	-	-	-	-	रे	म	म	प	प	प	म-
रा	ऽ	तो	ऽ	में	ऽ	ऽ	ऽ	ऽ	चू	ड़ी	जो	ख	न	की	ऽऽ

अंतरा

म	प	ध	प	म	प	ध	प	म	प	ध	रें	सं	-	-	-
ठं	ऽ	ड़ी	ऽ	ठं	ऽ	ड़ी	ऽ	प	व	न	च	ले	ऽ	ऽ	ऽ
म	प	ध	प	म	प	ध	प	ध	प	-	-	-	-	-	-
तन	मन	में	ऽ	हा	ऽ	आ	ऽ	ग	ल	गे	ऽ	ऽ	ऽ	ऽ	ऽ
म	प	ध	प	म	प	ध	प	म	प	ध	रें	सं	-	-	-
तेरे	ऽ	प्या	ऽ	र	की	ऽ	चि	न	गा	ऽ	री	ऽ	ऽ	ऽ	ऽ
म	प	ध	प	म	प	ध	सं	ध	प	-	-	-	-	-	-
अंग	अंग	में	ऽ	हा	य	मे	ऽ	रे	ज	ले	ऽ	ऽ	ऽ	ऽ	ऽ
रे	रेम	म	प	-	प	म	-	ध	-	प	प	-	प	-	ध
बोले	ऽ	जो	को	ऽ	य	ल	ऽ	बा	ऽ	गों	में	ऽ	या	ऽ	द
ध	सं	-	ध	प	-	ध	प	म	रें	रें	रेंरें	म	म	पध	धसां
पि	या	ऽ	की	आ	ऽ	ने	ल	गी	ऽ	ऽ	हाय	भी	गी	भीऽ	गीऽ

ध	प	प	-	प	-	-	-	-	रे	म	म	प	प	प	म-
रा	ऽ	तों	ऽ	में	ऽ	ऽ	ऽ	ऽ	चू	ड़ी	जो	ख	न	की	ऽऽ

इसी तरह से अन्य शेष अंतरों को गाया-बजाया जाएगा। एक मात्रा छोड़कर आरंभ कीजिए।

तुम पास आए, यूं मुस्कुराए

फिल्म - कुछ-कुछ होता है

ताल - कहरवा

तुम पास आए, यूं मुस्कुराए-2
तुमने न जाने क्या सपने दिखाए-2
अब तो मेरा दिल जागे न सोता है
क्या करूं हाय कुछ-कुछ होता है....
न जाने कैसा अहसास है
बुझती नहीं है क्यों प्यास है
क्या नशा इस प्यार का
मुझपे सनम, छाने लगा
कोई न जाने क्यों चैन खोता है
क्या करूं हाय.....
क्या रंग लाई मेरी दुआ
ये इश्क जाने कैसे हुआ
बेचैनियों में चैन न
जाने क्यों आने लगा
तन्हाई में दिल, यादें संजोता है
क्या करूं हाय......
तुम पास आए, यूं मुस्कुराए
तुमने ना जाने क्या सपने दिखाए
अब तो मेरा दिल जागे न सोता है
क्या करूं हाय....

स्वरलिपि

स्थाई

ध नी ध –	प म – ध	– – – –	– – – –
तुम ऽ पा ऽ	स आ ऽ ए	ऽ ऽ ऽ ऽ	ऽ ऽ ऽ ऽ
ध नी – ध	– प म प	– – – –	– – – –
यूं ऽ मु स	कु रा ऽ ए	ऽ ऽ ऽ ऽ	ऽ ऽ ऽ ऽ
प ध प –	म ग – प	– रे – –	– – – –
तु म ने ऽ	न जा ऽ ने	ऽ क या ऽ	ऽ ऽ ऽ ऽ
प म ध प	म म – –	– – – –	– – – –
स प ने ऽ	दि खा ऽ ऽ	ए ऽ ऽ ऽ	ऽ ऽ ऽ ऽ
म म प़ –	ध रें – –	– – – –	– – – –
अ ब ऽ तो	मे रा ऽ ऽ	ऽ ऽ दि ल	ऽ ऽ ऽ ऽ
म – प –	ध रें – रें	– सां – –	– – – –
जा ऽ गे ऽ	न सो ऽ ता	ऽ है ऽ ऽ	ऽ ऽ ऽ ऽ
प ध प –	म ग – रे	रेस प म पम	म म म –
क या ऽ क	रुं हा ऽ य	ऽऽ कु छ कुछ	हो ता है ऽ

अंतरा

– – – ध	– नि – सं	सं रें – सं	नि ध प प
ऽ ऽ ऽ क्या	ऽ रं ऽ ग	ला ऽ ऽ ऽ	ई ऽ है मे
– – ध –	नि – सं –	– – – –	– – ध –
ऽ ऽ री ऽ	दु ऽ आ ऽ	ऽ ऽ ऽ ऽ	ऽ ऽ ये ऽ
नि – सं सं	रें – सं नि	ध प प –	पप ध – –
इ श क जा	ऽ ऽ ऽ ने	ऽ ए कै ऽ	ऽऽ से ऽ ऽ
नि – सं –	– – – –	– म- म- ध	प – – म
हु आ ऽ ऽ	ऽ ऽ ऽ ऽ	ऽ बेऽ चैऽ नि	यो ऽ ऽ में
ग – – प	स – – –	– – – म	रे स – रेस
चै ऽ ऽ न	न ऽ ऽ ऽ	ऽ ऽ ऽ जा	ऽ ने ऽ क्यूं
नि – – –	– – – –	ग रे ग म	म म – –
ऽ ऽ ऽ ऽ	ऽ ऽ ऽ ऽ	आ ऽ ने ऽ	ल गा ऽ ऽ
– – – –	– – – –	म म प ध	रें – – –
ऽ ऽ ऽ ऽ	ऽ ऽ ऽ ऽ	त न हा ई	में ऽ ऽ ऽ

सं	–	–	–	–	–	–	म	–	प	–	ध	रें	–	रें	–
दि	ल	ऽ	ऽ	ऽ	ऽ	ऽ	या	ऽ	दें	ऽ	सं	जो	ऽ	ता	ऽ
सां	–	–	–	–	–	–	प	ध	प	म	ग	–	–	रे	ग
है	ऽ	ऽ	ऽ	ऽ	ऽ	ऽ	क्या	ऽ	क	रुं	हा	ऽ	ऽ	ऽ	य

शेष अंतरों को भी इसी स्वरलिपि के अनुसार गाया-बजाया जाएगा।

बाजीगर ओ बाजीगर

फिल्म - बाजीगर

ताल - कहरवा

ओ मेरा दिल था अकेला, तूने खेल ऐसा खेला
तेरी याद में जागूं रात भर, बाजीगर ओ बाजीगर
तू है बड़ा जादूगर-2
ओ मेरा-2 तूने खेल-2
बाजीगर ओ बाजीगर, दिलवालों का मैं दिलबर
बाजीगर मैं बाजीगर, दिलवालों का मैं दिलबर
ओ दिल ले के दिल दिया है, सौदा प्यार का किया है
दिल की बाजी जीता दिल हारकर, बाजीगर ओ बाजीगर....
चुपके से आंखों के रस्ते, तू मेरे दिल में समाया-2
चाहत का जादू जगाकर, मुझको दीवाना बनाया
पहली नजर में बनी है, तू मेरे सपनों की रानी
याद रखेगी ये दुनिया, अपनी वफा की कहानी
ओ मेरा चैन चुराके, मेरी नींद उड़ाके
हो न जाना किसी और के, बाजीगर मैं बाजीगर
दिलवालों का मैं दिलबर, बाजीगर तू बाजीगर....
धक्-धक् धड़कता है ये दिल, बोलो न क्या कह रहा
है पास आओ बता दूं, न बाबा डर लग रहा है
मुझको गलत न समझना, मैं नहीं बादल आवारा
दिल की दीवारों पे मैंने, नाम लिखा है तुम्हारा
मेरा दिल मेरी जान, तुझे लग जाए मेरी उमर

बाजीगर मैं बाजीगर, दिलवालों का मैं दिलबर
ओ मेरा दिल था अकेला, तूने खेल ऐसा खेला
तेरी याद में जागूं रात भर, बाजीगर ओ बाजीगर...

स्वरलिपि

स्थाई

सां – – –	सां – – –	सां – – –	सां – – –
हो ऽ ऽ ऽ	ऽ ऽ ऽ ऽ	ऽ ऽ ऽ ऽ	ऽ ऽ ऽ ऽ
सां – – –	सां – – –	नि रे सां नि	ध सां नि ध
हो ऽ ऽ ऽ	ऽ ऽ मे रा	दि ल था अ	के ला तू ने
प – नि ध	प म ध प	म ग प म	ग रे रे ग
खे ऽ ल ऐ	सा खे ला ते	री या ऽ द	में जा गी रा
गरे सा – –	– – – –	– – – सा	ग ग प नी
ऽत भ र ऽ	ऽ ऽ ऽ ऽ	ऽ ऽ ऽ बा	जी ग र ओ
नी ध प ध	पम – – –	– – – –	सा ग प –
डा ऽ जा दू	ग ऽर ऽ ऽ	ऽ ऽ ऽ ऽ	बा जी ग र
नी – ध प	ध पम – –	– – – –	– सा ग प
ओ ऽ बा जी	ग ऽर ऽ ऽ	ऽ ऽ ऽ ऽ	ऽ तू है ब
नी – ध प	ध पम – –	– – – –	सां – – –
ड़ा ऽ जा दू	ग ऽर ऽ ऽ	ऽ ऽ ऽ ऽ	हो ऽ ऽ ऽ

अंतरा

– सां सां –	नि ध – प	– म ध प	प – – –
ऽ चु प के	से आं ऽ खों	ऽ के र स	ते ऽ ऽ ऽ
– – – स	ग प नि –	ध प ध नी	ध – – –
ऽ ऽ ऽ तू	मे रे दि ल	में स मा ऽ	या ऽ ऽ ऽ
– – – सां	सां नि ध ध	प – म –	ग रे – –
ऽ ऽ ऽ चा	ह त का जा	ऽ दू ऽ ज	गा ऽ के ऽ
– – – –	– – सा म-	प ध – प	म रें – सा
ऽ ऽ ऽ ऽ	ऽ ऽ मुझ को	दी वा ऽ ना	ब ना ऽ या
– – – –	– – सां- सां	सां सां सां –	रें गं – गं

ऽ ऽ ऽ ऽ	ऽ ऽ पह ली	न ज र में	ब नी ऽ हैं
– – – रें	सां नि नि --	प नि प रें	रें सां – सां
ऽ ऽ ऽ ऽ	ऽ ऽ तू मेरे	स प नों ऽ	की रा ऽ नी
– – – –	– – सां सां	सां सां ऽस रें	गं गं गं –
ऽ ऽ ऽ ऽ	ऽ ऽ या द	र खें ऽगी ये	दु नि या ऽ
– – – रें	सं नि नि नि	नि नि प नि	प रें– सां सां
ऽ ऽ ऽ ऽ	ऽ ऽ अ प	नी व फा ऽ	की ऽ क हा
– सां – –	– – सां –	– – – –	– – – –
ऽ नी ऽ ऽ	ऽ ऽ वो ऽ	ऽ ऽ ऽ ऽ	ऽ ऽ ऽ ऽ
– सां सां नि	रें सां नि ध	सां नि ध प	नी ध प म
ऽ मे रा चै	ऽ न चु रा	के मे री नीं	ऽ द उ ड़ा
ध प म ग	प म ग रे	रे – ग –	रे सा – –
के खो ना जा	ऽ ना ऽ कि	सी ऽ मो ऽ	ड़ पे ऽ ऽ
– – – –	– – सा ग	प नी नी –	ध प धप म
ऽ ऽ ऽ ऽ	ऽ ऽ बा जी	ग र ऽ मैं	बा जी ग र
– – – –	– – सा ग	प नी नी –	ध प धप म
ऽ ऽ ऽ ऽ	ऽ ऽ दि ल	वा लों का मैं	दि ल ब रऽ

अन्य सभी शेष अंतरों को भी इसी प्रकार बजाएंगे।

मेरा मन क्यूं तुम्हें चाहे

फिल्म - मन

ताल - कहरवा

मेरा मन क्यूं तुम्हें चाहे
ना जाने जुड़ गया
कैसे ये बन्धन
कैसी ये दीवानगी कैसा
ये दीवानापन।
मेरा मन....
मैं दीवानी बन गई,

तुमने ऐसा क्या किया
मेरी नींदें लूट ली
चैन भी मेरा लिया
मेरा दिल मेरी जान हो
तुम अभी नादान हो,
इश्क से अन्जान हो।
मेरा मन.....
प्यार कहते हैं किसे
होता है ये दर्द क्या
आज पहली बार ये
मैंने जाना दिलरुबा
जागी-जागी सो गई
किस जहां में खो गई
क्या से क्या हो गई।
मेरा मन....

स्वरलिपि

स्थाई

म	प	नि॒	सां	रें	सां	नि॒	रें	–	–	–	–	–	–	–	–
मे	ऽ	रा	ऽ	म	न	ऽ	ऽ	ऽ	ऽ	ऽ	ऽ	ऽ	ऽ	ऽ	ऽ
सां	रें	सां	नि॒	प	–	–	सां	–	–	–	–	–	–	–	–
क्यूं	ऽ	तु	म्हें	चा	ऽ	ऽ	हे	ऽ	ऽ	ऽ	ऽ	ऽ	ऽ	ऽ	ऽ
रें	नि॒	सं-	नि॒	नि॒	नि॒	–	–	–	–	–	–	–	–	–	–
मे	ऽ	राऽ	ऽ	म	न	ऽ	ऽ	ऽ	ऽ	ऽ	ऽ	ऽ	ऽ	ऽ	ऽ
म	प	नी	सां	रें	सां	नी	रें	–	–	–	–	–	–	–	–
न	ऽ	जा	ऽ	ने	ऽ	ऽ	ऽ	ऽ	ऽ	ऽ	ऽ	ऽ	ऽ	ऽ	ऽ
सां	रें	सां	नि	प	–	–	सां	–	–	–	–	–	–	–	–
जु	ड़	ग	या	कै	ऽ	ऽ	से	ऽ	ऽ	ऽ	ऽ	ऽ	ऽ	ऽ	ऽ
रें	नि॒	सं-	नि॒	नि॒	नि॒	–	–	–	–	–	–	–	–	–	–
ये	ऽ	बं	ऽ	ध	न	ऽ	ऽ	ऽ	ऽ	ऽ	ऽ	ऽ	ऽ	ऽ	ऽ

मं – मं –	मं – मं रें	रें पं – मं	रें – सं –
कै ऽ सी ऽ	ये ऽ दी ऽ	ऽ वा ऽ न	गी ऽ ऽ ऽ
सं – सं सं	– सं – –	रें – सं –	नी म प म
कै ऽ सा ये	ऽ दी ऽ ऽ	वा ऽ ना प	न ऽ ऽ ऽ
म – – –	म – – –	म – – –	म – – –
ऽ ऽ ऽ ऽ	ऽ ऽ ऽ ऽ	ऽ ऽ ऽ ऽ	ऽ ऽ ऽ ऽ

अंतरा

मं मं प रें	– मं – –	पं – मं रें	सां – – –
मैं ऽ दी वा	ऽ नी ऽ ऽ	ब न ग यी	ऽ ऽ ऽ ऽ
सं सं सं सं	रें– सं नि प–	नी – नि नि	– – – –
तु म ने ऐ	ऽऽ ऽ सा ऽ	क्या ऽ कि या	ऽ ऽ ऽ ऽ
मं पं मं रें	– मं – –	पं – मं रें	सां – – –
मे ऽ री नी	ऽ दे ऽ ऽ	लू ऽ ट ली	ऽ ऽ ऽ ऽ
सं – सं रें	रेंगं मं रें नि	नि – नि नि	– – – –
चै ऽ न भी	ऽऽ ऽ मे ऽ	रा ऽ लि या	ऽ ऽ ऽ ऽ
गं – गं गं	– गं गं –	मं पं मं मं	रें – – –
में ऽ रा दि	ल मे री ऽ	जा न ऽ हो	ऽ ऽ ऽ ऽ
गं – गं गं	– गं गं –	मं पं मं मं	रें – – –
तु म अ भी	ऽ ना ऽ ऽ	दा ऽ न हो	ऽ ऽ ऽ ऽ
सं – सं सं	– सं सं –	रें – सं नि	– म प म
इ श क से	ऽ अ न ऽ	जा ऽ न हो	ऽ ऽ ऽ ऽ
म प नी सां	रें सां नि रें	– – – –	– – – –
मे ऽ रा ऽ	म न ऽ ऽ	ऽ ऽ ऽ ऽ	ऽ ऽ ऽ ऽ

इसी तरह से अन्य शेष अंतरों को भी बजाया जाएगा।

पहली-पहली बार बलिए

फिल्म – संघर्ष

ताल – कहरवा

तेरी एक छुअन से जागा,
ए कैसा एहसास
पहले तो महसूस हुई न
मुझको ऐसी प्यास
पहली–पहली बार बलिए
दिल गया हार बलिए
रब्बा मैंनू प्यार हो गया
हाय दिल का करार खो गया–2
भोली तेरी सूरत–2
अंखा मस्तानियां...
प्यार के लिए ये देगी
लाखों कुर्बानियां
करके एतबार बलिए
दिल गया हार बलिए
रब्बा मैंनू प्यार हो गया
हाय दिल का करार खो गया–2
फिर क्यूं जुदाई से
दिल डरता है माहिया
तुझपे जां निसार बलिए
दिल गई हार बलिए...
रब्बा मैंनू प्यार हो गया
हाय दिल का करार खो गया–2

स्वरलिपि

स्थाई

नि –	सां ध ध नी	सं – – नि	रें सं सं –
प ह	ली प ह ली	बा ऽ ऽ र	ब लि ए ऽ
– – नि सं	नि ध नि सां	– – नि रें	सं सं – –
ऽ ऽ दि ल	ग या ऽ हा	ऽ ऽ र ब	लि ए ऽ ऽ
– – नि –	नि नि – सं	नि – – ध	नि ध ध ध

ऽ ऽ र ब	बा मै ऽ नू	प्या ऽ ऽ र	हो ऽ ग या
– – – –	– – – सं	नि रें सं ध	प म प म
ऽ ऽ ऽ ऽ	ऽ ऽ ऽ हा	ऽ य ऽ ऽ	ऽ ऽ ऽ ऽ
ग ग ग –	प – प ध	नि प ध प	म – ग ग
ऽ ऽ दि ल	का ऽ क रा	ऽ ऽ ऽ र	खो ऽ ग या
– – – –	– – – ग	प प – म	ग रे ग स
ऽ ऽ ऽ ऽ	ऽ ऽ ऽ हा	ऽ य ऽ ऽ	ऽ ऽ ऽ ऽ

अंतरा

ग –	प सं – नि	रें – रें –	रें – रें –
बो ऽ	ले ते ऽ री	सो ऽ णी ऽ	सो ऽ णी ऽ
– – नि रें	– गं मं रें	गं – – गं	गं रें सं सं
ऽ ऽ अं खा	ऽ म ऽ स	ता ऽ ऽ नि	यां ऽ ऽ ऽ
– – ग –	प सं – नि	रें – रें गंमं	रें – सं –
ऽ ऽ प्या ऽ	र के ऽ लि	ए ऽ ए ऽऽ	दे ऽ गी ऽ
– – नि –	रें गं मं रें	गं – – गं	गं रें सं सं
ऽ ऽ ला ऽ	खों कु ऽ र	बा ऽ ऽ नि	यां ऽ ऽ ऽ
– – नि –	सं नि ध नि	सं – – नि	रें सं सं –
ऽ ऽ क र	के ए ऽ त	बा ऽ ऽ र	ब लि ए ऽ
– – नि सां	नि ध नि सां	– – नि रें	सां सां – –
ऽ ऽ दि ल	ग या ऽ हा	ऽ ऽ र ब	लि ए ऽ ऽ
– – नि	नि नि – सं	नि – – ध	नि ध ध ध
ऽ ऽ र ब	बा मैं ऽ नू	प्या ऽ ऽ र	हो ऽ ग या
– – – –	– – – सां	नि रें सं ध	म प ध प
ऽ ऽ ऽ ऽ	ऽ ऽ ऽ हा	ऽ य ऽ ऽ	ऽ ऽ ऽ ऽ

इसी प्रकार से शेष अंतरों को भी इसी स्वरलिपि के अनुसार गाया–बजाया जाएगा।

ताल से ताल मिला

फिल्म - ताल

ताल - कहरवा

दिल ये बेचैन वे, रस्ते पे नैन वे
जिन्दगी बेहाल है, सुर है ना ताल है
आजा सांवरिया आ..आ..आ..आ..
ताल से ताल मिला..दिल ये..जिन्दगी...
सावन ने आज तो, मुझको भिगो दिया
हाय मेरी लाज ने, मुझको डूबो दिया
ऐसी लगी झड़ी, सोचूं मैं खड़ी
कुछ मैंने खो दिया, क्या मैंने खो दिया
चुप क्यों है बोल तू, मेरे संग डोल तू
मेरी चाल से चाल मिला
ताल से ताल मिला.....
माना अन्जान है, तू मेरे वास्ते
माना अन्जान हूं, मैं तेरे वास्ते
मैं तुझको जान लूं, तू मुझको जान ले
आ दिल के पास आ, इस दिल के वास्ते
जो तेरा हाल है, वो मेरा हाल है
आजा हाल से हाल मिला
ताल से ताल मिला... दिल ये

स्वरलिपि

स्थाई

म म	म – नी –	ध – – –	प ध म –
दि ल	ये ऽ बे ऽ	चै ऽ ऽ न	वे ऽ ऽ ऽ
म म म –	म नी ध –	– ध प ध	म – – –
र स ते ऽ	पे ऽ नै ऽ	ऽ न वे ऽ	ऽ ऽ ऽ ऽ
म म म –	म नी ध –	– – प ध	म – – –
जि न्द गी ऽ	बे ऽ का ऽ	ऽ र है ऽ	ऽ ऽ ऽ ऽ
म म म –	म नी ध –	– – प ध	म – – –
सु र है ऽ	ना ऽ ता ऽ	ऽ ल है ऽ	ऽ ऽ ऽ ऽ
सं – सं –	सं – सं –	सं – सं नि	ध – – –

आ ऽ जा ऽ	सं ऽ व ऽ	रि ऽ या ऽ	ऽ ऽ ऽ ऽ
रें – – –	<u>नि</u> – – –	<u>ध</u> – – –	प <u>ध</u> म म
आ ऽ ऽ ऽ	आ ऽ ऽ ऽ	आ ऽ ऽ ऽ	ऽ ऽ ऽ ऽ
म <u>नी</u> <u>ध</u> म	– <u>ग</u> <u>रे</u> <u>ग</u>	<u>ग</u> म – –	– प <u>ध</u> <u>नी</u>
ता ऽ ल से	ऽ ता ऽ ल	मि ला ऽ ऽ	ऽ हो ऽ हो

अंतरा

– ग – म	म प – म	– – म म	प ग – –
ऽ सा ऽ व	न ने ऽ आ	ऽ ऽ ज तो	ऽ ऽ ऽ ऽ
– ग ग म	– प – म	– – म म	प ग – –
ऽ मु झ को	ऽ भी ऽ गो	ऽ ऽ दि या	ऽ ऽ ऽ ऽ
– म म प	– <u>नी</u> – प	<u>नी</u> – <u>नी</u> <u>नी</u>	– – – –
ऽ हा य मे	ऽ री ऽ ला	ऽ ऽ ज ने	ऽ ऽ ऽ ऽ
– प प <u>नी</u>	– <u>रें</u> – सां	– – – –	– – – –
ऽ मु झ को	ऽ डू ऽ बो	ऽ ऽ दि या	ऽ ऽ ऽ ऽ
– <u>नी</u> – सां	– <u>रें</u> – <u>नि</u>	<u>रें</u> – <u>रें</u> <u>रें</u>	– – – –
ऽ ऐ ऽ सी	ऽ ल ऽ गी	ऽ ऽ झ ड़ी	ऽ ऽ ऽ ऽ
– रें सां सां	<u>नि</u> <u>नि</u> प प	<u>रें</u> <u>रें</u> <u>रें</u> <u>रें</u>	सां – – –
ऽ सों ऽ चूं	ऽ मै ऽ ए	ऽ ऽ ख ड़ी	ऽ ऽ ऽ ऽ
– सां – रें	– गं – <u>रें</u>	गं गं गं गं	– – – –
ऽ कु छ मे	ऽ ऽ नै ऽ	खो ऽ ऽ दि	या ऽ ऽ ऽ
– पं ग <u>रें</u>	– सं – <u>रें</u>	– – सं सं	– – – –
ऽ क्या ऽ मे	ऽ ने ऽ खो	ऽ ऽ दि या	ऽ ऽ ऽ ऽ
– <u>नि</u> <u>नि</u> सं	– रें – <u>नि</u>	<u>रें</u> – सं <u>नि</u>	– – – –
ऽ चु प क्यों	ऽ है ऽ बो	ऽ ऽ ल तू	ऽ ऽ ऽ ऽ
– <u>नि</u> <u>नि</u> <u>नि</u>	सं <u>ध</u> सं सं	<u>नि</u> <u>ध</u> – –	– – – –
ऽ मे रे सं	ग डो ऽ ऽ	ल तू ऽ ऽ	ऽ ऽ ऽ ऽ
– <u>ध</u> – <u>ध</u>	– – – <u>ध</u>	सं सं सं <u>नि</u>	<u>रें</u> <u>नि</u> <u>ध</u> प
ऽ मे ऽ री	ऽ ऽ ऽ चा	ऽ ल से चा	ऽ ल मि ला
– – – –	– – – –	प <u>ध</u> सं <u>नि</u>	<u>ध</u> प म –